KB126441

이건희
반도체 전쟁

일러두기
- 관련 사진들은 삼성전자가 언론에 공개한 것들과 동아일보 데이터베이스에서 가져온 것들이라 일일이 출처를 달지 않았음을 밝힌다.
- 전직 삼성맨들의 직위는 삼성에서 일할 때의 마지막 직위를 썼다.

이건희
반도체 전쟁

허문명

반도체가 세계를 지배한다!

LEE, KUN-HEE

SEMICONDUCTOR

LEADERSHIP

동아일보사

이 시대 '삼성 정신'은
무엇이어야 하는가

이건희 회장이 돌아가신 지 벌써 2년이 다 되어간다. 고인의 위대한 업적에 비해 세상 사람들의 주목이 많이 부족하다는 생각이다. 그래서 2년 전 월간 〈신동아〉에 '경제사상가 이건희' 연재를 시작했다. 고인의 발자취를 파고들어 갈수록 무에서 유를 만든 리더십과 비전, 철학에 심취했다. 깊이 감동했다.

세계 1등이라는 목표 달성을 위해 피와 땀을 흘린 경영진, 연구직, 생산직, 사무직 월급쟁이들의 도전과 헌신, 열정이 떠오르는 장면 장면마다 자주 숙연해졌다. 온 국민이 반도체의 '반' 자도 모르던 시절에 오로지 미래만 생각하며 이 사업에 뛰어들었던 호암 이병철 회장의 혜안과 용기 그리고 글로벌 1위가 되겠다는 일념으로 몸과 마음을 불살랐던 이건희 회장의 비범하고 탁월한 의사 결정과 추진력에 집필 내내 압도되지 않을 수 없었다.

지난해 나온 책 《경제사상가 이건희》가 고인의 삶과 철학에 초점을 맞추었다면 이번 책은 제목 그대로 반도체에 초점을 맞춰 썼다.

　대한민국 반도체 역사는 시작부터 불가능한 일을 무모하게 밀어붙여 성공시킨 피 말리는 도전의 역사이다. 삼성 메모리 반도체는 대한민국이 건국된 이래 세계시장에서 압도적 1위 자리를 30년간이나 지켜왔다. 글로벌 경제 전쟁이라는 무대에서 한순간에 사라지는 기업과 제품들이 수두룩한데 세계시장에서 이렇게 오랜 기간 압도적 지배력을 가진 제품을 대한민국 회사가 만든다는 게 신기할 따름이다.

삼성은 세 번 망할 뻔했던 회사

　이건희 회장은 생전에 "삼성이 반도체 사업으로 세 번 망할 뻔했다"고 했다. 극심한 호황과 불황을 오가며 한 치 앞을 알 수 없는 상황에서 반도체 전쟁을 이끌며 얼마나 피가 말랐을지 보통 사람 입장에서는 잘 가늠이 되지 않는다.

　호암과 이 회장은 언제 다시 호황이 올지 모르는 지옥 같은 터널을 지나면서도 공장을 짓고 인재를 모았다. 위암을 이겨냈던 호암은 다시 당신의 몸(폐)을 습격한 암세포와 투병 중이었음에도 불구하고 세상을 떠나기 한 달 전까지 기술 개발을 독려하며 공장 건설에 매진했다.

　2000년대 들어 세계 강호들이 대전을 벌이던 메모리 반도체 전쟁에서 삼성이 유일하게 승리해 겨우 안도의 한숨을 내쉴 때쯤 이건희 회장도 암 진단을 받는다. 그야말로 초인적 의지로 신명을 바쳐 일했던 두 분이었다.

　내년 2023년은 호암이 첨단 반도체 사업에 진출하겠다고 선언한 지 꼭 40년 되는 해이다. 또 이건희 회장이 신경영 선언을 한 지 30년 되는 해이기도 하다.

우리가 역사를 공부하는 이유는 단지 과거를 추억하기 위해서가 아니라 현재와 미래에 대한 성찰을 얻기 위해서다. 이 책을 쓰게 된 이유도 호암과 이건희 회장의 업적을 찬양하기 위해서가 아니라 삼성의 현재와 미래에 대해 교훈을 얻어보자는 데 있었다.

'삼성 정신' 없는 삼성을 보는 느낌

지난 역사를 돌이켜보면 삼성의 DNA에 녹아 있는 강력한 오너십, 헌신적인 팔로워십, 초스피드 경영, 절묘한 타이밍 경영, 불황을 버티는 힘이 발견된다. 이는 현재 닥친 위기들을 돌파할 수 있는 가장 큰 동력이 될 것이라고 생각한다. 하지만 시대가 바뀌면 산업구조도 바뀌고 사람들의 의식도 바뀐다. 그에 따라 각 조직을 이끄는 리더십의 내용도 바뀐다.

기업은 시대 변화를 내다보고 선제적으로 대응해야만 살아남을 수 있다. 지금 시대 삼성의 리더십은 호암이나 이 회장 때와는 당연히 달라야 할 것이다.

삼성은 2022년 5월 조 바이든 미국 대통령과 윤석열 대통령이 삼성전자 평택 공장을 방문한 뒤 사흘 만에 '역동적 혁신성장을 위한 삼성의 미래 준비'라는 계획을 발표했다.

향후 4년간 반도체, 바이오, 신성장 IT(인공지능·차세대 통신)에 450조 원을 투자하겠다는 내용이었다. 선제적 투자와 차별화된 기술력으로 '반도체 초강대국'을 달성하겠다는 의지를 밝힌 것이다. 가슴 뛰게 하는 원대한 사업 구상이 아닐 수 없다.

과연 삼성의 꿈은 현실이 될 수 있을까? 많은 매체들이 장밋빛 계획에 박수를 치며 그 내용을 해설하는 데 보도의 초점을 맞췄지만 삼성이 발표한 원문을 보면 미래에 대한 우려와 긴장감이 곳곳에 짙게 배어 있다.

'메모리 분야에서는 미·중의 견제와 추격이 거세지고 있음… 시스템 반도체와 파운드리는 경쟁사들이 적극적으로 투자에 나선 상황… 삼성의 행보는 간단치 않을 전망… 4차 산업혁명으로 산업구조 변화, 경제안보의 중요성이 대두되고…' 등등의 표현으로 고뇌와 위기의식이 강조되어 있다.

이어 결론 격으로 '앞으로 5년은 새로운 미래 질서가 재편되면서 한국경제의 발전과 쇠락을 가르는 변곡점이 될 것이 예상된다'고도 했다.

지금 삼성 내부에서뿐 아니라 밖에서도 삼성반도체에 대한 걱정과 위기의식을 말하는 사람들이 많다. '세계 최초·최고는 삼성'이라는 등식이 더 이상 지속 가능하지 않을 수 있다는 것이다.

"삼성도 망할 수 있다"

이건희 회장은 취임 이후 기회가 있을 때마다 "삼성도 잘못하면 망할 수 있다"고 위기를 강조하며 "신경영 정신으로 진정한 구조개혁을 해달라"고 했다. 삼성의 역사는 끝없는 위기와 치열한 대응의 역사였다.

안타깝게도 지금 삼성에는 변화를 향한 뚜렷한 메시지가 보이지 않는다. 투자와 기술 얘기들은 많이 하지만 경영진, 직원, 국민들을 설득하는 시대적 화두가 없다. '삼성 정신 없는 삼성' 같은 느낌이라고 할까? 작금의 삼성은 이 숙제부터 풀어야 한다고 생각한다.

시대 변화를 읽고 있는 세계의 현자들을 두루 만나 대화를 나눠서 통찰을 높이고 그 내용을 임직원들과 공유하는 '삼성 정신 정립'의 과정을 가져 보는 것은 어떨까.

집필을 위해 만났던 전직 CEO들은 호암과 이건희 회장으로부터 "인재를 데려오라"는 지시를 귀에 못이 박히도록 들었다고 말했다. '기술과 투자'에 대한 고민과 더불어 '핵심 인재' 영입에 최고 경영진이 총력을 경주해야 할 때라고 본다. 초격차 기업은 초격차 인재가 기본이다. 미국, 일본, 유럽은 물론 인도, 베트남, 대만의 초일류 인재 영입에 혼신의 노력이 필요할 듯싶다.

특단의 분위기 쇄신도 필요해 보인다. 취재 과정에서 만난 삼성맨들로부터 뭔가 주눅이 들어 있다는 느낌을 받을 때가 많았다. 오랜 기간 지속된 반기업, 반삼성 분위기를 의식한 심리적 위축감일 수도 있지만 1등에 안주하며 형성된 수직적, 관료적 문화에 대한 답답함으로도 느껴졌다.

요즘 젊은 직원들에게 과거 세대와 같은 사명감, 열정, 도전과 헌신을 기대할 수는 없다. 회사나 국가보다는 개인의 욕망과 성취가 우선시되는 시대이다. 시대가 바뀌고 젊은이들의 의식도 바뀌었다.

선대 회장들이 '질타와 독려, 도전'의 리더십이었다면 현재의 경영자는 '소통과 동기부여'의 리더십이 되어야 하는 시대라 생각한다. 폐쇄적이고 신비화된 리더십이 아니라 수평적이고 다원적인 리더십 말이다.

50대 문송이 아줌마의 반도체 입문기

책을 쓰면서 반도체가 첨단산업의 핵심 소재를 넘어 핵심 안보 자산이 되었음을 새삼 절감했다. 미국과 중국이 왜 반도체 기술 패권을 놓고 각축하는지도 이해가 됐다.

지정학(地政學)과 더불어 기술이 중요해지는 '기정학(技政學) 시대'가 열렸다고들 한다. 대만의 안보도 군(軍)이 아니라 세계 최고 파운드리 업체인 TSMC에 달렸다는 말이 나오는 것도 '실리콘(반도체) 방패'가 안보로 직결되고 있는 것을 상징하고 있다. TSMC가 멎으면 미국 첨단 반도체 회사들도 멈추기 때문이다.

기술 중심으로 신냉전의 국제질서 판이 짜여지는 상황에서 미국은 이른바 '칩4 동맹'을 구축하려 하고 있다. 미국은 한국을 반도체 분업 체제의 중심국가로 대하고 있다. 한국은 이제 더 이상 강대국에 휘둘리는 새우 신세가 아니다. 국제질서의 주요한 플레이어로 등장한 것이다. 건국 이래 이런 적은 처음이다. 반도체 덕분이다.

전형적 '문송이(문과라서 죄송합니다)'라 기술과 반도체를 잘 모르는 상태에서 집필을 시작했다. 비전문가 입장에서 당치 않은 도전이라는 생각도 자주 들었지만 대중이 이해하기 쉬운 언어로 기술을 설명하는 일도 중요하다는 생각에 용기를 냈다. 하드코어 MBA과정을 이수한 느낌이다.

이 책이 대한민국이 반도체 선도국가로 가는 데 작은 역할이나마 담당했으면 한다.

이건희 회장의 2주기(10월 25일)를 앞두고
2022년 10월 허문명

청년들이 이 책을 읽고
눈에 불이 켜졌으면

양향자

여상을 졸업하고 1985년 11월 삼성반도체 기흥 공장에 처음 들어섰던 때는 내 인생에 별이 들어온 순간이었다. 당시만 해도 반도체라는 게 생소한 분야여서 대기업 사무직 보조나 은행원으로 가지 않는 나를 다들 의아해했지만 최첨단산업의 한가운데로 뛰어드는 것 자체가 내겐 가슴 뛰는 일이었다.

하지만 주산, 부기, 타자밖에 할 줄 몰랐던 나는 기술이 중심인 회사에서 '쌀 속의 돌멩이'처럼 주눅이 들어 있었다. 하고 싶은 일은 많았는데 기회가 주어지지 않는다고 생각하며 실의와 절망에서 허우적댔다.

이런 내게 1993년 이건희 회장의 신경영 선언 한마디가 천둥소리로 다가왔다. '거지 근성을 버려라'는 거였다. 대부분의 사람들은 신경영 선언 하면 '마누라, 자식 빼고 다 바꾸자'를 기억하지만 내게는 그 말이 제일 크게 다가왔다.

마치 동냥을 구하는 사람처럼 다른 사람들 눈치를 보고 그들이 나를 인정해주기만을 바라는 마음, 이것이 거지 근성이 아니고 무엇이랴. 이건희 회장은 이런 나를 향해 '유 아 더 센터(You are the center), 네가 바로 중심이 되라'고 한 것이다. 이후 내 두 눈에 불이 켜졌다.

남의 인정을 구걸할 것이 아니라 나 자신이 나를 인정하도록 스스로를 만들어야겠다고 생각했다. 이건희 회장은 그렇게 내 삶을 바꿨다. 아니 '삼성인' 전체를 바꿨다고 생각한다.

'안 된다는 생각을 버려라', '큰 목표를 가져라', '일에 착수하면 물고 늘어져라', '지나칠 정도로 정성을 다하라' 등의 구호가 담긴 '반도체인의 신조'를 아침마다 동료, 선후배들과 함께 외칠 때면 피가 거꾸로 솟는 듯 힘이 솟았다. 삼성반도체의 오늘을 만든 힘은 바로 그것이었다고 생각한다.

허문명 기자가 쓴 이 책은 그 역사의 기록이다. 한 줄 한 줄 읽으며 새삼 오늘날의 반도체 신화를 만든 호암과 이건희 회장, 그리고 삼성맨들의 노고가 전해져 눈시울이 붉어지고 가슴이 먹먹해질 때가 많았다.

반도체는 기술 스펙트럼이 너무 넓어서 내가 아는 것도 극히 일부다. 하지만 허문명 기자는 호암과 이건희 회장의 고민과 결단의 순간들을 통해, 또 전직 대표 CEO들의 생생한 증언을 통해 어려운 반도체 분야를 사람 냄새가 나는 반도체로 풀어내 누구라도 쉽게 접할 수 있게 안내한다. 반도체 인재 양성에 혼신의 힘을 쏟고 있는 나로서는 매우 고마운 책이다.

대한민국 반도체는 말 그대로 혁신의 역사다. 이토록 작은 나라가 기술이 주도하는 세계 무대에서 주도권을 갖게 되었으니 호암이 시작한 반도체는 신대륙을 발견한 것이나 똑같다.

이제는 기술 하나만 압도적으로 갖고 있으면 국제 관계에서도 자유로워진다. 대한민국의 자유는 기술 패권에서 나올 것이다. 우리는 반도체를 잃어버리면 안 된다. 이는 단지 기업만의 일이 아니다. 나라가 나서야 한다. 부디 이 책을 읽고 많은 청년들이 30년 전 내가 그랬듯, 두 눈에 불이 켜졌으면 좋겠다.

2022년 10월

---

* 삼성전자 메모리사업부 상무 출신인 양향자 의원(무소속)은 현재 국민의힘 반도체산업경쟁력강화특별위원회(반도체특위) 위원장을 맡고 있다. 야당 출신 의원으로서 여당의 특위 위원장을 맡아 화제가 된 바 있다. 특위 출범 후 다섯 차례의 특위 회의와 당정협의회를 거쳐 약 38일 만에 'K칩스법(반도체특별법)'을 발의했다.

차례

제1부 호암과 이건희가 초대한 반도체 세상

PART 1 반도체, 세상을 바꾸다

PART 2 미래를 내다본 호암의 반도체 리더십

호암과 이건희가
초대한
반도체 세상

LEE KUN-HEE

SEMICONDUCTOR

LEADERSHIP

1
PART

반도체,
세상을
바꾸다

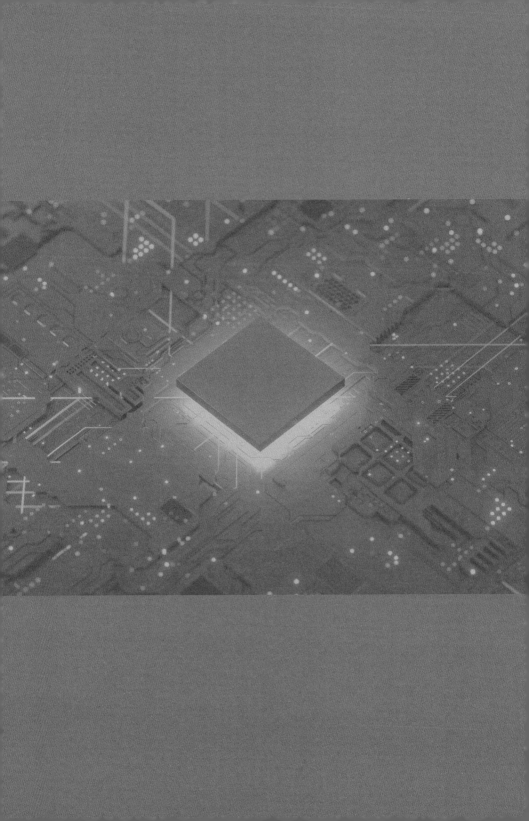

문화인류학적 통찰,
반도체 신화를 만들다

CPU

글을 본격적으로 시작하면서 글의 취지와 방향을 두 가지 차원에서 언급하고 싶다. 우선 인류의 삶을 변화시킨 가장 큰 동력이 '기술'이라는 점을 강조하려 한다.

코로나바이러스 감염증(COVID-19, 이하 코로나19) 확산으로 비대면이 일상화한 요즘, 정보기술IT과 제약·바이오 기술의 획기적 발전이 없었다면 우리는 감염병과의 전쟁을 더 힘겹게 치르고 있을지 모른다. 각종 정보기술 덕분에 먹을 것을 포함해 감염병이 초래한 일상의 어려움에 유연하게 대처하고 있다. 빠른 백신의 개발로 바이러스와의 전쟁에서도 승기를 잡고 있다.

코로나19는 인류에게 닥친 대재앙임에는 틀림없지만 지금까지 인류가 그래왔듯 우리는 이 어려움을 잘 극복하고 있다. 여기에는 과거와는 전혀 다른 기술혁명이 도움이 됐다는 데 많은 사람이 공감하리라고 믿는다. 그런 점에서 기술 발전이 가져올 미래에 대한 낙관과 희망을 공유하고 싶다.

그 정점에 반도체가 있다. 반도체가 없었다면 4차 산업혁명은 없었다. 단지 산업의 쌀 정도가 아니라 머지않은 과거에 일어났던, 현재 일어나고 있는, 그리고 앞으로 일어날 기술혁명의 원천이다.

반도체는 4차 산업혁명의 모든 산업, 다시 말해 자율주행차, AI(인공지능), AR·VR(증강·가상현실), 바이오, 커머셜, 휴대전화, TV 등 쓰이지 않는 데가 없다. 내연기관 자동차에 들어가는 반도체는 300여 개지만 전기 자동차에는 2,000여 개가 들어간다.

21세기 석유라고 일컬어지는 반도체는 전략 자산이기도 하다. 2021년 4월 초 바이든 미국 대통령이 반도체 공급망 1차 회의에서 실리콘 웨이퍼를 들어 보이고 있다.

스티브 블랭크 미국 컬럼비아대 교수는 "21세기 반도체는 지난 세기의 석유와 같다. 생산을 통제할 수 있는 나라가 다른 나라의 경제·군사력을 좌우할 것"이라고 말했다. 반도체가 외교이고 국방이고 안보인 시대다.

한국의 메모리 반도체가 차지하는 세계시장 점유율은 2021년 기준 70%를 넘어섰다. 단군 이래 대한민국에서 세계시장을 이렇게 압도적으로 선도한 수출 품목은 없었다. 어떻게 이런 일이 가능하게 된 것일까. 막연하게 알고 있던 반도체 신화를 차근차근 풀어가려 한다.

퍼스트 무버의 길을 가다

두 번째는 흔히 과학과 기술 이야기라고 하면 컴퓨터나 돈, 비즈니스 관점으로만 보는 경향이 있다. 기술에서도 역시 가장 중요한 것은 '사람'이다. 이 기술을 왜 만들었는지, 어떻게 만들게 됐는지 파고들다 보면 결국 사람으로 귀결된다. 사람과 역사에 대한 이해가 없다면 기술 발전을 이끈 동력과 결과를 제대로 이해할 수 없고, 무모하고 과감한 도전을 하며 경계를 부쉈던 혁신가들의 마음에 공감할 수 없다.

대부분의 기술 관련 서적은 기술에 대한 복잡한 설명이나 설비투자 혹은 생산성 향상 및 비용 절감 등 제조업의 앵글을 활용한다. 정보통신혁명은 제조업의 논리와는 다르다. 기본적으로 사람의 상상력에 의존하는 바가 더 크다.

내년 2023년은 호암 이병철 회장이 삼성의 첨단 반도체 진출을 선언한

지 만 40년이 되는 해이며 무에서 유를 이룬 아버지의 성취를 이어 삼성 반도체를 세계 1위로 키운 이건희 회장이 신경영 선언을 한 지 30년이 되는 해다. 이건희 회장은 한국 사회가 '패스트 팔로워Fast Follower(빠른 추격자)'에서 '퍼스트 무버First Mover(선도자)'로 가야 한다고 앞서서 주창했으며 이를 실천으로 옮긴 기업인이다.

남의 것을 뒤에서 쫓는 추격자에서 벗어나 맨 앞으로 나아가려면 기존의 조직 문화, 교육 방식, 상상력을 모두 버려야 한다.

호암과 이 회장은 '반도체처럼 리스크가 큰 사업에 투자하다 삼성이 한순간에 망할 수 있다'며 모든 사람이 주저하고 반대했지만 초인적인 힘으로 사업을 밀고 나갔고 결국 해냈다.

그것은 단지 돈 때문이 아니었다. 두 사람은 개발 기간이 얼마나 걸리고 예산은 얼마나 투입되며 손익분기점은 어느 수준인지 등의 문제보다 반도체가 만들 세상에 대한 비전, 가치, 철학에 집중했다. 그 이야기를 하려고 한다.

업을 대하는 철학자적 태도

이 회장은 평소 임직원들에게 "당신이 하고 있는 일의 본질이 무엇이냐"고 물었다. 이른바 '업業의 개념'이다. 이 회장은 생전에 다양한 분야에서 업의 개념을 설파했는데 이는 필자의 책《경제사상가 이건희》편에 자세히 소개돼 있다.

이건희 회장이 설파한 '업의 개념'에 따라 한 결정적 선택은 뭐니 뭐니 해도 반도체 산업이다. 이 회장은 반도체업의 본질을 여러 각도에서 바라봤다.

우선 흥미로운 대목은 한민족의 특성에 천착해 반도체업을 택했다는 점이다. 그의 책《생각 좀 하며 세상을 보자》중 '반도체 사업을 시작하며'에 나오는 대목이다.

우리는 젓가락 문화권이어서 손재주가 좋고 주거 생활 자체가 신발을 벗고 생활하는 등 청결을 중시한다. 이런 문화는 반도체 생산에 아주 적합하다. 반도체 생산은 미세한 작업이 요구되고 먼지 하나라도 있으면 안 되는 고도의 청정 상태를 유지해야 하는 공정이기 때문이다.

필자는 이 대목을 읽으며 이 회장이 한국인과 한국인의 생활 습관에 대한 통찰을 반도체와 전자 사업에 연결했다는 점이 신선하게 다가왔다. 단지 미래 첨단 사업이라는 산업적 측면에서만 본 것이 아니라 한국인의 문화적 특성과 맞는 일이라고 생각해 '이 업이 되겠다'고 했다는 것은 업을 대하는 그의 철학자적 태도를 엿보게 하는 대표적 상상력이라고 생각된다.

우선 그가 젓가락 문화권에 주목한 점이 재미있다.

세계 유명 뇌 과학 연구자들이 한국인이 가진 비범한 손재주의 비결로 젓가락 문화를 꼽는다는 점은 익히 알려진 사실이다. 특히 중국, 일본, 베트남 등 동양 문화권 중 유독 한국인만 쇠젓가락을 쓰는데, 이는 뇌 발달과 관계가 깊다고 한다.

잘 알려졌다시피 손은 해부학적으로 인체에서 가장 정교한 부위다. 인체의 206개 뼈 중 좌우 27개씩 54개 뼈가 손에 몰려 있다. 대뇌피질 가운데서도 손을 관장하는 신경 부위가 가장 넓다고 한다. 젓가락질을 할 때는 손가락, 손바닥, 손목에 있는 30여 개 관절과 50여 개 근육을 이용해야 한다.

특히 쇠젓가락은 잘 미끄러지고 음식을 집기 까다로워 일반 나무젓가락보다 더 많은 관절과 근육을 써야 한다. 뉴스 검색창에 '한국인의 손재주'를 치면, 과거 줄기세포를 연구한 황우석 박사의 실험실을 찾았던 외국 학자들이 눈에 보이지 않는 지름 $100\mu m$(0.1mm: $1\mu m$는 100만 분의 1m)의 난자를 탁구공 다루듯 자유자재로 움직이는 한국인 연구원들의 손을 보고 '매직 핸드(마법의 손)'라고 찬탄했다는 기록이 나온다.

한민족에게 딱 맞는 반도체

한편 이건희 회장은 한국인의 밥상 문화에도 주목했다. 다시 이 회장의 글을 인용한다.

젓가락 문화권은 사실 일본과 큰 차이가 없지만 내가 착안한 것은 우리만의 독특한 식생활 문화였다. 우리는 전 세계에서 유일하게 숟가락을 사용한다. 찌개와 탕을 먹기 위해서다. 밥상 한가운데 찌개나 탕을 놓고 공동으로 식사한다는 것은 결국 팀워크가 좋다는 것을 의미한다. 나는 팀워크 면에서 일본보다 우리에게 강점이 있다고 보았다.

기업인이 새로 진출할 업종을 택할 때 우선적인 고민은 시장이 있느냐, 소비자들이 과연 사줄 것이냐에 대한 고민에서부터 출발할 것이다. 그런데 이 회장은 이걸 만드는 직원들 입장에서 과연 반도체 제조업이란 게 우리나라 사람들에게 맞는 일인가를 문화인류학적 측면에서 파고들었다. 이 점에서 그의 반도체 사업에 대한 고민이 무척 깊었다는 것이 느껴진다.

그런데 이는 반도체업 이전에 전자업에 대한 통찰로부터 이어진 발상이었다.

생전의 이건희 회장이 전자업종 자체가 한민족의 특성과 잘 맞는다고 말했다는 것을 직접 들었다는 사람이 있다. 이 회장과 서울사대부중, 서울사대부고 동창으로 삼성전자에서 일하기도 했던 조태훈 건국대 명예교수다. 그는 이 회장이 병상에 누워 있던 2018년 1월 이 회장을 추억하는 장문의 글과 사진을 온라인에 띄워 화제가 된 적이 있다. 여기에 그런 증언이 나온다. 조 교수의 글 중 일부다.

천신만고 노력 끝에 삼성이 생산 물량 100%를 수출하는 조건으로 전자업종에 틈새를 비집고 진출한 초창기였다(1970년대 초반이었으니 이건희 회장이 30대 초반이던 시절이다). 그때 벌써 건희는 이런 말을 했다. "우리 민족성을 보면 뭐니 뭐니 해도 전자업종이 제일 잘 맞는 거야! 섬섬옥수 손재주와 섬세성에 있어서 우리 국민을 따라올 나라는 없어." 삼성이 전자에 올인해야 한다는 철학과 신념이 벌써 그때부터 다져지고 있었던 것이다.

반도체 이전에 전자업종 자체가 한국인들의 민족성에 맞겠다고 생각했다는 이 회장의 통찰은 여러모로 의미심장하다. 요즘 다들 인문학이 중요하다고들 하는데 필자는 이 대목에서 '사람의 생각과 행동'에 관심을 갖는 인문학의 중요성을 새삼 깨달았다. 비즈니스 모델을 만들 때 단지 기술 개발에만 몰두할 것이 아니라 사람들의 행동, 문화와 마음을 읽는 것이 중요하다는 것을 이 회장의 말을 통해 배울 수 있었기 때문이다.

또 반도체의 '반' 자도 모르는 사람이 대다수인 시절이었는데도 이 회장은 '반도체업의 개념'을 명확히 하면서 수시로 전파한다. 직원들의 머릿속에 이 개념이 장착돼야 어려운 고비가 닥칠 때 에너지를 모으는 동력이 될 거라는 것을 잘 알고 있었기 때문으로 보인다.

미래 세대를 첨단 미래 세상으로 초대한 기업인

1993년 프랑크푸르트 선언에서 이건희 회장은 반도체업의 본질을 구체적으로 개념화한다.

"반도체업은 박사 학위를 가진 사람부터 기능직 사원에 이르기까지 수백
명의 종업원이 단 한 번의 실수도 없이 300여 개 공정을 수행해야 한다는
점에서 전 직원들이 가족처럼 믿고 합심해 일하는 게 중요한 '양심 산업이
자 고高지능 노동 집약 사업'이다. 또 자연과학과 사회과학이 모두 결합된
'최첨단+고高두뇌+자본집적 사업'이며 영업적 측면에서는 남보다 빨리 양

산해야 이익을 극대화할 수 있다는 점에서 '타이밍 사업'이다."

이 회장의 말을 전직 삼성맨들에게 전했더니 한마디 한마디가 반도체업의 본질을 함축적으로 표현한 것이라는 데 동의했다. 삼성전자 반도체기술소장을 역임한 이문용 전 부사장의 말이다.

"흔히 최첨단이라고 할 때는 그만큼 공정 작업이 복잡하다는 말입니다. 반도체 초기만 해도 거쳐야 할 공정이 300여 개였지만 지금은 600여 개에 달합니다. 회로 설계에서부터 시작해 웨이퍼(반도체 칩 원재료가 되는 동그란 실리

삼성전자 화성 반도체 사업장. 이건희 회장은 반도체업을 최첨단 고두뇌 자본집적 사업이자 타이밍 사업이라고 했다. 이 개념은 업의 개념을 장착시켜 일에 대한 집중력을 키웠다고 직원들은 말한다.

콘 기판)를 깎고 닦고 쌓아 올리고 사진을 찍고 하는 전 과정에서 박사들부터 마지막 오퍼레이션을 하는 기능직 사원까지 사람 몸처럼 머리와 손발이 하나가 돼 움직이며 원 팀이 되지 않으면 안 됩니다.

이건희 회장님이 식생활 문화까지 관찰하면서 한국인들에게 반도체업이 맞겠다고 보셨다는 건 그야말로 가족처럼 원 팀으로 일해야 하는 업의 공정 과정에 대한 깊은 이해와 통찰이라고 할 수 있지요.

집 안으로 들어갈 때 신발을 벗는 문화라서 반도체업에 맞을 것이라는 생각도 그만큼 청정이 업의 생명이라는 것을 정확하게 파악하고 있었다는 이야깁니다.

반도체는 먼지 한 톨이라도 들어가면 바로 불량이 돼버린다는 점에서 '예스 오어 노(Yes or No), 일명 오엑스(OX) 사업'이라고 합니다. 에어컨이나 TV는 에너지 효율이나 화질 레벨에 따라 가격을 다르게 책정해 팔 수 있지만 반도체는 먼지 한 톨이라도 떨어져 있으면 바로 쓰레기통으로 들어갑니다. 첨단기술을 개발하는 것도 중요하지만 불량품을 얼마나 적게 내느냐 하는 수율도 그래서 중요한 거고요."

반도체는 양심 산업

이문용 전 부사장은 서울대와 오하이오 주립대에서 재료공학을 전공하고 삼성전자에 입사해 반도체연구소 소장을 지냈다.

세계 최초 64M D램, 256M D램 개발부터 시작해 첨단 메모리 반도체

공정 하나하나를 세심하게 살피고 있는 연구원.

개발을 주도한 공로로 산업훈장을 받았으며 삼성전자 재직 시절 국내 1호 CPO(기업 내 특허 전담 최고 책임자)를 지내기도 했다. 다시 그와의 문답으로 돌아간다.

— 이 회장이 말했던 양심 산업이라는 의미는 뭘까요.

"요즘은 기간이 많이 짧아졌지만 웨이퍼를 투입해 완제품이 나오려면 최소 50일 이상이 걸렸습니다. 더구나 반도체 공장은 1년 365일 스물네 시간 돌아가야 합니다. 중간에 멈춰서는 절대 안 됩니다. 하지만 사람은 쉬어야 하잖아요. 오퍼레이터 직원들의 근무조는 3교대로 바뀌는데 마지막에 불량이 나왔을 때 어느 공정의 누구 책임인지가 불분명할 때가 있습니다.

물론 나중에 불량 분석을 해보면 불량이 나온 이유나 책임 소재가 가려질 수 있지만 비유하자면 축구장만 한 잔디밭에 바늘 하나만 떨어져 있어도 불량이 나버리는, 그야말로 청정이 생명인 업의 특성상 어느 공정에서 어떤 문제가 왜 생겼는지 책임 소재를 가리기 힘들 때가 있습니다.

공장에서 일하는 오퍼레이터 한 사람 한 사람이 자신이 맡은 일에 그야말로 최선을 다하고 잘못이 생기면 바로바로 알리고 인정하는 문화가 중요합니다. 그래서 '양심 산업'이라고 말씀하신 것 같습니다. 지금이야 너무 당연한 말 같겠지만 앞서 경험한 사람들의 도움도 없이 모든 것을 처음부터 배워 시작해야 하는 입장에선 직원들에게 업의 의미와 가치, 프로세스를 개념화해 되새기도록 하는 일이 무엇보다 중요했던 게 아니었을까 하는 생각입니다."

— 자연과학과 사회과학이 결합된 산업이라는 의미는 또 뭘까요.

"반도체업은 물리학, 화학, 재료공학 등 전 분야가 걸쳐 있습니다. 공학적 지식뿐 아니라 여러 자연과학적 지식이 망라됩니다. 여기에 사회과학적 상상력이 결합돼야 한다는 건 소비자들의 마음, 한마디로 유저User 마인드를 읽는 눈이 있어야 하기 때문입니다.

사람들이 무엇을 원할까, 무엇을 좋아할까 하는 연구가 반도체 수요를 만드는 원천이니까요. 소비자들의 심리와 생활을 파악하는 이 분야는 당연히 사회과학을 하는 문과생들의 분야죠. 그런 점에서 자연과학과 사회과학이 결합된 산업이라고 할 수 있습니다."

삼성이 곧 일본을 이길지 모른다

반도체 공장이 멈춰서는 안 된다는 이야기와 관련해 삼성의 전직 임원으로부터 들은 말이 있다.

"일본 반도체 회사 임원들이 삼성 기흥 반도체 공장을 방문했을 때였는데 공장을 유심히 둘러본 일본인들이 '어쩌면 삼성이 곧 일본을 이길지 모르겠다'고 했던 일이 있습니다. 무슨 엄살인가 싶어 저녁 자리에서 왜 그런 생각을 했는지 물어봤습니다. 그랬더니 자기네 회사 공장 근로자들은 대부분 나이가 많은데 삼성은 젊은 사람들이 많은 데다 여직원들까지 스물네 시간 근무조에 포함돼 있는 게 놀랍다고 했습니다. 일본 노동법에서는 여직원들의 경우 심야 근무를 못 시키게 돼 있다는 거예요. 밤에 여직원들이 퇴근하면 업무 연속성이 떨어진다는 거였습니다."

이 대목에서 약간 곁가지로 새는 듯하지만 생전 이건희 회장의 진면목을 알려주는 일화가 있어 내친김에 덧붙인다. 다시 삼성 전직 임원의 말이다.

"전용 비행기를 타고 회장님을 수행한 적이 몇 번 있었습니다. 그때마다 저희들은 초긴장 상태가 됩니다. 비행기 안에서 불쑥 무슨 질문을 던지실지 모르기 때문이었죠. 그러다 보니 기내 인터넷폰을 항시 들고 비상 상황이 생기면 바로 서울 비서실로 전화해 회장님 질문에 답을 찾는 체제를 갖추고 있었습니다.

언젠가는 도쿄로 가는 비행기 안에서 갑자기 '조선이 개국한 1392년과 임진왜란이 발발한 1592년 1인당 GDP(국내총생산)가 달러로 각각 얼마였느냐'고 물으셔서 바로 서울로 연락해 '빨리 자료를 찾아 계산을 해보라'고 독촉했습니다. 그 결과 쌀 생산량을 기준으로 개국 때는 2달러, 임진왜란 때는 1달러였다는 계산이 나왔습니다. 나라가 갈수록 성盛한 게 아니라 200년 만에 생산력이 딱 절반으로 줄었다는 것을 수치로 확인한 거였죠. 내용을 보고받은 회장님께서 하신 말씀이 지금도 생생합니다."

— 뭐라고 하셨는데요.

"이렇게 말씀하셨습니다. '한 왕조가 500년 넘게 간 경우는 흔치 않은데 고려와 신라는 그래도 무역으로 아라비아 상인들이 드나들면서 경제력이 커졌지만 조선은 생산성이 개선되기는커녕 오히려 줄어드는 상태에서 일본에 먹혔으니 얼마나 백성들이 도탄에 빠졌을지 상상이 간다. 사회 지도층이란 사람들이 백성들 먹고사는 문제를 고민하지 않고 정권 연장이나 재창출에만 고민하면 지금이라고 조선과 다를 게 없지 않겠는가. 삼성 같은 대기업이 10개만 있으면 국민들 삶의 질이 바뀔 것이다.'

도쿄에 내려서도 잊히지 않는 일이 있었어요. 회장님을 모시고 시내를 지나는데 갑자기 '도쿄 시내에 까마귀가 몇 마리가 있느냐'고 물으시는 거예요. 도대체 어디 가서 알아볼 것인가 고민한 끝에 우에노 공원으로 가서 면적을 정한 뒤에 까마귀를 몇 마리 잡아다가 목에 전자 태그를 달아 풀어준 뒤 다시 돌아오는 걸 계산해 추정치로 낸 적이 있습니다. 약 5만 마리라는 추정치가 나왔습니다."

— 왜 까마귀에 꽂혔을까요.

"나중에 알게 된 것이지만 '전기' 때문이었습니다. 스물네 시간 돌아가야 하는 반도체 공장에서 가장 중요한 것은 전기 아닙니까. 끊기면 절대 안 되니까요. 그런데 도시의 까마귀는 전신주의 전선을 훼손할 수 있는 요인입니다.

도시화가 진행되면 개체 수가 급격하게 늘어나는 새가 까마귀입니다. 음식물 쓰레기를 먹고 크기 때문이죠. 커피나 계란도 먹고 심지어 골프장에서 돈을 물어갈 정도로 식성이 좋은 새입니다. 그런데 부리가 새들 중에서도 워낙 강해 전선을 쪼면 갑작스러운 정전 사태를 일으킬 수 있습니다. 도쿄의 까마귀들을 보고 반도체 공장을 생각한 거죠.

아무튼 회장님의 돌발적인 질문에 저희들은 늘 초긴장 상태이긴 했지만 단지 개인적인 호기심을 풀기 위해서라거나 직원들을 일부러 피곤하게 만들려고 한 게 아니라 모두 다 사업과 연결된 것이라는 것을 나중에서야 알고 고개를 끄덕인 적이 많았습니다."

"나라가 잘돼야
기업이 잘된다"

이건희 회장은 반도체업의 가장 중요한 본질로 '타이밍 사업'이라는 점을 꼽았다. 글 '반도체 세계 1위에 서기까지'에는 이런 대목이 나온다.

반도체 산업은 한마디로 타이밍 업業이라고 할 수 있다. 불확실한 미래를 예측해서 수조 원에 이르는 막대한 선행 투자를 최적의 시기에 해야 하기 때문이다. 반도체 사업에서 최적의 투자 시기를 결정할 때는 피를 말리는 고통이 뒤따른다.

'피를 말리는' 고통의 순간

이건희 회장의 글들은 수사나 군더더기가 없어 살과 근육을 모두 발라낸 뼈처럼 건조하지만 단단하다. 감정 표현이 들어간 문장은 거의 없다. 그래서인지 '피가 마른다'는 표현의 무게감이 굉장히 크게 다가온다.

이 회장이 반도체 사업의 본질로 언급한 '타이밍'은 반도체업의 본질에 정확히 닿아 있는 말이다. 반도체 제조업체들은 조금이라도 더 나은 최첨단 칩을 제품에 넣기 원하는 완제품 업체들을 대상으로 하기 때문에 그야말로 피 말리는 스피드 경쟁을 벌인다. 분초 단위 시간 싸움이 벌어지는 전쟁에서 하루나 일주일 단위로 결정이 늦어지면 몇 년 뒤 몇억, 아니 몇십조 원의 손해를 볼 수도 있다.

반도체 사업은 또 전형적인 승자 독식 구조다. 이 회장이 생전에 초일류 정신, 1등주의를 강조했던 것도 2등이나 이류를 무시하는 엘리트 의식의 표현이 아니라 반도체라는 업의 정체성 자체가 1등 아니면 언제 죽을지 모르는 불안한 구조였기 때문이었다.

생전에 '앞으로 5년 뒤, 10년 뒤를 생각하면 등에서 식은땀이 난다'거나 '지금 삼성을 대표하는 사업과 제품들은 10년만 지나도 사라질 것'이라며 끊임없이 '위기, 위기'를 말했던 것도 이 때문이었다.

제일기획 사장을 지낸 배종렬은 이렇게 말한다.

"회장님이 반도체 사업을 하며 늘 강조한 부분이 '업의 개념과 스피드'였습니다. 특히 반도체 연구개발R&D과 관련해서 히스토리를 많이 말씀하셨는데

다 그 때문이라고 생각됩니다. 예를 들어 R&D를 6개월 먼저 해 생산해서 시장에 내보내는 것과 1년 늦어지는 것과 비교를 해보면 엄청난 이익 차이가 생긴다는 거였지요. 실제로 반도체 가격이란 게 쑤욱 올라가다 확 떨어지는 완전히 2차 포물선을 그립니다. 칩 한 개 가격이 1만 5,000달러 하던 것이 1년이 지나 1,000달러까지 됐다가 2년이 지나면 십몇 달러로 떨어지니까 말이지요. 그런데 회장님은 그런 사이클을 정확하게 알고 있었습니다. 어느 날은 '반도체업의 개념이 뭐냐?'는 질문을 던지더니 '스피드'라고 하면서 1년 안에 개발하느냐, 6개월 안에 개발하느냐에 따라 1,000억 원 이익이 1조 원이 될 수도 있다며 한번 계산해서 정리해보라고 비서실에 지시했습니다. 실제 계산을 해보니, 1M(메가) D램의 경우 투자 타이밍이 1년 늦으면 2,000억 원가량의 이익 차가 생긴다는 결론이 나왔습니다."

이건희 회장은 스피드를 위해 사내 결제 시스템도 단순화했다. 생전 육성이다.

"내가 처음 그룹 경영을 인계받았을 때 1M D램 생산이 6개월 늦었다. 기술, 판매, 생산 준비는 다 갖췄는데 생산 설비가 늦게 들어온 것이다. 원인을 알아보니 설비 발주 담당자에서 삼성전자 회장까지 무려 스물여덟 개 도장을 찍는 데 넉 달 걸린 것이었다. 그래서 도장 찍을 사람들을 다 불러 모았다. 기안을 발표하고, 의문이 있으면 그 자리에서 토론하고 반대가 없으면 도장을 찍도록 했더니 단 하루 만에 결정이 끝났다. 4M 설비는 발주부터 훨씬 나아졌다."

타이밍, 전자 산업 전체를 관통하는 말

이건희 회장이 말했던 '타이밍'은 본질적으로는 전자 산업 전체를 아우르는 업의 개념이었다. 그러다 보니 손익 개념부터 남과 달랐다.

"전자 산업의 경우 장부상 이익과 손실만 갖고 경영을 잘했느니 못했느니를 판단해서는 안 된다. 물건을 얼마나 팔았느냐 못 팔았느냐 하는 게 중요한 게 아니라 남보다 빠르게 기회를 잡아 선점했느냐 못했느냐가 진정한 이익과 손실 개념이다. 물건을 팔지 못해 받은 직접 손실보다 기회 상실에 의한 손해액은 차원이 다르며, 따라서 단기적 이익이나 손실을 낸 것만 갖고 경영자를 판단해서는 안 된다."

전자레인지를 예로 들면서 이렇게 분개한 적도 있다.

"전자레인지는 내가 먼저 하자고 한 사업이었다. 그것이야말로 기회를 선점한 것으로 일본보다 앞섰던 것이다. 한때는 삼성이 마쓰시타보다 더 많이 만들면서 앞서갔는데 지금은 뒤지고 있다. 300만 대씩 만들면서도 이익이 몇십억이라는 게 말이 안 된다. 한 대에 1달러가 남는다고 할 때 고작 300만 달러(1달러당 1,300원으로 환산하면 39억 원)가 남는다. 이런 건 장사가 아니다. 공장 문 닫아야 한다. 자선사업 하는 거다. 처음은 잘 시작해놓고도 끈질기게, 성의 있게, 차분하게 자기 것으로 챙기지 못하고 개선하지 않으니 뿌리가 사라졌다. 이렇게 남보다 앞서서 만들어놓은 것을 놓치니 정말

현존하는 세계 최대 규모 반도체 생산 시설로 불리는 평택캠퍼스. 조 바이든 미국 대통령이 방한하자마자 찾은 곳이기도 하다. 기흥과 화성에 이은 삼성반도체의 미래 기지가 될 곳이다.

어리석고 억울하다. 문제는 억울하게 생각하는 사람도 회사에서 나 말고는 없는 것 같다는 점이다."

나무다리라도 건너라

이건희 회장은 생전에 직원들을 이런 말로 다그치기도 했다.

"남보다 1년 빠르면 2등에 비해 플러스알파가 나오고 모든 걸 선점해 들어가면 10배, 15배 이익이 난다. 올림픽 2등은 은메달이라도 걸지만 기업 세계에서 2등은 아무것도 돌아오지 않는다. 모험도 해봐야 남보다 앞서갈 수 있다. 공금을 횡령하는 게 아니라면 일을 저질러야 한다. 일 자체를 무서워하지 말라는 거다. 꼭 해야 할 일이라면 가능한 한 빨리 뛰어들어 기회를 선점하든가 아니면 최소한의 기회손실이라도 막아야 한다. 지금 이익이 좀 나도 없앨 것은 빨리 없애라. 적자가 나도 시작할 건 빨리 시작해야 한다."

'실패는 보약'이란 글에서는 직원들을 향해 '나무다리라도 건너라'고 말한다.

나는 평소 임직원들에게 실패를 두려워하지 말고 일을 저질러보라고 적극 권하고 있다. 기업 경영에서 실패 경험만큼 귀중한 자산이 없다고 생각하기 때문이다. 신약이나 신물질을 개발하려면 평균 1만 2,000번의 실패를 거쳐야 하고 석유탐사에서도 최소한 25번은 실패해야 비로소 하나의 유정을 발견할 수 있다고 한다.

실패는 병가상사兵家常事인데도 실패 자체가 두려워 오그라진 사람이 많다. 자신의 실수를 솔직히 시인하고 실패를 자인하는 용기 있는 사람을 보기가 쉽지 않다.

나는 작은 성공의 누적을 그다지 반기지 않는다. 작은 성공으로 자만심에 빠져 더 큰 실패를 가져오는 경우를 많이 보아왔고, 작은 성공에 만족하는 평범한 사람보다 실패를 두려워하지 않는 도전적 인물이 조직을 살찌울 수 있다고 믿기 때문이다.

실패의 원인을 꼼꼼히 살펴보면 피할 수 있었던 경우가 의외로 많다. 될성

부른 나무는 떡잎부터 알아본다는데 될성부르지 않은 일 역시 시작하는 단계부터 실패의 씨앗을 잉태하고 있다.

사전 준비 부족, 안이한 생각, 경솔한 행동이 실패의 3요소라고 할 수 있다. 실패는 그대로 방치해두면 독이 되지만 원인을 철저히 분석하고 교훈을 찾아내면 오히려 최고의 보약이 된다.

세간에서는 삼성이 돌다리도 두드려보고 건넌다고 하지만 나는 임직원들에게 돌다리는커녕 나무다리라도 있으면 건너가라고 한다. 위험을 각오하고 선두에서 달려가야 기회를 선점할 수 있기 때문이다.

나는 이유 있는 실패는 반기지만 터무니없는 실패, 똑같은 실패를 반복하는 일에 대해서는 엄격하다. 이유 있는 실패까지 나무라면 조직 내 창의성이 말살되고 복지부동의 보신주의만 남는다. 내가 두려워하는 것은 실패 자체가 아니라 같은 실패를 반복하는 것이다.

성공한 기업인들의 생애를 쫓아가다 보면 그들의 DNA는 이런 것이 아닐까 하는 느낌을 갖게 하는 대목이 있는데 다름 아닌 엄청난 승부욕이다.

앞서 이건희 회장이 "남보다 앞서 만들어놓은 것을 놓치면 억울하다"고 한 대목을 읽다 보니 그가 1991년 10월호 〈신동아〉와의 인터뷰에서 한 말이 생각난다. 그는 당시 "지금 이 순간 인간적인 고민이 있다면 무엇인지, 그리고 어느 때 정말로 화가 나는지"라는 기자의 질문에 이렇게 답한 적이 있다.

"쉬운 것이 안 될 때 화가 납니다. 굴러든 기회를 무성의해서 놓치고 몇천억 원의 손해를 보았다면 얼마나 딱합니까. 요즘 삼성이 전자, 정밀화학, 반도체 산업 등에 주력하고 있는데 왜 10년 전부터 이와 관련된 인재를 확보하지 못했는가 한이 됩니다."

이 말에 기자가 "욕심이지요"라고 하자 이렇게 답했다.

"좋은 뜻의 욕심은 허욕과는 다릅니다. 야심과도 다르지요."

반도체 사업에 뛰어든 이유

이건희 회장은 어떻게 반도체 사업에 뛰어들게 됐을까. 글 '반도체 사업의 시작' 편에 잘 나와 있다.

내가 기업 경영에 몸담은 것은 1966년 동양방송에서부터였다. 처음 입사한 그때부터 지금까지 많은 어려움을 겪고 결단의 순간을 거쳤지만 반도체 사업처럼 내 어깨를 무겁게 했던 일도 없는 것 같다.

나는 어려서부터 전자와 자동차 기술에 남다른 관심을 가지고 있었다. 일본 유학 시절에도 새로 나온 전자 제품들을 사다 뜯어보는 것이 취미였다. 나는 자원이 없는 우리나라가 선진국 틈에 끼여 경쟁하려면 머리를 쓰는 수밖에 없다고 생각하게 됐다. 특히 1973년에 닥친 오일쇼크에 큰 충격을 받은 이후 한국은 부가가치가 높은 하이테크 산업에 진출해야 한다는 확신을 가졌다.

생전 몇 차례 하지 않은 인터뷰에서도 이런 메시지를 일관되게 말했다.

"1973년에 오일쇼크가 있었습니다. 그때 큰 충격을 받았습니다. 자원이 없는 우리 현실에서 선진국들과 경쟁하려면 머리를 쓸 수밖에 없음을 절실히 느꼈습니다. 두뇌를 이용한 첨단기술을 개발해서 부가가치가 높은 하이테크 산업에 진출해야 한다는 생각을 한 거죠. 미국, 일본에도 가보고 많은 사람들을 만났습니다. 그래서 힌트를 받은 것이 앞으로 반드시 컴퓨터를 활용하는 정보화 시대가 올 것이다 하는 점이었습니다. 이미 선진국들에서는 그런 조짐들이 보이고 있었습니다. 그러자면 반도체가 대규모로 필요할 것이고 미국과 일본보다 10년 이상 뒤지기는 했지만 우리 민족 특성에 딱 맞는 사업이라서 충분히 따라잡을 수 있다고 생각했습니다."_〈월간조선〉 2000년 7월호

"1973년 오일쇼크를 겪은 후 재래형 기술 사업의 한계를 절감했습니다. 오일쇼크 당시 일본 업체들이 TV, 냉장고에 들어가는 핵심 부품인 IC(집적회로) 물량과 가격을 통제하며 횡포를 부려 자체 반도체 산업의 필요성을 더욱 절감했습니다. 당시 미국, 일본에서는 이미 반도체 산업을 대표적인 미래 하이테크 사업으로 보고 국가 전략산업으로 육성하고 있었습니다. 반도체 산업이 우리 민족의 문화 특성에 꼭 맞기 때문에 10년 남짓한 기술 격차는 충분히 따라잡을 수 있다고 확신했습니다."_〈신동아〉 2005년 10월호

이 회장이 삼성의 명운과 대한민국 산업사의 명운을 가른 반도체 사업

진출과 관련해 생전에 남긴 육성은 이 정도가 전부다.

"참 약소국가라는 게 서럽더라고"

1973년 1차 오일쇼크는 대한민국 경제를 일시에 집어삼킨, 훗날 IMF(국제통화기금) 외환위기에 비교할 만한 충격이었다. 삼성은 물론 나라 전체가 휘청거린 전례 없는 어둠의 터널을 통과하면서 이건희 회장은 자원 없는 가난한 나라 기업인으로서 설움을 많이 겪었던 듯하다. 〈월간조선〉이 입수해 2022년 공개한 생전 육성 테이프에는 이런 내용이 나온다.

"나는 어려서부터 외국에 다니면서 경험을 많이 했어. 일본에서 소학교 다닐 때는 조센징 소리 들으면서 고약한 설움을 당했지. 1960년대 말 미국에 갔는데, 행사 끝나고 불우이웃돕기 같은 기금을 모집하더라고. 그런데 거기서 한국 아이 사진이 나오는 거야.

지금 우리가 방글라데시 아이들 보는 그런 분위기로 참 약소국가라는 게 서럽더라고. 선대 회장 따라 외국 출장을 가보면 우리는 회장이 나오는데 저쪽에선 상무급 아니면 평이사가 나와. 그나마 삼성이라서 그 정도였지. 나라가 못살면 국민들이 밖에서 사람 행세를 못 해. 내 회사가 잘되고 대우받으려면 나라가 발전해야 된다는 거, 이게 내 기본 의식이야."

어떻게 위기를 극복할 수 있을까, 어떻게 해야 잘살 수 있을까.

이미 1970년대부터 미국과 일본을 드나들며 새로운 세상의 분위기를 체감하고 있던 이 회장의 머릿속에는 이런 질문들이 가득했을 것이다. 그러면서 미래 사회는 정보화가 이끌 것이라는 판단이 섰던 것으로 보인다. 다시 듣는 이 회장의 육성(월간조선)이다.

"나 스스로 변해서 잘사는 것도 좋지만 새로운 시대의 변화를 맞는 자세가 더 중요해. 앞으로 10년, 15년 후에는 카드 하나만 있으면 전 세계에서 통용이 되고 전화도 되는 세상이 온다고. 아프리카 오지에 가서도 바로 집으로 전화할 수 있게 된다 말이지. 일제 때 태어나서 전쟁 겪고 굶주리던 시절 살던 사람들이 이런 시대에 살게 된다니 얼마나 변화가 빨라. 우리 경쟁력도 여기에 맞추지 않으면 안 되지 않겠나."

그의 행보에서 주목되는 것은 30대 때인 1970년대 중반부터 미국 실리콘밸리를 집중적으로 드나들었다는 점이다. '분모경영에서 분자경영으로'란 제목의 글에서는 당시 실리콘밸리에서 받은 충격을 이렇게 표현하고 있다.

나는 놀라지 않을 수 없었다. 그들은 새로운 기술 개발에 막대한 돈을 쓰고 있었다. 효율성 면에서 보면 결코 이해할 수 없는 일이었다. 그러나 그곳 기업인들을 만나면 고개를 끄덕일 수밖에 없었다.
100건 투자 중에서 성공하는 경우가 두세 건에 불과하더라도 일단 성공을 거두기만 하면 투자금의 수백, 수천 배 이익을 한꺼번에 얻을 수 있었기 때

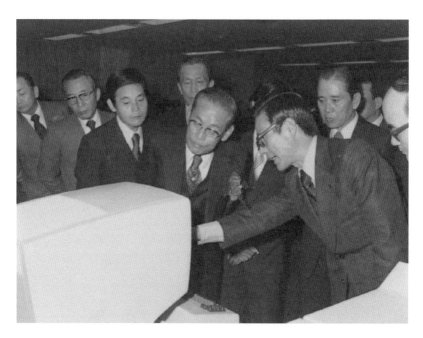

1976년 12월 7일 서울 태평로 삼성 본관 3층에 새로 문을 연 그룹 종합전산실을 이병철 당시 회장과 이건희 중앙일보·동양방송 이사가 둘러보고 있다.

1976년 그룹 종합전산실 방문 당시 클로즈업한 것. 호암의 등 뒤에 서 있는 이건희 이사의 표정이 사뭇 진지하다.

문이었다.

이후 1980년대에 많은 경제 전문가들이 도저히 회복할 수 없다고 했던 미국 경제가 1990년대에 들어와 깜짝 놀랄 정도로 긴 호황기를 누리고 있는 결정적인 이유 중 하나가 바로 당시 이런 벤처 기업들의 효과성 투자였다는 사실을 당시에 나는 여러 번 확인할 수 있었다.

42년생 이건희, 55년생 IT 영웅들

성공한 사람들은 그들이 자라난 '세계의 산물'이라고 했다. 열심히 노력만 한다고 성공하는 게 아니라 노력이 사회로부터 보상받을 수 있는 시대를 만나야 한다는 것이다.

미국에서 컴퓨터와 인터넷 혁명을 일으킨 스타 기업인들이 1950년대 대거 태어난 것은 우연이 아니다. 애플의 스티브 잡스와 마이크로소프트의 빌 게이츠가 1955년 동갑내기라는 점은 이미 널리 알려진 사실이다. 오랫동안 구글이라는 거함을 이끈 에릭 슈미트 역시 1955년생이다. 소프트뱅크 손정의는 2년 뒤인 1957년 태어났다.

스티브 잡스, 빌 게이츠, 에릭 슈미트 모두 중·고등학교를 다닐 때 대형 컴퓨터를 접하고 프로그래밍에 푹 빠져 살았다. 시간을 나눠 써야 했던 카드 천공식 컴퓨터이긴 했지만 이들 모두 컴퓨터와 운명적 사랑에 빠졌다.

30대 청년 이건희가 실리콘밸리를 드나들던 때는 이들이 막 20대가 된 시기다. 개인용 컴퓨터PC가 출시(1975년)되면서 실리콘밸리에서 PC 혁명이 동을 트는 여명기였다. 세계 최초 개인용 컴퓨터 '알테어 8800'(498달러)이 〈파퓰러 일렉트로닉스〉 잡지 1면 표지로 등장한 때가 1975년이니 말이다.

대학생 빌 게이츠와 폴 앨런은 '알테어 8800'을 보고 흥분해 베이직 언어를 개발하는 마이크로소프트를 창업(1975년)했다. 스티브 잡스는 스티브 워즈니악과 함께 차고에서 애플1과 애플2(1977년)를 잇달아 만들어내며 세상에 이름을 알리고 있었다.

인텔의 로버트 노이스와 고든 무어도 '무어의 법칙(칩 성능은 2년마다 두 배씩 올라간다는 법칙)'에 따라 컴퓨터 칩 속도를 무서운 기세로 키우고 있었고 1,200달러를 갖고 오라클을 창립한 래리 엘리슨이 실리콘밸리에 사무실을 차린 것도 청년 이건희가 실리콘밸리를 드나들 때 일이었다.

무엇을 해서 먹고살 것인가

당시 코리아의 위상은 어땠을까.

1970년대는 한국이 저개발국에서 개발도상국으로의 진입이 막 시작된 때다. 수출 1억 달러를 달성했던 때가 1964년이었는데 수출품이라고 해봐야 합판, 신발, 섬유, 홍삼, 담배, 설탕, 화장품, 그릇 정도였다. 그러다 1970년대 박정희 대통령의 중화학공업 육성 정책에 따라 기계, 선박, 철강 등이 수출되기 시작했다.

1973년 한국의 1인당 국민소득GNI은 430달러(56만 원)였다. 미국은 이

보다 18배나 많은 7,310달러(950만 원), 일본은 3,610달러(470만 원)였다. 전 세계 평균도 1,175달러(150만 원)로 한국의 두 배를 훌쩍 웃돌 때다.

한국은 컴퓨터는 고사하고 국민 대다수가 입에 풀칠하는 데서 겨우 벗어나던 때였고 미국에서는 IT 신인류들이 밤낮없이 연구실과 개발 현장의 불을 밝히던 시절이었다.

이건희 회장은 앞서 언급했던 IT 영웅들보다 10년가량 먼저 태어났다(1942년생). 국제사회에서 전혀 존재감이 없던 후진국 중의 후진국 기업인이었던 청년 이건희는 실리콘밸리를 드나들면서 무슨 생각을 했을까. 그의 내면은 어땠을까.

오일쇼크(1973년)에 따른 미증유의 충격으로 나라 살림이 형편없이 추락하고 있던 때, 미래에 대한 극도의 불안과 두려움 속에서도 반드시 살길을 찾아야 한다는 극도의 절박감이 오가고 있지 않았을까.

어떻게 이 위기를 벗어날 것인가, 그리고 무엇을 해서 먹고살 것인가. 밤낮으로 고민하던 그에게 어느 날 '한국반도체가 파산 상태'라는 소식이 들려온다. 남들은 스쳐 지나갈 수 있는 작은 뉴스가 그에게는 천둥소리로 다가온 것이다. 삼성의 반도체 역사가 시작되는 순간이었다.

TV도 못 만들면서
무슨 반도체냐

CPU

2017년 8월 별세한 고故 강진구 전 삼성전자 회장은 삼성그룹의 1세대 전문 경영인으로 삼성반도체 신화의 초석을 놓은 인물이다. 이병철·이건희 회장 2대代에 걸쳐 삼성전자의 기틀을 닦은 이로 평가받는다.

1973년 삼성전자 전무에 오른 이후 1998년 회장에서 물러날 때까지 25년간 대표를 맡으면서 1983년 삼성전자 최초의 메모리 반도체인 64K D램과 세계 최초 64M D램 개발을 이끈 주역이다. 1995년 삼성이 그룹 발전을 이끈 인물을 기리기 위해 만든 '삼성 명예의 전당' 1호로 헌액된 인물이기도 하다.

강 전 회장은 1996년 《삼성전자 신화와 그 비결》이란 자서전을 펴냈는데 이건희 회장은 책 추천사에서 '오늘의 삼성전자를 있게 한 최대의 공로

고 강진구 전 삼성전자 회장.

자'라고 했다.

강 전 회장의 책에는 삼성전자 반도체 초기 역사가 잘 담겨 있다. 그는
삼성전자 반도체의 전신이라 할 수 있는 한국반도체 파산 소식을 삼성 내
에서 처음 전해 들은 사람이다. 그는 소식을 듣자마자 호암 이병철 회장에
게 알렸다고 밝히고 있다.

"1974년 12월 초였다. 한국반도체를 세운 강기동 박사의 합작 파트너인 미
국인 서더스 씨가 만나자고 해서 나갔더니 자기가 갖고 있는 회사 절반의

지분을 넘겨주고 사업에서 손을 떼고 싶다는 거였다. 강기동 박사와 둘이 각각 50만 달러씩 총 100만 달러를 투자했는데 더 이상 회사를 끌고 갈 수가 없다는 거였다. 삼성전자가 전자 사업을 하는 이상 반도체를 쓰지 않을 수 없을 것이라며 지분을 인수하면 큰 기회가 될 것이라고 했다."

강 전 회장은 "두 달 전 한국반도체가 경기도 부천시에서 공장 준공식을 할 때 현장에 가보기도 했었다"며 제안을 받자마자 호암에게 달려갔다고 한다.

"당시 삼성전자는 흑백 TV, 세탁기, 냉장고 할 것 없이 거의 모든 제품에 마이크로 컨트롤이라는 반도체를 사용하고 있었다. 마이컴이라고도 불렀는데 계산 기능을 갖고 있으면서 기계를 컨트롤하는 IC였다. 그렇지 않아도 반도체 없는 전자 회사는 엔진 없는 자동차 회사와 다를 바 없다고 생각하고 있던 차였다. 그런데 그 엔진을 인수하라는 것 아닌가…. 시간을 끌 필요가 없다고 생각하고 이튿날 호암께 '사야겠다'고 보고하자 '알아서 하라'고 하셨다. 호암은 두 말이 없으셨다. 승인이 난 것이다. 1974년 12월 6일 자로 한국반도체(주)의 주식 50% 인수가 확정된 것이다."

한국반도체와 강기동

한국반도체는 어떤 회사였을까. 설립자 강기동 박사는 강진구 전 회장의 서울대 공대 전자공학과 1년 후배이기도 했다. 강기동은 대한민국 반도체 역사에서 꼭 기억해야 할 인물이다. 반도체 불모지였던 우리나라에 최초의 반도체 회사를 설립한 사람이기 때문이다. 엄밀하게 따지면 대한민국 1호 반도체 회사는 삼성이 아니라 한국반도체라고 할 수 있다.

강기동은 삼성은 물론 훗날 현대반도체(현 SK하이닉스) 설립에도 관여했다. 현재 미국 네바다주에 살고 있는 것으로 알려졌는데 2018년 자서전 《강기동과 한국 반도체》를 낸 바 있으며 국내 언론에도 근황이 간간이 소개된 적이 있다.

강기동은 1958년 서울대 전자공학과를 졸업하고 당시 미국 내 반도체 특성화 대학이라고 할 수 있는 오하이오 주립대로 유학을 가 1962년에 박

한국반도체 설립자인 강기동 박사가 2018년 낸 자서전.

사 학위를 받는다. 이후 애리조나주 사막 도시 피닉스에 있는 모토로라에 입사한 뒤 반도체 핵심 기술 연구에 착수하게 된다. 모토로라는 당시 일본이 가장 배우고 싶어 했던 세계 최고 반도체 생산 회사였다. 강기동은 생산 책임을 맡으면서 핵심 기술을 연구한다.

자서전 출간을 계기로 2018년 11월 서울에 온 강기동을 서울대 〈동창회보〉가 인터뷰했다. 여기에 한국반도체 설립과 관련한 언급이 있어 소개한다.

— 모토로라에서 무슨 일을 하셨나요.

"새로운 반도체를 만드는 일을 했습니다. 용도를 정해놓고 하는 게 아니라 먼저 만들어놓고 용도를 찾는 식이었죠. 미 국방부 극비 프로젝트인 '미니트맨Minuteman(대륙간 탄도탄)'에 관련된 일도 했지요. 특히 반도체 제작 공정에서 중요한 물, 가스의 순도純度 문제 해결을 위해 여러 방법을 찾았어요. 반도체를 만들기 위해서는 아주 작은 불순물도 있어서는 안 됩니다. 고순도 환경을 위해 반도체용 약품을 따로 만들어달라고 요구해 이게 업계 표준이 되기도 했죠."

— 한국반도체 설립은 어떻게 해서 이뤄진 건가요.

"한마디로 모험이었습니다. 자칫 잘못하다가는 미국 첨단기술을 해외로 유출한 반역범으로 몰릴 수도 있었으니까요. 모토로라 반도체연구소에 있을 때 군사 기밀 프로젝트도 함께 수행했었는데 내 조국 대한민국에 선진 반도체 기술을 이식하고 싶었습니다. 그래서 편법을 썼습니다. 미국에 회사를 설립하고 한국에 조립 공장을 만드는 식으로 포장을 한 거죠. 회사 설립까지는 문제가 없었는데 막상 공장을 지으려고 할 때 중동 전쟁이 터져 돈 문제 등 큰 어려움을 겪었습니다. 우여곡절 끝에 창립은 했지만 오래가지 못했어요. 삼성에서 인수한 후 기술 지도를 위해 2년간 사장을 맡았다가 지분을 다 팔고 미국으로 돌아갔지요."

― 1970년대 초 한국은 반도체업을 하기엔 매우 열악한 환경이었을 텐데요.

"무척 힘들었죠. 반도체 전 공정이 제 머릿속에는 다 있는데, 실제 구현하려니까 부딪히는 문제들이 한둘이 아니었어요. 우선 장비들을 전부 미국에서 가져와야 하는데 세관 목록에 없던 것이 많아 막히기 일쑤였어요. 겨우 가져와도 이동 과정에서 망가지는 경우가 비일비재했습니다. 전기 공급이 끊긴 적도 간혹 있었고요. 반도체에 대한 이해도도 낮아 정부나 업계 사람들을 만나 도움을 구하기도 힘들었어요. 당시 큰 전자 회사들 중에 반도체를 하던 회사들이 있긴 했는데 원시적인 조립 수준에 머물고 있을 때여서 제가 하려던 일은 비현실적인, 그야말로 불가능한 일로 받아들여졌습니다."

― 그래도 그때 하셨던 고생이 지금 우리가 반도체 강국으로 가는 밑거름이 된 것 같습니다.

"그렇게 생각해주면 고맙지요. 1983년 삼성이 우리나라 최초로 64K D램을 개발하는데 그 반도체가 한국반도체가 있었던 부천 공장에서 나왔습니다."

반도체 사업, 안 하면 안 될 사업

강기동의 말대로 한국반도체 설립은 대단한 모험이었다. 그 당시 한국에 반도체 공장이 없던 것은 아니었다. 1965년 미국 코미KOMY 그룹을 시작으로 미국의 시그네틱스, 페어차일드, 모토로라, 일본의 도시바가 진출해 있었다. 하지만 이들 모두 한국인들의 값싼 노동력을 활용하려는 다국적 기업들로 자국에서 가져온 칩을 한국에서 조립하는 수준이었다.

1974년 1월 경기도 부천에 세워진 한국반도체는 칩 설계에서부터 당시로는 최첨단 3인치(75㎜) 웨이퍼 생산 라인까지 전 공정을 갖춘 그야말로 제대로 된 반도체 공장이었다.

한국반도체는 시간이 숫자로 표시되는 디지털 손목시계용 칩 생산을 우선 목표로 했지만 출발부터 쉽지 않았다. 무엇보다 돈이 부족했다. 초기에 들어간 100만 달러는 미국이나 일본 회사들 투자 비용의 10%에 불과할 정도로 작은 액수였다.

운도 좋지 않았다. 1973년 오일쇼크 여파로 장비와 자재 값이 천정부지로 뛰었다. 결국 준공 2개월 만에 강진구 전 회장이 앞서 언급한 대로 미국인 투자자 서더스가 먼저 손을 들고 삼성에 지분을 팔아버렸다. 이후 삼성과 강기동 공동 경영 체제로 바뀐다.

삼성과의 합작 투자 회사로 다시 출발한 한국반도체는 1년도 채 되지 않은 1975년 9월 LED(발광다이오드) 전자손목시계용 칩 개발에 성공한다. 숫자가 빨갛게 표시되는 전자손목시계는 당시만 해도 전 세계적 각광을 받고 있었다.

한국에서도 첨단 제품이 나온 격이어서 박정희 대통령이 외국 방문객들에게 '대통령 박정희'를 새긴 시계를 선물로 줬을 정도였다고 한다. 한국반도체는 트랜지스터 생산과 TV용 IC 양산에도 눈을 돌리기 시작했다.

하지만 1976년 말부터 시장이 갑자기 위축되면서 다시 위기가 닥쳤다. 결국 강기동마저 두 손을 들었다. 나머지 50% 지분을 모두 삼성에 팔고 미국으로 떠나겠다고 한 것. 이 장면에서 이건희 회장이 등장한다. 다시 강진구 전 회장의 회고다.

호암께 한국반도체의 나머지 절반을 인수하는 것과 관련해 보고하러 들어갔다. 호암은 보고를 다 듣고 난 다음 바로 그 자리에서 이건희 이사에게 전화를 걸어 '의견이 어떠냐'고 물었다. 전화가 끝난 다음 호암은 내게 '이 이사가 반도체 사업은 대단히 중요하며 안 하면 안 될 사업이니 자신이 개인 출자까지 하겠다고 하더라'고 말해줬다. 이렇게 해서 한국반도체 완전 인수

삼성반도체의 전신인 한국반도체 부천 공장.

가 결정됐다.

생애 첫 사업을 스스로 선택하다

이건희 회장이 사재를 털어 한국반도체를 인수하겠다고 나선 배경에는 호암은 물론 회사 경영진도 반도체 회사 인수를 탐탁지 않게 여겼기 때문인 것으로 보인다. 이 회장의 글 '반도체 사업의 시작'에는 당시 상황이 비교적 소상히 설명돼 있다.

1974년 한국반도체라는 회사가 파산에 직면했다는 소식을 들었다. 무엇보다도 '반도체'라는 이름에 끌렸다. 그동안 내 나름대로 첨단산업을 물색하면서 반도체 사업을 염두에 두고 있던 중이었다.

시대 조류가 산업사회에서 정보화사회로 넘어가는 조짐을 보이고 있었고 그중 핵심인 반도체 사업이 우리 민족의 재주와 특성에 딱 들어맞는 업종이라고 생각하고 있었다.

그러나 한국반도체를 실제로 조사해보곤 실망이 컸다. 이름만 반도체지 트랜지스터나 만드는 수준이었다. 언제 LSI Large Scale Integration(대규모 집적회로), VLSI Very Large Scale Integration(초대규모 집적회로)를 만들 수 있을지 알 수 없었다.

상당한 고민 끝에 인수를 결심했다. 전자 산업뿐만 아니라 자동차, 항공 기술 등의 분야는 핵심 부품인 반도체 기술 없이는 불가능한 데다 한국반도체를 종자種子로 국내 하이테크 산업에 발판을 마련할 수 있을 것 같았기 때문이다.

그런데 당시 경영진은 TV 하나 제대로 못 만드는 형편에 최첨단으로 가는 것은 너무 위험하고 시기상조라고 하면서 회사 인수에 강하게 반대했다. 결국 나는 사재를 털어 내국인 지분을 인수했다.

당시 중앙일보, 동양방송, 동방생명(현 삼성생명), 중앙개발을 물려받아 운영하고 있던 이 회장은 아버지로부터 물려받은 것이 아니라 스스로 판단하고 선택한 생애 첫 사업으로 반도체업에 도전했다.

앞에서 언급한 조태훈 건국대 명예교수는 2018년 1월 온라인 블로그에 올린 글에서 이렇게 말하고 있다.

비서실 팀장으로 있던 어느 날 오후 긴급 사장단 회의가 소집됐다. 이병철 회장께서 좌우에 홍진기 중앙일보 회장과 이건희 부회장을 대동하고 회의를 주재하셨다.

호암은 "우리 삼성이 반도체 사업을 해야 하느냐 마느냐를 결정해야 하는데 천문학적인 큰돈을 투자해야 하고 리스크도 어마어마하기 때문에 특별히 사장단 여러분의 의견을 물어보기 위해 회의를 소집하게 됐다"고 했다.

곧이어 사장들을 앉은 순서대로 호명하시면서 반도체 사업을 해야 하는지 말아야 하는지 여부와 왜 그렇게 생각하는지를 밝히라고 했다.

3분의 2 정도 사장들이 반대 의견을 냈다. 위험부담이 너무 크기 때문에 잘못될 경우 그룹의 존립 자체가 어려워질 수 있다는 것이 핵심 이유였다. 이렇게 대다수 사장들의 반대 여론에도 불구하고 하기로 결단이 내려졌다. 이

사활을 건 결단의 배후에는 당시 막 후계자로 결정돼 부회장직에 오른 건희의 역할이 컸다.

누가 뭐래도 한다

이건희 회장은 〈월간조선〉 2000년 7월호 인터뷰에서 반도체 사업 진출 초기를 이렇게 회상하고 있다.

— 이병철 회장께서는 처음에 반대했다고 들었습니다. 회장께서 반대하신 논리는 무엇입니까.

"선대 회장은 여러 큰 사업을 일으키셨지만 돌다리도 두드려보고 가시는 신중한 분이셨습니다. 잘 아시다시피 반도체 사업은 지금 기준으로 라인 한 개를 갖추는 데 1조 5,000억 원이 들어갈 만큼 리스크가 큰 데다 500여 개 공정에서 어느 한 군데도 불량이 없어야 하고 현미경으로 볼 수 있는 먼지가 1평방미터(m^2) 안에 한 개 이하여야 하는 초청정 기술을 필요로 합니다. 그때까지 삼성이 해왔던 사업하고는 개념 자체가 달랐던 거죠. 그래서 제가 우선 사재라도 털어서 시작하겠다고 말씀드리고 여러 자료를 수집해서 수시로 설명을 드렸습니다.

선대 회장께서도 사업 감각이 남다르셨던 분이라 1980년대에 들어서면서 심각하게 고민을 하셨습니다. 1982년에는 27억 원을 들여 반도체연구소를 설립하는 등 본격적으로 지원을 해주셨습니다.

그런데 당시 정부와 경제계에서는 '반도체처럼 불확실한 사업에 수억 달러를 투자했다가 실패하면 국민경제에 엄청난 타격을 줄 것이다. 미국, 일본의 최고 기업들도 힘겨워하는 사업을 어떻게 하려고 하느냐'라며 크게 반대했습니다. 주변에서 이렇게 반대하니 선대 회장께서도 멈칫하지 않으실 수가 없었죠.

결국 고민하시던 끝에 1983년 2월 '누가 뭐래도 삼성은 반도체 사업을 한다'는 '도쿄 구상'을 선언하시게 된 겁니다. 그 이후로 반도체 사업은 삼성의 미래 사업으로 힘을 받아 본격적으로 추진됐다고 할 수 있습니다."

— 반도체 사업의 성패는 첨단기술 확보에 달려 있습니다. 이 첨단기술을 삼성은 어떤 방식으로 확보하셨습니까.

"반도체를 시작할 때만 해도 국내에는 기업, 연구소, 학계 어디에도 전문가가 없었습니다. 미국이나 일본에서 영입해야 되는데 두 나라 모두 첨단기술 보호 차원에서 기술 이전을 회피했습니다. 오죽하면 미·일 간에 반도체 스파이전까지 있었겠어요. 결국 제가 시작한 일이니 제가 책임을 져야 했지요.

초기에는 직접 일본, 미국에 가서 반도체 기술자들을 만나고 설득해서 우리 기술진에게 기술을 전수하는 '기술 보따리 장사'를 했습니다. 실리콘밸리에 가서는 당시 삼성전자 사장 월급의 네 배, 다섯 배를 주고 전문가들을 뽑아 오기도 했습니다. 기술 개발할 때에는 미국 현지에 연구소를 세우고 한국에 있는 연구원들과 같이 시작해서 경쟁을 시켰습니다."

이 회장이 반도체 사업에 사재를 턴 것은 물론 기술 확보를 위해 홀로 동분서주했다는 대목은 글 '반도체 사업의 시작'에도 언급돼 있다.

반도체 사업 초기는 기술 확보 싸움이었다. 선진국에서 기술을 들여와야 하는데 그것이 쉽지 않았다. 오일쇼크의 여파로 각국이 기술 보호주의를 내세우고 있었고 특히 미국은 일본의 산업 스파이가 반도체 기술을 훔쳐갔다며 우리에게까지 노골적으로 적대감을 드러내고 있었다.

선진국과 기술 격차가 크고 막대한 소요 자금, 라이프사이클이 짧은 데 따르는 위험성, 전문 인력 부족 등 당시 우리 실정은 사면초가와 다름없었다. 이런 상황에서 벗어나려면 어떻게 해서든 기술을 확보해야 했다.

일본 경험이 많은 내가 나서서 반도체 공장과 일본을 오가며 기술 확보에 매달렸다. 거의 매주 일본으로 가서 반도체 기술자들을 만나 그들로부터 조금이라도 도움이 될 만한 것을 배우려고 노력했다. 지금 와서 얘기지만 그때 일본 기술자들을 그 회사 몰래 토요일에 데려와서 우리 기술자들에게 밤새워 기술을 가르치게 하고 일요일에 보낸 적도 많았다.

그런 노력 끝에 1981년 초 컬러 TV용 색色신호 IC를 개발했다. 이는 트랜지스터나 만들던 기술 수준을 한 차원 올려놓은 것으로 VLSI 기술 개발의 발판을 마련한 것이었다.

처음에는 반도체 사업 진출에 주저하던 선친도 관심을 보여 적극 지원하기 시작했다. 선친은 1982년에 27억 원을 들여 반도체연구소를 건립했고 1983년 마침내 반도체 사업 진출을 공식 선언했다. 구멍가게 같은 공장에서 개인 사업으로 시작한 반도체가 10년 만에 삼성의 핵심 사업의 하나로 인정받은 것이다.

삼성반도체 초기 생산 제품이었던 양극성 트랜지스터.

이때부터 삼성은 전문가들의 예상을 뒤엎고, 영하 15℃ 혹한 속에서 6개월
만에 기흥 공장을 완공하고 일본이 6년이나 걸려 개발한 64K D램을 6개월
만에 개발했다. 이후로 미국과 일본의 반도체업체를 따라잡기 위해 전력을
다했고 마침내 반도체 사업을 시작한 지 20년 만인 1993년 메모리 분야에
서 세계 정상에 올랐다.

말은 이처럼 간단하지만 그 속사정을 자세히 들여다보면 한국 반도체
산업사史를 관통하는 드라마틱한 사건들과 에피소드가 자리하고 있다.

삼성전자가
아오지탄광으로 불렸던 이유

CPU

삼성은 1977년 한국반도체 지분을 100% 인수한 후 회사 이름을 '삼성 반도체주식회사'로 바꾸지만 별다른 성과를 거두지 못했다. 트랜지스터 생산을 빼고는 별다른 품목이 없었고 사업을 확장할 돈도 없었다. 급기야 2년 뒤인 1979년 11월에는 삼성전자 내 반도체 사업부로 흡수된다. 이 과정을 진두지휘한 이가 김광호 전 삼성전자 부회장이다.

김 전 부회장은 명실상부한 삼성반도체의 원조이자 대부다. 초기 반도체 조직 문화를 만들고 공정을 지휘하며 사업의 뼈대를 만든, 한마디로 무에서 유를 창조해낸 1세대 전문 경영인이다.

김 전 부회장은 삼성전자에서 TV를 만들다가 부천 반도체 공장으로 발령을 받으며 하루아침에 운명이 바뀐다. 이후 삼성반도체통신 반도체 사업본부 본부장을 시작으로 반도체와 삼성전자 부사장, 삼성전자 총괄 사장, 부회장을 지냈다.

부천 반도체 시절부터 그를 상사로 모시며 일했던 임형규 전 삼성전자 사장 말이다.

"부천 반도체 시절 초기에는 미국에서 공부하다 오신 분들도 많았고 기초 기술이 없다 보니 일도 잘 진척이 안 되고 했던 측면이 있었어요. 호암이 한국반도체를 인수하긴 했는데 갈수록 적자가 쌓여가니 삼성전자 반도체 사업부로 흡수해 전자 본사가 도와주는 구조를 만든 뒤 전자에서 열심히 일하던 김광호 씨를 보낸 거죠."

삼성전자 반도체 초기 상황을 진두지휘했던 김광호 전 부회장이 공장을 돌며 직원들에게 뭔가를 지시하고 있다.

김 전 부회장이 전하는 삼성반도체 초기 상황은 이랬다.

"한국반도체를 인수했던 1970년대 말은 삼성전자조차 제대로 된 경영을 할 때가 아니었습니다. 심지어 호암이 제게 '강 군이 전자에서 1,300억을 말아먹었다'고 말씀하셨을 정도였으니까요. 물론 농이 섞인 말씀이셨지만 삼성전자조차 투자 금액에 비해 성과는 미치지 못했던 상황이 이어지고 있었습니다.

추정컨대 당시 비서실에선 '아니, TV도 제대로 못 만들면서 어떻게 반도체를 하겠다는 것이냐' 반대를 많이 했을 겁니다. 당연한 반응 아니었을까요. 더구나 삼성이 (한국반도체를) 먼저 사겠다고 한 것도 아니고 그쪽에서 '더 이상 못 하겠으니 손들고 가져가시오' 하는 상황이었기 때문에 '왜 부실 덩어리를 떠안느냐'는 회의적인 여론이 많았습니다.

그러면서도 삼성이 전자 사업을 하는 한 반도체는 꼭 필요하다는 것은 기술자들이라면 모두 인식하고 있었습니다.

일본에 항상 끌려다니는 처지였기 때문에 어떻게든 우리도 자립을 해야 한다는 절박감이 있었지요. 당시 일본 기업들은 우리를 거의 '가지고 노는' 수준이었습니다.

조금이라도 마음에 들지 않는 일이 생기면 '부품이 없다'며 발뺌하거나 국제 시세보다 비싸게 팔았으니까요."

천덕꾸러기 신세

반도체 사업은 삼성전자로 흡수된 뒤에도 전반적으로 지지부진했다. 그런 와중에도 눈에 띄는 성과는 있었다. 앞서 이건희 회장 글에도 잠시 언급됐지만 색신호를 분리해 화면에 띄워주는 작은 칩인 'TV 색신호 IC'를 개발한 것이다.

색신호 IC는 컬러 TV에 반드시 필요한 핵심 부품이었는데 마침 출범한 5공화국 전두환 정부가 컬러 TV 방송을 허용(1980년)하면서 막대한 수요가 발생했다. 삼성이 개발하기 전까지만 해도 전량을 일본 수입에 의존해야 했던 부품이었다.

삼성전자 반도체 사업부는 당시로서는 거금이던 3억 5,000만 원이라는 개발비를 들여 1981년 11월 색신호 IC 개발에 성공했다. 이는 트랜지스터나 만들던 기존 반도체 기술 수준을 한 단계 올려놓은 성과였다.

탄력을 받았다고 생각한 호암은 '도쿄 선언'을 하기 1년여 전인 1982년 1월 부천 공장에 반도체연구소(지하 1층~지상 3층)를 별도로 만들기에 이른다. 기존까지는 생산 부서 한구석에서 제대로 된 장비나 자금 지원도 받지 못하고 천덕꾸러기 신세를 면치 못하던 반도체 연구개발 사업이 바야흐로 본격적인 궤도에 오르게 된다.

하지만 D램은 생각지도 못한 때였다.

'기술 동냥'을 다니다

이건희 회장이 앞에서 "일본, 미국을 직접 다니면서 반도체 기술자들을 만나 기술을 전수해달라고 사정하는 '기술 보따리 장사'를 했다"는 말을 했는데, 김광호 전 부회장은 그런 상황을 이렇게 기억했다.

"호암이 살아계셨을 때이니 이건희 회장님이 부회장이던 시절이었습니다. 제가 직접 본 것은 아니지만 미국과 일본 기업들을 일일이 찾아다니며 기술 좀 가르쳐달라고 사정하며 애를 많이 쓰셨다는 것은 저를 포함해 당시 임직원들이 모두 전해 들어 알고 있었습니다.

'기술 동냥'을 다니며 모욕도 많이 당하셨다고 들었습니다. 미국 회사들을 접촉해 '기술 이전 좀 해달라'고 할 때마다 'We do not sell technology, we sell products.(우리는 제품을 팔지 기술은 팔지 않는다)'라는 말만 들으며 허탕 치고 귀국 비행기에 몸을 실었던 날들이 많았다는 거죠.

하기야 한국이 국제사회에서 전혀 존재감이 없던 아시아 저개발국이었던 데다 일본은 그렇다 쳐도 특히 미국인들 입장에서는 듣도 보도 못한 개발도상국의 기업인이 찾아와서 반도체 기술을 가르쳐달라고 하니 속으로 얼마나 코웃음을 쳤을지 상상이 가지 않습니까.

더 안타까웠던 것은 삼성 내부에서조차 반대만 많았지 부회장님 생각을 제대로 이해하고 실행하는 사람이 없었다는 것이었습니다. 절대 표면으로 나타나지는 않으시고 뒤에서 조용히 '이거 좀 해봐라', '저거 좀 해봐라' 하신 적이 많았는데 대부분 직원들이 반도체에 대한 이해가 부족하다 보니 무슨 말인지 알아듣지 못해 성과를 내지 못하고 있었습니다."

그러면서 구체적인 사례를 기억해냈다.

"1980년인가 1981년도로 기억하는데 페어차일드라고 미국에 유명한 반
도체 회사를 가까스로 설득해 D램 기술을 이전해주겠다는 언질을 받으셨
던 모양입니다. 이 부회장님이 당장 검토해보라고 했지만 경영도 어려운 상
황에서 지금 자금력으로는 도저히 엄두가 나지 않는다고 임원진이 난색을
표하는 바람에 포기했던 일도 있었다고 들었습니다.
이건 여담이지만, 이 부회장님은 열린 마음으로 부하 직원들을 편하게 대
해주셨습니다. 부천 공장에서 일할 때 가끔 '밥 먹었냐'고 전화를 하실 때가
있었습니다. '아직 안 먹었습니다'라고 하면 장충동 댁으로 오라고 하십니
다. 그러면 가서 이런저런 이야기들을 많이 나눴습니다. 맞담배를 피우며
기술 얘기, 제품 얘기, 회사 얘기 등 있는 그대로 하고 싶은 얘기를 다 했으
니까요."

삼성전자의 터프함을 접목하다

앞서 소개한 임형규 전 사장은 김광호 전 부회장이 반도체 조직 문화를
처음부터 만든 사람이라고 했다.

"보고서도 무슨 말인지 모르는 내용들을 잔뜩 써놓고 분위기는 느슨하고 한마디로 군기가 빠져 있던 상황이었죠. 김 전 부회장 입장에서는 '이런 식으로 일을 해서야 되겠냐'는 생각이 든 게 당연하겠죠.

그러면서 삼성전자의 터프한, 생존을 위한 기업 문화를 심기 시작한 겁니다. '보고서는 두 페이지를 넘기면 안 된다'를 시작으로 유니폼도 만들어 입혔습니다. 그전까지는 자유 복장이었거든요. 반도체 직원들한테도 전자 공장 직원들이 입던 유니폼을 딱 입히니까 분위기가 확 바뀌었습니다. 처음에는 반발하는 사람도 많았어요. 얼굴도 시커멓고(웃음) 키도 훌쩍 큰 사람이 갑자기 점령군처럼 와서는 말도 팍팍 하니까 직원들이 긴장한 거죠.

어느 날 김 전 부회장이 아침 조회를 하면서 '어제도 한 사람 사표 들고 왔던데 그러지 말고 한꺼번에 다 들고 와라. 나갈 사람은 내가 모두 다 받아줄 테니까' 했어요. 단순한 엄포가 아니라 정말 저 사람은 그렇게 할 것 같은 사람으로 느껴졌죠. 그러니 근무 분위기가 점점 긴장이 되면서 일하는 분위기로 바뀌어갔습니다."

임 전 사장은 "새로운 조직 문화에 반발하며 관두는 사람도 많이 생기고 했는데 시간이 조금씩 지나면서 김 전 부회장 리더십이 빛을 발했다"면서 이렇게 덧붙였다.

"한마디로 대장부 같은 통 큰 리더십이 있었어요. 그리고 한번 뱉은 말은 지키려고 노력했고요. 무엇보다 윗분들에게는 쓴소리를 하면서도 부하 직원들은 사랑으로 감싸 안는 인간미가 있었습니다. 1979년도에 오일쇼크가

나서 복도는 물론 방들도 불을 다 꺼서 밤이 되면 사방이 컴컴했어요. 기숙
사도 지저분하고.

김 전 부회장은 '아무리 회사가 어려워도 이렇게 하면 안 된다'며 불을 다 켜
고 다녔어요. 이렇게 아랫사람들 챙기고 할 일은 딱딱 효율적으로 하니까
조금씩 자리가 잡혀나가는 거죠. 제가 정말 많이 배운 상사지요."

실제로 김 전 부회장은 오너 눈치를 보지 않고 할 말을 하는 성격이어서
부하 직원들의 존경을 받았다는 게 삼성맨들의 전언이다.

다시 임 전 사장 말이다.

"김 전 부회장은 삼성반도체 조직 문화를 만든 산파라고나 할까요. 반도체라
는 게 이건희 회장 말대로 양심 산업이어서 잔머리 안 굴리고 정직하게 일하
는 분위기가 중요한 거 아닙니까. 부천 시절부터 아랫사람들 의견을 듣고 현
장을 중시하는 삼성반도체의 '버톰 업Bottom Up' 문화가 다져졌다고 할 수 있습
니다. 한마디로 반도체 제조 라인의 틀이 잡히기 시작한 겁니다."

시계 칩 보따리 장사를 하다

지금이야 삼성전자 반도체가 대한민국을 넘어 명실상부한 글로벌 사업
이 됐지만 초창기에는 삼성 내부에서 모든 사람들이 가고 싶어 하지 않
던 부서였다고 한다.

김광호 전 부회장 역시 삼성전자의 핵심 사업부였던 TV 생산팀에서 일하다 갑자기 반도체 업무를 하라고 해서 "사표를 써야 하나 생각할 정도로 막막했다"고 하니 말이다.

"1979년 9월쯤으로 기억합니다. 호암이 삼성반도체주식회사를 전자로 흡수해 반도체 사업팀을 만들 예정이고 여기에 전자 사람들을 보낼 것이라는 소문이 파다하게 돌았습니다. 다들 '설마 내가 가는 일이 있으랴' 하면서 완전 남의 일로 생각하고 있었죠. 저 역시 마찬가지였습니다.

그러던 어느 날 구내식당에서 점심을 먹고 있는데 강진구 사장이 급하게 부른다고 해서 밥 먹다 말고 달려갔더니 '회장께도 보고가 됐으니 빨리 삼성반도체로 가서 인수인계를 하라. 반도체를 전자 내 사업부로 흡수한다'는 거 아닙니까.

삼성반도체회사는 '아오지탄광'으로 불렸습니다. 죽어라 고생만 하고 미래를 보장받지 못한다는 거였죠. 인사 발령 소식을 전해 들은 동료 직원들은 '완전 물먹은 인사'라며 '절대 가서는 안 된다'고 난리도 아니었습니다."

─ 실제 가보니 어땠나요.

"현장 상황은 듣던 것보다 더 심각했습니다. 전임 사장이 제 손바닥을 탁 치면서 '인수 끝!' 하더니 가버리는 거 아닙니까. 공장을 둘러보니 말이 반도체 회사지 가전제품에 들어가는 칩을 소규모로 개발하고 생산하는 수준이었습니다. 직원들은 일거리가 없어서 놀고 있고 회사인지 놀이터인지 한숨만 푹푹 나오더라고요. 너무 체계가 안 잡혀 있었으니까요."

─ 직원들 분위기는 어땠습니까.

"한마디로 흉흉했습니다. 회사가 없어지는 것 아니냐는 소문이 좍 퍼져 있었죠. 저는 회사를 살리러 온 사람이 아니라 정리하러 온 사람이라는 말들이 돌고 있었습니다. 과연, 며칠이 지나자 엔지니어들이 줄사표를 내고 나가버리는 거 아닙니까. 20~30명이 한꺼번에 나간다고 하니까 초기에는 이 사람들 뜯어말린다고 애 많이 썼습니다."

— 당시 종업원은 얼마나 있었나요.

"한 1,000여 명 정도 됐습니다. 공장이 경기도 부천과 서울 대방동으로 나뉘어 있었는데 부천은 강기동 박사가 만든 것이었고 대방동은 페어차일드가 운영하던 국내 조립 공장을 삼성이 샀던 거였습니다.

저는 대방동과 부천을 왔다 갔다 했는데 어디서부터 어떻게 시작해야 할지 막막했습니다. 너무 앞이 안 보여 중간에 포기하고 싶은 마음까지 들었습니다. 강진구 사장을 찾아가 '그냥 조용히 회사 나가라고 하셨으면 바로 사표 쓰고 나갔을 텐데 왜 나를 이런 곳으로 쫓아 보냈습니까' 항의했을 정도였습니다."

김광호 전 부회장은 우선 대방동 공장을 부천으로 합치는 일부터 시작했다고 한다.

"처음에는 이런저런 반대 의견이 많았습니다. 부천이 좁다는 거예요. '사무실 칸막이 다 뜯어내고 책상을 다닥다닥 붙여 모아라. 그래도 모자라면 내 책상은 현관 앞에 갖다 놔라' 하는 식으로 난리를 쳐서 공장과 사무실을 다 부천에 쑤셔 넣다시피 했습니다.

어느 정도 시간이 지나면서 사무실과 인력이 안정됐다는 판단이 들 때쯤 시계 칩을 만들어 팔기 시작했습니다. 당시엔 대만과 홍콩이 주요 소비국이었습니다. 홍콩을 수도 없이 드나들었습니다.

제가 이전까지 TV를 만들던 사람이었으니까 그쪽 전자업계에도 안면 있는 사람들이 많았는데, 'TV 팔던 사람이 어쩌다 하찮은 시계 칩을 팔러 왔나' 하는 표정으로 새까맣게 어린 직원들까지 엄청 괄시를 하더라고요.

그런데 이게 먹혔습니다. 당시 홍콩 시계업체들은 대만과 홍콩을 왔다 갔다 하는 보따리 장사들한테 칩을 사고 있었는데, 저 같은 총책임자가 직접 날아와서 가격이며 납기를 약속하니까 믿음을 준 거죠.

하지만 쉽지는 않았어요. 미국 맥도널드 매장에서 '기브 어웨이 프레즌트 Give away Present'라고 얼마 이상 햄버거를 사면 플라스틱 손목시계를 공짜로 주는 이벤트를 했는데 배터리 다 떨어지면 버리는 1회용 시계였습니다. 그런 곳들을 상대로 장사를 했으니 얼마나 영세한 데를 찾아다녔겠습니까. 비싼 홍삼 몇 통씩 사 갖고 가서 나눠주며 제발 좀 발주해달라 사정하면서 다녔습니다."

일본 업체와의 치킨 게임

김 전 부회장은 무엇보다 제일 힘들었던 일이 일본 업체들의 견제였다고 했다.

"당시 시계 칩 시장은 일본 OKI라는 전기회사에서 만든 게 압도적인 독점력을 갖고 있었는데 난데없이 삼성이 들어오니까 치킨 게임을 시작한 겁니다. 개당 50센트에 팔던 걸 가격을 뚝뚝 떨어뜨렸습니다. 그래서 우리가 49센트에 팔기 시작했더니 이번엔 48센트, 우리가 46에 팔았더니 44 이런 식으로 덤핑을 하는 겁니다. 급기야 30센트까지 내려왔어요. 우리나 일본이나 팔면 팔수록 모두 적자가 나는데도 말입니다."

그런데 이 과정에서 중요한 교훈 하나를 얻을 수 있었다. 바로 집요함과 끈기였다.

"어떻든 물건을 계속 만드니 생산 노하우가 생겨 불량률이 확 줄어들었습니다. 반도체에서 전문적으로 얘기하는 개념 중에 '러닝 커브Learning Curve(학습 곡선)'라는 게 있습니다. 새로운 기술을 처음 배울 때에는 더디게 익히지만 어느 시점을 지나면 확 가속도가 붙는다는 거죠. 칩 가격이 30센트로 내려오고 생산량이 늘면서 불량률이 떨어져 우리도 드디어 흑자가 나기 시작했습니다. 그래서 우리가 거꾸로 치킨 게임에 나서 19센트까지 떨어뜨렸습니다.
결국 OKI가 손을 들고 물러나면서 삼성이 세계시장의 60%를 거머쥐게 됩니다. 세계시장이라고 해봐야 대만하고 홍콩이 전부였지만 어떻든 우리 마음대로 시장을 쥐락펴락하게 되니 신이 났습니다. 이후에도 절대로 값을 올리거나 하진 않았습니다. 어떻든 이게 초창기 반도체 상황입니다."

LEE, KUN-HEE

SEMICONDUCTOR

LEADERSHIP

미래를 내다본
호암의
반도체
리더십

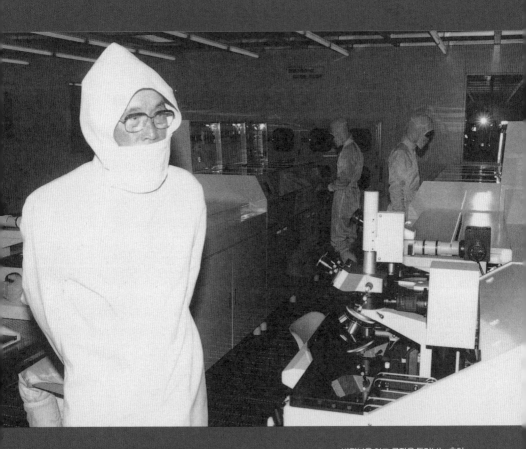

방진복을 입고 공장을 둘러보는 호암.

반도체 이전에 알아야 할
전자 산업 진출사

삼성전자 내 부서로 흡수된 반도체 사업부는 이후 다시 간판을 바꾸게 된다. 1982년 10월 삼성이 '한국전자통신'을 흡수하면서 '삼성반도체통신'이 된 것. 이렇게 간판을 바꿔 다는 과정에서도 호암의 반도체에 대한 애정이 들어갔다고 김광호 전 부회장은 말한다.

"전자 자체가 돈이 없다 보니 할 수 없이 반도체를 떼어내서 통신으로 보낸 겁니다. 통신이 돈을 벌고 있었으니까요. 처음에 (회사 이름 정할 때) 우리가 통신에 흡수되는 거니까 당연히 '삼성통신반도체주식회사' 이렇게 올렸는데 '무슨 소리냐, 바꿔라' 하셔서 '삼성반도체통신'이 됩니다. 그만큼 선대 회장님이 반도체를 중요하게 생각하셨어요."

이후 반도체 사업은 6년 뒤 이건희 회장이 취임한 직후인 1988년 11월 삼성전자로 다시 흡수됐고 이때 비로소 삼성전자는 가전, 정보통신, 반도체 등 3개 사업 부문을 거느리는 거인으로 탈바꿈하게 된다.

TV 부품 하나도 만들 수 있는 게 없었다

여기서 잠시 짚고 넘어가고 싶은 것이 있다. 다름 아닌 삼성의 전자 산업 진출과 관련된 내용이다.

알려졌다시피 삼성의 뿌리는 일제강점기이던 1938년 3월 1일 대구에서 설립된 삼성상회다. 호암은 6·25전쟁 이후 삼성물산, 제일제당, 제일모직을 세웠고 한국흥업은행(현 우리은행), 안국화재(현 삼성화재)를 인수했다.

전자 산업이라는 전인미답의 길을 택했을 때 호암은 환갑을 앞두고 있었다. 통계청 자료에 따르면 1970년 한국 남자들의 평균수명은 58.7세였다. 대한민국 최고 갑부로서 이미 이룩한 부富를 누리고 살아도 충분한 때에 호암은 이전과는 완전히 다른 새로운 사업을 시작한 것이다. 이후 반도체 사업도 마찬가지였다.

삼성의 반도체 진출 과정을 소개하기에 앞서 삼성이 전자 산업 자체를 시작하게 된 배경을 언급하려는 이유는 그것이 뿌리에 해당하기 때문이다.

호암에게 전자 산업 진출은 1단계 소비재 산업을 졸업하고 2단계인 산업화로 진입하는 일생일대의 결단이었다.《호암자전》에는 당시 한국의 상황이 간략하게 소개돼 있다.

전후戰後 일본 경제 부흥의 발자취를 더듬어보면 설탕이나 섬유 등 경공업에서 출발해 차츰 제약, 기계, 제철 등으로 산업 개편의 기틀이 잡혀갔다. 그나마 낡은 구식 설비였는데 한국동란을 계기로 비약적인 발전을 이룩할 수 있었다.

1960년대 후반의 전자 산업을 보면 구미를 추적한 일본에서는 그 개화기를 맞고 있었고 대만은 바야흐로 그 도입을 서두르고 있었다. 우리나라에서도 이미 손을 댄 기업이 있었으나 외제 부품을 도입해 조립하는 초보적 단계였고 뚜렷한 장기적 비전이 없는 실정이었다.

품질도 조악했고 가격도 엄청나게 비쌌다. 흑백 텔레비전 값도 웬만한 봉급 생활자들로서는 엄두도 낼 수 없는 비싼 수준이었다. 기술혁신과 대량생산에 의한 전자 제품 대중화는 요원했다.

호암은 전자 산업이야말로 기술, 노동력, 부가가치, 내수와 수출 등 여러모로 한국에 필요한 사업이라는 생각을 하게 된다.

그의 벤치마킹 대상은 일본이었다. 그 시절에도 세계 전자 산업은 우주 개발과 군사기술 분야에서의 절대적 우위를 바탕으로 미국이 주도하고는 있었지만 일본이 불과 10여 년 만에 대등하게 기술 수준을 겨루고 있었다. 일본이 하는데 우리가 못 하랴, 호암은 오기가 발동했다.

삼성물산에 개발부를 설치하고 전자 회사 설립 작업에 들어갔다.

아무리 미래 산업에 대한 감이 오고 정부가 지원해준다고 해도 지금까지 하지 않던 새로운 사업에 진출하는 것은 마음만 먹는다고 쉽게 되는 일이 아니었다. 무엇보다 사람이 없었다.

호암의 장남 고故 이맹희 씨의 책《묻어둔 이야기》에는 삼성전자 설립 초기 상황이 잘 기록돼 있다.

아버지 결정대로 일단 전자 산업을 시작하기로 했지만 진행 과정은 퍽 막막했다. 당시에는 IC가 아니라 진공관을 사용하는 텔레비전을 만들 때였는데 진공관은커녕 TV 부품 하나 우리 손으로 만들 수 있는 게 없었다. 심지어 조립을 마친 TV를 포장할 스티로폼조차 없어서 마분지로 상자를 만들어 내보냈을 정도였다.

대한민국 산업계 전체가 전자 산업을 해본 적이 없으니 어디서 사람을 구해야 할지도 알 수가 없었다. 우선 삼성 계열사에 있는 전자 관련 직종에 근무하는 사람들을 전부 불러 모았지만 그 역시 억지로 했던 일이었다.

당시만 해도 삼성그룹 안에서 기계를 만져본 거의 유일한 직군은 방송국 카메라맨이었다고 한다. 다시 이맹희 씨 말이다.

내 기억엔 동양방송에서 온 사람들이 제일 많았던 것 같다. 그중에는 방송국에서 카메라를 만지다가 온 사람도 있고 녹화 기계를 만지다가 느닷없이 발령을 받아 온 사람들도 있었다. 지금 생각해보면 엉터리 같은 일이었지만 당시로는 제일 정확한 인원 수급이었다.

그도 그럴 것이 훗날 삼성이 국내 처음으로 비디오를 만들기 시작했을 때에는 시계 수리공들을 불러 모아 시작했다. 시계 수리공이라면 그래도 정밀 기계를 만지는 사람들이니 비디오도 만질 수 있을 것 같다는 판단 때문이었다. 하지만 도저히 불가능하다는 것을 깨닫게 돼 다시 그들을 돌려보낼 수밖에 없었다. 이런 시절이었으니 TV 만드는 일에 방송국 기술자들을 불렀던 것은 나름대로 합리적인 판단에 따른 거였다.

잘못된 판단

사람을 구하는 일도 이렇게 황당하게 시작됐지만 그게 끝이 아니었다.

어쨌든 사람들을 모으고 기업은 설립했는데 이번엔 당장 할 일이 없다는 묘한 상황에 부딪혔다. 그동안 대외적으로는 미국으로 뛰어가고 일본으로 기술 전수를 위해서 뛰어다녔지만 그게 다가 아니었다. 우리는 몰라도 너무 몰랐다. 선진국 대형 전자 회사들과 합작만 하면 모든 것이 다 해결되는 줄 알았다. (…) 결국 일본의 산요와 NEC, 미국의 코닝 글라스와 합작을 하게 됐다. NEC에서는 진공관 기술을 전수해주기로 했고 제일 중요한 부품인 브라운관은 미국의 코닝 글라스와 합작 생산을 하기로 했다.

그러나 합작이 그리 쉽게 이루어지진 않았다. 미국의 코닝 글라스를 찾아가니 콧방귀도 뀌지 않았다. 제니스나 세탁기 등으로 유명한 월풀도 마찬가지였다. 삼성은 그들과 합작을 할 만한 기술이나 여건이 전혀 되지 않았다.

그들은 연구원만 2만여 명을 두고 운영하던 기업들이었고 삼성은 느닷없이 전자 산업을 시작한답시고 방송국에서 사람을 데려다 TV를 만들려고 생각하던 회사였다. (…) 산요는 1년 남짓 손잡고 일하다가 아버지와 친분이 있던 이우에 사장이 죽은 후 거리가 생겨서 곧 헤어졌다. 산요로부터 기술을 전수받은 것은 별로 없고 다만 산요가 인건비 싼 한국에서 스피커, 트랜스포머를 비롯해서 모두 4가지의 제품을 만들어 가지고 간 정도였다.

이맹희 씨의 증언에서 눈에 띄는 대목이 있다. 새로운 사업에 대한 예측이 마치 감나무에서 감이 떨어지듯 맞아떨어진 게 아니라 대단히 어렵고 힘든 선택이었다는 점이다.

이것은 일본도 마찬가지였다. 이를테면 결과적으로 몇 년 뒤 사라지고 만 진공관에 대해 최고 기술력을 자랑하고 있던 일본 선진 기업조차 향후 수십 년간 진공관 시대가 이어지리라는 잘못된 판단을 하고 있었다. 다시 이맹희 씨 말이다.

그때는 지금과 같은 IC 시대가 도래하기 직전이었다. 하지만 국내에서는 곧 닥쳐올 IC에 대해서 아무도 짐작하지 못하고 있었다. 진공관의 크기가 점점 더 작아지고 수상기 한 대마다 필요한 진공관의 숫자가 점차 줄어들 것이라는 생각만 하고 있었다.

NEC 측도 마찬가지였다. 회사 관계자들은 '현재 진공관은 앞으로 수십 년간 발전을 하면서 영원히 이용될 것입니다. 지금 진공관 공장이 그리 많질 않은데 한국의 현재 여건이 진공관 생산에 퍽 좋습니다. 아마 앞으로 아시아권에서는 유일하게 한국에서 진공관을 만들어서 수출하게 될 겁니다'라고 말했다.

그러면서 컬러 텔레비전 진공관은 언젠가 세 개로 줄어들 것이고 그 상태는 영원히 갈 것이며 이미 팔린 제품의 진공관이 파손되면 새로운 것이 필요하게 될 것이기 때문에 삼성에서 진공관 생산 공장을 세우면 앞으로 상당 기간 많은 이득을 볼 것이라고도 했다.

결과적으로 이 예측은 정확하게(?) 빗나갔다. 향후 역사가 증언하고 있다시피 진공관은 그 후 불과 3년 만에 완전히 사라졌기 때문이다.

당시 삼성도 NEC의 예측을 받아들여 진공관 생산 기계를 수입했다가 낭패를 보았다. 일본에서 중고 기계를 수입하는 것이 금지돼 있어 정부 요로에 '기름(뇌물을 의미하는 듯)'을 치면서까지 NEC가 사용하던 진공관 생산 기계를 수입해 설치했지만 곧 쓸모없는 기계가 돼버렸다고 이맹희 씨는 씁쓸해했다.

삼성산요전기의 탄생 이야기

삼성은 1969년 3월 일본 산요전기와 기본 합작 계약을 체결하는데 불리한 조건이 많았다.

산요가 경영에 참여하는 것은 물론 수출권, 수입 원자재 공급권, 상품권, 내수 상품 등록권 등을 모두 갖고 삼성전자는 국내 판매권만 갖는다는 내

위에서 내려다본 1972년 삼성산요전기 사업장 전경.

용이 골자였다. 어떻든 그렇게 해서 출발한 회사가 '삼성산요전기'다. 이 회사는 1969년 4월 일본에서 창립 발기인 대회를 열고 본격 출범한다.

그런데 이번에는 또 다른 복병을 만난다. 국내 기업들의 반발이었다. 삼성전자가 새로운 제품을 개발하는 게 아니라 기존 다른 업체처럼 단지 부품을 조립하는 회사이기 때문에 인가해줘서는 안 된다는 거였다.

이면에는 강한 경계와 경쟁 심리가 자리 잡고 있었다. 결국 삼성전자는 생산품 전량을 국내에는 팔지 않고 수출만 한다는 조건으로 회사 설립 인가를 받게 된다. 다음은 《호암자전》에 나오는 내용이다.

전자 산업의 장래 전망에 관한 견해를 〈중앙일보〉에 발표하고 본격적인 준비에 착수했다. 업계는 시끄러워졌다. 삼성이 진출하면 한국의 전자업계는 다 망한다고 기존 메이커는 물론, 심지어 국회의원까지 동원해 새로 시작하는 전자 산업의 저지 운동을 맹렬히 전개했다.

정부 관료들의 움직임도 지지부진해서 부득이 박정희 대통령에게 내가 직접 전자 산업의 장래성을 설명하며 국가적 사업이 돼야 한다고 강조했다. 결국 전자 산업 전반에 관한 개방 지시가 내려져 1969년 1월 13일 삼성전자공업의 설립을 보게 됐다.

LG와 삼성이 등 돌린 사연

삼성의 전자 산업 진출과 관련해 이맹희 씨의 《묻어둔 이야기》에는 호암이 사돈 회사였던 LG 창업주인 구인회 회장과 불화를 빚던 일이 언급되고 있다.

사업가의 세계에서는 가족 이전에 자신의 시장을 지키는 일이 우선일 수밖에 없음을 새삼 느낄 수 있는 재미있는 에피소드여서 소개하고 싶다.

삼성이 전자 산업에 뛰어든 과정에서 꼭 한번 밝히고 지나가야 할 것이 럭키금성(현 LG)과의 관계다. 이런저런 말들이 많지만 전자 산업을 삼성에서 시작하기로 하면서 아버지와 금성사의 구인회 회장이 이야기를 나누었던 장소에 내가 있었다.

원래 동업은 힘들다고 하지만 아버지와 구 회장은 비교적 무난하게 지내온 편이었다. 어린 시절부터 친분이 있었던 점도 있었지만 그동안 별로 서로의 사업 영역을 침해할 필요가 없었다는 것도 두 분이 화목하게 지낼 수 있는 조건이 됐다.

마찰 없이 잘 지내던 두 집안이 경쟁심을 보인 건 동양방송을 같이하면서였지만 외부적으로는 그리 쉽게 드러나질 않았다. 누이동생 숙희와 매제 자학이가 결혼을 함으로써 양 집안이 사돈지간이 됐고 그런 관계가 발전해서 방송국을 같이하기로 했던 것이다.

방송국을 하면서 은연중에 서로가 경계를 하던 시절에 전자 산업 문제가 터져 나왔다. 삼성이 전자 사업을 하는 것을 금성사 쪽에서 그토록 싫어할 줄은 예상하지 못했다.

1968년 봄의 일이다. 아버지와 구 회장, 내가 앉아서 커피를 마시며 이런저런 담소를 나누다가 아버지가 전자 산업에 대해서 이야기를 꺼냈다. "구 사장, 우리도 앞으로 전자 산업을 하려고 하네."

지금도 분명히 기억하고 있지만 아버지는 별다른 생각 없이 지나가는 투로 이야기를 던졌는데 반응은 예상치 못하게 터져 나왔다. 구 회장은 벌컥 화를 내면서 "남으니까 하려고 하지"라고 느닷없이 쏘아붙였다. 즉 이익이 보이니까 사돈이 하고 있는 사업에 끼어들려고 하지 않느냐는 뜻이었다.

나와 아버지로서는 전혀 예상할 수 없었던 반응이었다. 아직 전자 산업을 시작한 것도 아닌 시기에 설마 불만이 있다 하더라도 그렇게까지 화를 낼 줄은 상상도 하지 못했었다.

그때까지는 퍽 친하게 지내셨던 두 분은 이 일로 아주 서먹서먹해졌다. 나는 그 후로도 아버지가 그토록 난감해하고 곤란해하는 모습을 본 적이 없다. 아버지는 구 회장이 화를 내자 아무런 말도 못 하고 그저 민망해하더니 자리에서 일어났다. 그 일로 두 분 사이는 아주 멀어졌다. 그 후 매제 자학이는 삼성의 일을 하고 있다가 금성사로 돌아갔다. 부산의 지방 신문과 중앙일보 사이에 이를 두고 공방전을 벌인 것도 이 직후의 일이다. 부산의 K신문은 금성사에서 인수해 운영하던 것인데 그 신문에서 '전자 산업 업계의 주장'이라는 타이틀을 붙여서 삼성의 전자 산업 진출은 부당하다는 기사를 연속해서 내보냈다.

중앙일보의 부사장을 맡고 있던 나는 K신문이 너덧 번 그런 기사를 내보낼 때마다 그렇지 않다는 요지의 기사를 중앙일보를 통해 싣도록 했다. 비록 기사를 싣는 빈도는 중앙일보 쪽이 적다고 하더라도 K신문은 지방지요, 중앙일보는 중앙지라서 중앙일보의 영향력이 훨씬 더 컸다.

결국 6개월 정도 신문지상을 통해서 공격하던 금성사가 포기함으로써 나도 중앙일보에 금성사에 대한 공격적인 기사의 게재를 중지하라고 했다.

그런 일 외에도 제품이 생산돼 출고된 이후에는 대리점들 사이에 주먹다짐까지 있었지만 이젠 그런 일은 다 흘러간 그야말로 사소한 일에 지나지 않는다고 생각한다.

후발 업체가 생김으로써 금성사에도 자극이 됐고 두 회사 모두 그를 통해 오늘날 대외적으로 수출을 할 정도로 성장했다고 생각한다. 예나 지금이나 국내 시장을 두고 옹졸한 다툼을 하는 것은 나는 늘 헛되다고 믿고 있다. 그야말로 자그마한 국내 시장이 아니라 무한한 해외 시장으로 나갈 임무가 양사에 동시에 지워져 있다고 생각한다.

산요와의 브랜드 경쟁

다음은 삼성전자의 태생을 함께한 김광호 전 부회장 회고다. 그의 첫 직장은 원래 동양TV 엔지니어였다.

"제가 1964년에 대학을 졸업하고, 다른 직장에 다니다 나와서 놀고 있는데 동양TV에서 사원 모집한다는 공고를 보고 시험을 봤어요. 1964년 10월에 입사를 합니다. 사무실이 동자동이라고 서울역에서 밑으로 쭉 내려가면 대림 사옥 빌딩이 있었어요. 거기서 맨 처음 시작을 했습니다.

TV 방송국은 지금 신세계 백화점 본점 건물 옥상에 가건물을 세워서 들어 갔는데 소나기가 떨어지면 빗방울 소리 때문에 방송에 지장을 받을 정도였 어요.

1965년 말로 기억하는데 중구 순화동 중앙일보가 들어가 있던 빌딩 바로 앞에 중앙매스컴 빌딩이란 게 있었는데 거기로 이사를 갔습니다. 라디오, TV, 중앙일보까지 다 모였는데 이게 중앙매스컴의 시작이죠.

이건희 회장은 당시 일본과 미국 대학에서 공부할 때인데 적만 걸쳐놓고 있 었고 실제로 출근하신 건 1968년인가 동양TV 빌딩에 있을 때 이사로 오셨 던 걸로 기억합니다."

— TV 엔지니어를 하다 어떻게 삼성전자로 가신 건가요.

"1968년 여름인가에 '전자 회사가 생긴다는데 가고 싶은 사람 있냐' 하길래 '저요' 하고 손을 들었습니다. 꼭 가고 싶어서 그랬던 건 아니고 뭔가 변화가 있어야 되겠다 생각했어요.

방송국 일이라는 게 PD들은 좀 다르지만 엔지니어들은 맨날 마이크가 어떻고 녹음기가 어떻고 하면서 기계를 다루는 일이다 보니 창의력이란 게 별로 필요가 없는 거예요. 젊은 사람이 할 일은 아니라는 생각이 들었어요. 그럴 때 전자 회사를 한다니까 바로 손을 든 거죠.

그러고는 소식이 없길래 까맣게 잊어버리고 있었는데 1968년 12월 이십며칠인가 갑자기 가라는 거예요. 그때는 삼성물산 전자부였습니다.

당시 삼성전자는 이맹희 부사장이 총책임이었고, 임원 몇 명 있고 부장, 과장, 사원 들이 합류했죠. 그렇게 해서 삼성전자 설립 준비를 하게 됩니다. 삼성전자라는 회사를 설립 신고한 날이 1969년 1월 13일입니다. 본사 건물은 롯데호텔 건너편에 지금도 있는 삼성빌딩이었습니다.

삼성전자가 시작되면서 일본 산요, NEC하고 기술 합작을 해서 삼성산요가 수원에, 삼성NEC가 경상남도 울주군 삼남면 가천단지에 생기게 됩니다.

우선 산요가 왜 아무 경험도 없는 삼성하고 합작을 했냐 하면, 산요는 삼성이라는 회사를 발판 삼아 자기 브랜드를 한국에 심겠다는 계산이 있었습니다. 삼성도 산요를 발판 삼아 전자 산업을 시작하려고 했던 거고. 그게 맞아서 합작을 한 거지요.

산요는 생산량의 60~70%는 한국에서 팔고 나머지를 수출하는 조건으로 해서 협상을 진행했는데 결론은 100% 수출을 하기로 합니다. 산요가 난리가 났죠.

그때 국내 판매는 기술 소득분이라는 게 있었어요. 예를 들어 100대 TV를 만들려면 110대분 부품을 들여와서 100대를 만들어 수출하고 남은 10대 중에서 진짜 쓸 수 있는 4~5대를 시중에 팔 수 있도록 허가를 해주는 거예요. 그것밖에는 시장에 나갈 게 없는 거지요.

그러다 보니 다시 삼성물산 내에 임시로 전자부를 만들어서 수원에 TV 공장을 세우고 제가 거기 책임자로 근무를 시작합니다. 여기서 만드는 건 100% 국내 판매용이었습니다.

삼성산요 건물은 별도로 있고 처음으로 삼성 TV를 만드는 공장은 퀀셋 건물이었는데 알다시피 퀀셋이라는 게 양철 지붕 속에 가마니를 넣고 베니어 합판을 댄 거라 날씨가 우중충하면 가마니 썩는 퀴퀴한 냄새가 나고 그랬습니다. 나중에 퀀셋 건물 하나를 역사관으로 남기자고 했었는데 다 없어졌죠.

1972년에 제가 과장이 되면서 생산과장을 맡습니다. 그전에도 TV를 만들어 팔긴 했는데 그건 다른 회사에 OEM을 줘서 삼성 브랜드를 붙여가지고 팔았던 거니까 우리가 직접 만드는 걸 시작을 한 거죠. 그것 때문에 또 산요하고 대판 싸움이 붙었습니다.

산요는 국내 판매는 모두 산요 브랜드로 하기로 해놓고 모두 수출로만 허가받은 것도 마음에 안 드는데, 은근슬쩍 삼성 브랜드를 붙여서 파는 그런 법이 어디 있느냐 하는 입장이었죠.

그러더니 삼성 직원들 연수를 안 해주겠다는 거예요. 나도 일본에서 6개월 동안 연수를 받았는데 TV 공장이 생기면서 산요가 항의를 해 싸움을 하다가 결국 철수를 해버립니다. 산요가 떠나면서 삼성산요를 흡수해서 삼성전자로 발전했습니다.

NEC 쪽은 계속 좋은 관계를 유지했습니다. 브라운관이나 진공관을 만드는 일이어서 산요처럼 브랜드 경쟁을 벌일 일이 없었죠."

죽어라 일할 사람을 보내라

— 전자 초창기에 어려움이 컸다고 들었습니다.

"회사에서 밤샘을 밥 먹듯이 했으니까요. 집에서 자는 것보다 회사에서 밤샘하는 날이 더 많았습니다. 주말은 고사하고 휴가도 없었어요.

한참 TV 만들 때 불량이 하도 나와서 토요일이 되면 자동차에다 부품을 잔뜩 싣고 지방 출장 다니는 게 일이었습니다.

지방 대리점들을 찾아가서 무슨 불량이 많이 나오냐 물어보면 물건을 이렇게 거지같이 만들면 어떡하느냐고 욕부터 했어요. 그러면 부품이 뭐가 필요하냐 물어보고 차에서 주섬주섬 찾아 꺼내주면 어찌나 또 반색을 하든지(웃음).

제가 생산과장이었으니 뚝딱뚝딱 잘 고쳐줬어요. 그때 '아, 가전제품이란 게 품질이 물론 우선적으로 좋아야겠지만 애프터서비스도 그 못지않게 중요하구나'라는 것을 배웠습니다. 아무리 물건 못 만들어도 서비스를 신속하게 해주면 된다 이런 거 말이죠.

수출할 때도 그런 발상을 썼습니다. LA에 몇천 대를 실어 보내야 하는데 아무리 해도 10대 정도가 불량이 나오는 거예요. 할 수 없이 일단 실어 보내고 라인에서 기술자 두 명을 빼서 LA 도착하는 시간에 맞춰 비행기로 가게 했습니다. 부품 갖고 기다리고 있다가 물건 도착하면 꺼내서 수리한 다음 다시 집어넣으라고요. 그런 시절이 있었습니다.

우리나라가 수출로 먹고살지만 과거에 그런 일들을 수도 없이 하면서 오늘날 수출 대국이 이루어진 거라고 봐요. 정상적으로 해서는 도저히 뭐 힘들었던 시대였으니까요.

그런 비정상적인 행동이 정상적이고 어떤 면에서는 회사를 먹여 살리는 일이었던 시기죠. 저희 세대는 그런 게 몸에 밴 세대입니다. 지금 관점에서 보면 정말 이해할 수 없는, 아주 형편없는 행동이라고 할 수 있겠지만 나름대로 그런 사정이 있었다는 걸 젊은 세대들이 이해해줬으면 합니다."

— 회사도 어려운데 큰불까지 나지요.

"1978년 11월 1일의 일입니다. 제가 그해 이사가 됐어요. TV 사업부에서 TV, 오디오, 전자손목시계 등을 만들었습니다.

당시 각 공장들은 품질관리를 제대로 하고 있다는 정부 인증인 품질관리 대상이라는 걸 받아야 됐어요. 그래야 은행에서 돈을 꾼다든가 할 때 페이버 Favor를 받을 수 있었으니까요. 그 조건 중에 하나가 공장장이 새마을운동 교육을 받는 겁니다. 일주일 교육을 받으러 갔는데 교육 내용이 애국가 4절까지 외워야 되는 뭐 그런 거였습니다.

어느 날 교육 기간 중에 점심을 먹고 빨래를 하고 있는데 회사에서 저를 찾는 전화가 왔다는 거예요. 받았더니 공장에 큰불이 났다는 겁니다. 빨리 내려오라고요. 교육 담당자한테 사정 설명을 했더니 안 된다는 거예요. 새마을운동 하다 어딜 가느냐는 거죠.

제가 너무 화가 나 고함을 막 지르면서 '아무리 새마을운동 한다고 그러지만 당신 집이 지금 훨훨 불에 타고 있는데 집에 안 가고 여기서 새마을운동할 거냐' 펄펄 뛰었죠. 그제야 '그럼 갔다 와라. 그런데 저녁 안으로 돌아와라' 그러는 거예요. '이 양반아 저녁에 어떻게 오느냐, 하루 이틀은 걸릴 거다' 그랬더니 안 된다고 자퇴서를 쓰래요. 그래서 자퇴서를 쓰고 부랴부랴 공장으로 내려갔지요.

택시를 급히 잡아타고 수원 시내로 들어오는데 사이렌 소리 나고 앰뷸런스 왔다 갔다 하고 난리가 났어요. 저 멀리서 검은 연기가 보이는데 내 속이 다 타는 거 같더라고요.

그런데 톨게이트에서 시내로 가는 큰길에 들어섰는데 공장으로 들어가는 도로 입구가 딱 막혀 있는 거 아닙니까. 소방차하고 앰뷸런스 외에는 못 들어간다는 거예요. 별수 있나요. 택시에서 내려 뛰었죠.

공장 안에 겨우 들어왔는데 다 타고, 무너져 내리고, 난리도 아니었습니다. 불길은 잡혀 불은 겨우 껐는데 연기는 계속 올라오고 있고, 열기가 남아 후끈후끈하고, 소방차들도 몇 대만 남았더라고요.

제가 도착했을 때가 한 오후 3~4시쯤 됐을 거예요. 사무실 들어가 앉아가지고 우선 인원 파악을 했죠. '없는 사람 찾으라'고 하니 '없다'고 하길래 안도의 한숨을 내쉴 찰나 '건물 벽이 무너지면서 소방관 두 분이 돌아가셨다'는 거예요. 눈앞이 캄캄했죠."

— 화인火因은 뭐였나요.

"공장 근로자였는데 창고 안에 들어와서 담뱃불 붙이고 불붙은 성냥개비를 훅 불어서 끄고 던졌는데, 이게 스티로폼 쌓아놓은 데에 떨어졌대요. 진작 달라붙어서 껐으면 괜찮았을 텐데 겁이 나서 그냥 도망가버린 거예요.

그다음 날 아침부터 건물 안 구석구석을 샅샅이 뒤지는데 그때까지도 열기로 후끈후끈하더라고요. 우선은 어디 죽은 사람 없나 확인하는 게 목표였고 또 열심히 뒤진 이유가 있어요."

— 그게 뭔가요.

"옛날에는 상장한 회사가 신주를 발행하면 신주의 10%는 종업원한테 줘야 했습니다. 발행가로 받는 거니까 큰 혜택이었죠. 직원들한테는 큰 재산이었는데 이런 거 탄 거는 없는지, 또 여사원들이 입금을 시키려고 돈을 가져와서 공장 서랍에 넣어놓고 그랬는데 돈은 안 탔는지 걱정됐죠.

확인해보니까 돈을 서랍에 넣어두었다는 여직원이 한 열몇 명 정도가 되더라고요. 아니나 다를까, 다 탔더라고요. 돈다발 재를 살살 싹 들어내가지고 신문지에 담아서 한국은행으로 갖고 갔더니 다행히 바꿔줍디다. 그뿐만 아니에요. 11월 30일 수출의 날 기념식 때 실적 때문에 하나라도 더 실어내려고 바깥에 제품도 많이 쌓아놨는데 홀라당 다 타버렸어요. 손해액이 그때 돈으로 60억이었으니 엄청났죠.

불탄 거 긁어내고, 부술 거 부수고, 시멘트 터진 거 보강하고, 그런 거를 건설에서 와서 전부 체크하고 공사에 들어갔는데 당시 H빔 같은 철골이 굉장히 부족할 때였어요. 그런데 거제조선소에서 자재들이 있어서 이 친구들이 뭐가 필요하다 하면 몽땅 다 싣고 왔어요. 건설을 비롯한 관계사들이 왕창 달라붙어서 45일 만에 끝내고 12월 15일에 컬러 TV를 생산했습니다."

— 담당 이사셨으니 문책론이 나왔겠네요.

"당연하죠. 내가 생산 책임을 맡고 있는 공장에 불이 났으니 책임을 져야죠. 그런데 이병철 회장님이 공장 돌린 다음 날 내려와 회의를 하면서 하시는 말씀이 '불은 언제 어디서든 나게 돼 있다. 그러면 관리팀은 뭘 해놨냐? 화재보험 제대로 들었냐? 소방 설비를 제대로 했느냐?' 그러시는 거예요.

그런데 소방 설비도 제대로 안 돼 있었고, 화재보험도 들지 않았어요. 당시에는 무조건 비용을 줄이는 게 회사를 사랑하는 것이라고 생각해서 보험을 조금밖에 안 들었던 거죠. 결국 관리 담당 임원이 물러났습니다."

김광호 전 부회장은 45일 동안 집에도 안 가고 밤낮없이 뛰어다녔다고 한다.

"그때 처음으로 관계사라는 게 엄청난 힘이라는 걸 느꼈어요. 관계사에서 도와주지 않았으면 어림도 없었을 일이었으니까요. 또 물건은 만들어야 되는데 자재 창고가 다 탔으니까 부품이 없잖아요. 자재 납품하던 협력 회사들이 자기네 가지고 있는 재고 리스트 들고 와서 설비, 계측기 다 제공해 주고 쇼윈도에 전시했던 거까지 다 가져오는데 정말 고맙더라고요. 하루 24시간 정신을 쏟았더니 45일 만에 완제품을 만들어서 내놓을 수 있게 됐습니다.

연말이라 주문받아놓은 것도 많았는데 시간은 없으니 처음으로 생산 라인을 2교대, 그러니까 맞교대로 돌렸습니다.

그런데 천하에 못 할 게 2교대예요. 24시간 돌리니 불량도 막 쏟아지고 여러 가지 문제가 많았어요. 그렇게 일하니까 완전 번아웃이 옵디다. 강진구 사장이 '김광호 그냥 있으면 자빠지겠다, 빨리 쉴 수 있게 해외 출장을 보내라' 해서 연초 미국 라스베이거스에서 열리는 전자쇼를 가게 됐습니다. 그게 처음 간 해외 출장이었습니다."

그러다 1979년 9월 삼성반도체 발령을 받는다.

삼성이 인수한 한국반도체 부천 공장.

"15일인가 17일인가, TV 생산 담당을 하고 있을 때였어요. 한국반도체 지분을 완전 인수해서 삼성반도체가 됐는데 감사를 해보니 자본금이 다 잠식된 거예요. 선대 회장이 반도체로 보낼 사람 찾는다는 얘기는 듣고 있었어요. '삼성전자에서 제일 파워풀한 사람', '죽어라 일할 사람'을 뽑아 보내라고했대요. 강진구 사장이 저를 추천해서 가게 된 거죠."

아무도 걷지 않은
길에 도전하다

    호암은 어떻게 반도체에 관심을 갖게 됐을까. 김광호 전 부회장은 호암이 반도체에 본격적으로 관심을 가진 시기를 1979년 말에서 1980년 초로 기억했다. 이건희 회장이 1977년에 사재를 털어 한국반도체 지분을 완전히 인수하고 난 뒤다. 김 전 부회장 말이다.

    "처음 삼성전자가 흑자를 낸 뒤 호암이 직접 오셔서 트랜지스터 라인을 보시더니 한심하다는 듯 '이거 한 달에 몇 개 만드느냐?'고 하세요. '1억 개 만듭니다' 했는데 사실 1억 개면 엄청난 것 같지만 개당 1센트, 2센트이다 보니 매출이 200만 달러(약 26억 원)인가밖에 안 됐어요.
    호암은 '야야, 치아라 치아, 스물네 시간 1년 내내 쉬지도 못하고 공장 돌리면서 그것밖에 못 팔면 그걸 장사라고 하고 있나!' 하시는 거예요. 그래서 '돈도 중요하지만 이게 전자 기기의 기초 중의 기초입니다. 오디오고 뭐고 다 들어가기 때문에 값은 싸도 절대 죽지 않습니다' 했죠.

호암은 '치아라 치아' 하다가도 조목조목 설명을 드리면 '좋다 해봐라' 이런 면이 있으셨습니다. 반도체에 본격적으로 관심을 가지신 게 그 무렵이었던 것 같아요. 일본에서 막 메모리 반도체를 시작했을 때였습니다. 일본통이셔서 일본에서 새로운 산업 동향을 듣게 된 것이 계기였다고 보입니다."

이바나 박사를 만나다

호암은 1980년 이른 봄, 일본 도쿄에서 요시다 시게루 총리 밑에서 경제계획 수립을 담당하던 이바나 박사를 통해 일본 산업에서 이뤄지는 일대 방향 전환에 대한 이야기를 듣고 큰 감명을 받았다고 기록하고 있다. 《호암자전》에 나오는 말이다.

이바나 박사는 일본이 1973년 오일쇼크 이후 정책을 바꿔 기간산업(제철, 조선, 석유화학, 시멘트, 섬유) 생산 규모를 20% 내지 50%까지 대폭 억제하기로 했다고 했다.

"그렇다면 일본 산업의 살길은 무엇인가" 물었더니 이미 반도체, 컴퓨터, 신소재, 광통신, 유전공학, 우주공학, 해양공학 등 자원 절약형에 부가가치가 높은 첨단기술 분야, 그중에서도 반도체 및 기계공업에 치중하고 있다는 거였다. 정부도 적극 뒷받침해 전략산업으로 육성한 결과, 수출이 획기적으로 늘었다고 했다. 일본은 이미 경박단소輕薄短小 첨단기술 산업에 매진하고 있었다. 그의 말은 참으로 감명 깊었다.

강진구 전 회장도 회고록에서 비슷한 이야기를 하고 있다.

어느 날 호암이 "도대체 반도체는 몇 가지 종류나 되는가? 말하는 사람마다 다르니 도시 종잡을 수가 있어야지"라고 물었다. 나는 "그건 사람이 몇 종류나 되느냐 물으신 거나 마찬가지입니다. 사람을 성별, 인종, 나이로 각각 나눌 수 있듯이 반도체도 어떻게 구분하느냐에 따라 종류와 수가 다르기 때문에 딱 몇 종류라고 말씀드릴 수가 없습니다"라고 답했다.
나중에 들은 얘기지만 호암은 '반도체'라는 번역어를 만들어낸 것으로 유명한 일본 최고 반도체 연구자인 산켄전기産研電氣 오타니 다이묘 회장(공학박사)과 기술본부장이던 덴다 쇼이치 상무(공학박사) 두 사람에게도 비슷한 질문을 했던 것 같다. 이 밖에도 호암은 수많은 학자와 사업가의 조언을 들었지만 무엇보다 이바나 박사 말에 크게 영향을 받았다.

이번에는 김광호 전 부회장 말이다.

"제가 1979년에 반도체를 갔잖아요. 그때부터 호암이 반도체에 엄청 신경을 쓰셨어요. 일본도 메모리를 막 시작할 때여서 아직 메모리 반도체에 대한 플랜은 없었습니다. 그런데 일본에 들를 때마다 항상 만나는 여러 전문

삼성반도체 부천 공장을 찾은 호암 이병철 회장이 뭔가를 보면서 지시하고 있다. 오른쪽 옆은 강진구 전 삼성전자 회장.

가들로부터 앞으로는 전자 산업을 해야 되고, 전자 산업을 하면서도 반도체를 해야 되고, 반도체를 하면서도 메모리를 해야 된다는 거를 계속 들으신 겁니다. 일본 말로 '도루바꼬ドル箱'라고 표현을 하는데 이 달러 박스가 바로 메모리라는 거였죠."

이 무렵 호암의 고민은 깊었던 것으로 보인다. 무엇보다 일본이 저렇게 일대 방향 전환을 하고 있는데 한국의 상황을 보면 답답했을 것이다. 그렇다고 혼자 나설 수도 없는 일.《호암자전》에는 그 고민의 일단이 이렇게 표현돼 있다.

일본과 마찬가지로 자원이 없고 무역입국 길밖에 없는 한국으로서는 산업의 재편성을 서둘러 추진하고 첨단기술 산업을 시급히 개발·육성해야 한다. 그러나 한국은 일본과 사정이 다르고 갑자기 한 사람의 힘으로 가능하지도 않을 것이다.

미국에서 느낀 세상의 변화

반도체와 컴퓨터가 이끌어갈 미래 세상이 어렴풋하게 보이기는 하는데, 그것이 과연 무엇일지 호암의 눈에는 아직 선명하지 않았다.

그런 호암이 구체적인 미래상을 볼 결정적 계기가 생기는데 1982년 미국 방문이었다.

여간해선 비행기를 잘 타지 않던 호암도 미국 보스턴대에서 명예 경영학 박사 학위를 준다는 청은 거절할 수 없었다.

그런데 오랜만에 밟아본 미국 땅에서 위축된 미국 경제와 도약하는 일본 경제를 보고 놀란다.

1970년대 중반부터 1980년대 말까지 미국 경제는 끝이 보이지 않는 침체의 터널 안에 갇혀 있었다. 재정적자가 눈덩이처럼 불어났고 국제수지까지 적자로 돌아서자 경제적 패권 시대는 완전히 끝난 게 아니냐는 아우성이 터져 나오고 있었다.

호암은 미국에서 느낀 세상의 변화를 실감하며 이런 토로를 한다.

1982년, 21년 만의 미국 방문에서 전환의 시대에 살고 있다는 것을 절실히 깨달았다. 미국의 정치·경제나 군사, 사회 사정 등에 관해 신문이나 잡지를 통해 매일같이 너무도 잘 알고 있다고 자부했다. 그러나 막상 가보고는 놀랐다.

아침 9시경 샌프란시스코 변두리에 나갔더니 8차선 도로에는 출근하는 승용차가 줄을 잇고 있었다. 거의 모두 대형차였고 그것도 혼자만 타고 있었다. 이와 같은 큰 낭비에 놀라지 않을 수 없었다.

미국은 두말할 것도 없이 세계에서 가장 부유한 나라이며 자급자족이 가능한 유일한 나라다. 국토는 넓고 기름지며 자원은 없는 것 없이 풍부하고 기술의 원천은 거의가 다 미국 것이다. 고소득의 인구는 2억 수천만을 헤아려 시장도 광대하다.

그러한 미국이 고난을 겪고 있는 것을 직접 눈으로 보았다. 군사적으로는 소련을 누르지 못하고 있었고 국민들 사이에는 욕구불만이 고조되고 있는 한편, 철강이나 자동차 산업 같은 전통산업의 가동률은 저하되고 실업 사태가 일어나고 있었다.

제2차 오일쇼크 후의 불황을 합리적으로 제때에 대응하지 못했던 것이다. 노조의 맹렬한 반대로 생산공정의 합리화, 근대화는 실현될 수 없었고 생산성을 높이지 못했다. 노사는 노동력을 파는 측과 사는 측이라는 계약상의 관계에 머물고 있어 종업원의 애사심을 바랄 수도 없고 품질 향상을 기대할 수 있는 상황도 아니었다.

때마침 산업조정을 일찍 끝낸 일본의 철강이나 자동차가 미국 시장을 휩쓸고 있었지만 맞설 경쟁력을 잃고 있었다. 이러한 현상은 전통적 산업에만 국한되지 않았다. 미국의 설계에 의한 생산 설비를 도입해서 양산 공정을 개발한 일본의 반도체마저 미국 시장을 침식하고 있었던 것이다.

미국의 IBM 등 소수 대기업을 제외하면 대부분이 벤처 캐피털이어서 일본 제품의 대량 공세에 밀려 경영난을 겪고 있었다. 기이한 현상이 아닐 수 없다.

일본은 연간 20억~30억 달러에 지나지 않던 무역흑자가 1982년에는 150억 달러, 1983년에는 235억 달러, 1984년에는 335억 달러로 증가 일로에 있는데 정치·군사적으로는 물론 경제적으로도 강대한 미국이 왜 이렇게 되었을까 생각하지 않을 수 없었다. _《호암자전》

이런 호암에게 정신이 퍼뜩 들게 한 산업 시찰이 있었으니 바로 IBM 반도체 공장과 휴렛팩커드 무인공장이었다. 가장 충격을 받은 건 휴렛팩커드 사무실이었다.

직원들이 책상 위에 놓인 컴퓨터 하나로 계산, 기획, 보고까지 거의 모든 일을 해내고 있었다. 작은 지하실에서 1,000달러 자본으로 시작한 회사가 책상 위에 놓인 작은 컴퓨터 하나로 모든 일을 해내는 비결이 반도체라는 사실에 호암은 깊은 인상을 받는다.

반도체에 관해서는 자기 나름으로 공부도 하면서 자료를 보아온 호암이 었지만 미국에서 두 눈으로 직접 확인하니 정신이 확 들었던 것이다. 예상했던 것보다 빠르게 핵심 산업으로 부상하리라는 직감이 들었다.

휴렛팩커드 반도체 공장에서도 직원들 모두가 병원 수술실에 있는 사람처럼 흰 가운을 입고 일하고 있었다. 모든 게 이채로워 보였다.

한편 이윤우 전 삼성전자 부회장은 기자와의 인터뷰에서 "당시 출장 일
정은 이건희 부회장이 모두 어레인지arrange한 것으로 알고 있다"며 "물론
호암 스스로가 일본의 각계 전문가들로부터 전자 산업이란 게 반도체 없
이는 '껍데기 사업'이라는 것을 확실히 알게 되지만 이 부회장이 상당히 오
랫동안 준비를 해서 선대 회장님을 반도체 사업으로 이끌었다고 생각한
다"고 했다.

1987년 7월 당시 이병철 삼성 회장이 이건희 부회장과 함께 삼성종합기술원을 방문해 첨단기술 개발 현황 등을 둘러보
고 있다.

나라의 백년대계를 위한 결정

호암은 "노심초사하면서 미국 여행길에 올랐지만 막상 미국에서 각 분야 유수 기업들의 생산 현장을 자세히 구경도 하고 경영 수뇌들의 고충을 직접 들으니 한국의 살길은 첨단기술 산업의 시급한 개발밖에 없다는 것을 새삼 확인했다"고 말한다.

드디어 반도체 사업에 대한 확신이 선 것이다. 하지만 실행은 쉽지 않았다. 호암의 말이다.

막대한 설비투자가 들뿐더러 기술혁신의 주기가 매우 짧은 반도체 생산에는 많은 위험이 뒤따른다. 그러나 그 위험을 뛰어넘어 성공을 쟁취해야만 삼성의 내일이 열린다고 나는 확신한다… 언제나 삼성은 새 사업을 선택할 때는 항상 그 기준이 명확했다. 국가적 필요성이 무엇이냐, 국민의 이해가 어떻게 되느냐, 세계시장에서 경쟁할 수 있느냐 등이 그것이다. 이 기준에 견주어 현 단계의 국가적 과제는 '산업의 쌀'이며 21세기를 개척할 산업 혁신의 핵인 반도체를 개발하는 것이라고 판단했다.

그러나 난제가 워낙 크고 많다. 미국과 일본이 점유한 세계시장에 뒤늦게 뛰어들어 그들의 기술을 따라잡을 수 있을까. 막대한 투자 재원은 또 어떻게 마련할 수 있을까. 혁신 속도가 워낙 빨라 제품 사이클이 기껏해야 2~3년인데 그 리스크를 제대로 감당해낼 수 있을까. 고도의 기술 두뇌와 기술 인력의 확보, 훈련은 가능할 것인가…._《호암자전》

무엇보다 호암도 인간이었다. 그는 반도체 사업 진출을 결심하기 수년 전 위암 수술을 하면서 생과 사의 기로에 섰었다. 언제 재발할지도 모르는 상황이었고, 게다가 당시로는 평균수명을 훌쩍 넘긴 73세라는 고령이었다.

새로운 일을 벌이기보다 마무리를 생각할 시점임에도 아무도 걷지 않은 길에 도전하려는 그의 고민은 깊을 수밖에 없었다. 하지만 시간이 갈수록 그의 마음은 '한다' 쪽으로 기울었다. 고민의 내용도 공장입지 선정에서부터 구조 및 형태까지 더욱 구체화했다.

반도체 공장의 경우 입지 조건도 까다롭지만 무엇보다도 서울에서 1시간 이내의 거리여야 했다. 그렇지 않으면 세계 정상급의 고도 기술 인력의 취업이 곤란하다. 그런데 서울은 인구 집중 지역이므로 넓은 부지는 좀처럼 구하기 어려운 실정이다. 공장 구조도 아주 특수해야 할 터인데 소요 시설과 전문 건설 용역을 어떻게 확보하느냐도 큰 문제다. 생각하면 할수록 난제는 산적해 있다. 그러나 누군가가 만난萬難(갖은 고난)을 무릅쓰고 반드시 성취해야 하는 프로젝트다.

그러면서 이렇게 말을 잇고 있다.

수많은 미국과 일본 전문가를 비롯하여 국내 전문가들의 의견을 거의 다 들었다. 관계 자료는 손 닿는 대로 섭렵했고, 반도체와 컴퓨터에 관한 최고의 자료를 얻고자 무한히 애를 썼다. 그 결과 전혀 가능성이 없지 않다는 점을 알았다. 정부의 적극적인 뒷받침만 있으면 성공할 가능성이 있다는 결론을 얻었다.

내 나이 73세, 비록 인생의 만기晚期이지만 이 나라의 백년대계를 위해서 어렵더라도 전력투구를 해야 할 때가 왔다. 이처럼 반도체 개발의 결의를 굳히면서 나는 스스로 다짐했다.

1982년 5월이었다.

1982년 경기도 부천 반도체연구소 기공식 모습. 호암은 이듬해 삼성이 반도체 사업에 진출한다는 폭탄선언을 한다.

태평로 본관 28층에서의 반도체 회의

호암은 미국에서 돌아오자마자 반도체 사업 추진 태스크포스팀을 만들어 사업에 대한 전면 재평가를 지시한다.

자료 수집과 함께 철저한 시장조사를 통한 사업성 분석을 다시 하고 장·단기 계획을 세우라는 거였다. 그러면서 직접 매일매일 점검에 들어갔다. 당시 추진팀장이 반도체 사업본부장이었던 김광호 전 부회장이다. 그의 말이다.

"여태까지 그런 적은 없었습니다. 태평로 본관 28층 회장실 회의실에 반도체 총책임 이사였던 저를 포함해 부장, 과장까지 불러다가 회의를 직접 주재하셨으니까요. 당시 수첩을 뒤져보니 직접 주재한 회의가 1년(48주)에 60번 정도였으니 일주일에 한 번 이상이었지요. 사실은 그보다 더 자주 회의가 열렸습니다. 저 역시 일주일에 두세 번꼴로 불려갔습니다.

어떻든 당시 회의는 파격적이었습니다. 직접 말단 과장까지 불러 앉혀놓고 '이건 왜 이렇고 저건 왜 잘못됐느냐?'며 세세하게 지적하고 야단을 치고 독려를 했으니까요.

특히 왜 일본한테 밀리느냐는 말씀을 많이 하셨어요. 당시는 일본에서 메모리 반도체가 막 시작된 무렵이었는데 '일본 NEC하고 삼성이 반도체 사업을 거의 같이 시작했는데, 왜 우리는 맨날 요 모양 요 꼴이고 NEC는 저렇게 컸느냐, 이유가 뭐냐?'는 거였습니다. 그러면 우리는 '이러이러한 거 잘못해서 그렇습니다. 기술 동향을 잘못 읽어서 그랬습니다' 하면서 맨날 반성문만 쓰는 겁니다.

회장님 말씀의 요지는 1974년에 NEC 반도체 공장을 직접 방문해 둘러본 때가 삼성이 막 한국반도체를 인수할 무렵이었는데 이후 NEC는 엄청나게 컸는데 삼성은 왜 안 됐느냐 이런 거였습니다.

그런데 일본이 반도체를 시작한 건 1974년이 아니라 1949년 반도체가 세계 처음으로 개발되고 나서부터라고 해야 해요.

제가 어느 날 소명자료를 만들어 조곤조곤 설명을 드렸더니 그 후부터는 그런 이야기는 일절 안 하시고 '그러면 이제 내가 뭘 도와줘야 되느냐' 이렇게 변하셨어요.

직접 기술도입에 나서는 과정에서 모욕도 당하셨어요. 평소 친분이 있던 고바야시 NEC 회장을 직접 찾아가 '기술 좀 얻도록 해주십시오' 했다가 일언 지하에 거절을 당하신 일도 있었습니다. 호암이 어느 날 '내가 그런 대접을 받았다'며 엄청 화를 내셨던 기억이 있습니다. 마음속에 반드시 일본을 이겨야겠다고 결심한 중요한 체험이었다고 할 수도 있겠지요. 어떻든 그런 일이 겹치면서 직원들이 기술도입을 하지 못해 애태우는 상황도 조금씩 이해해주기 시작하셨어요."

도쿄 선언, 그리고 반대 여론

호암은 1983년 2월 8일 삼성이 'VLSI 사업에 진출한다'는 '도쿄 선언'을 한다.

1983년 2월 도쿄 선언에 이어 3월 15일 국내외 언론을 통해 '삼성이 반도체 사업을 하게 된 동기'를 발표하는 호암 이병철 회장.

그리고 한 달여 뒤인 3월 15일 〈중앙일보〉에 '왜 우리는 반도체 사업을 하는가'라는 발표문을 낸다. 내용 중 일부다.

우리나라는 인구가 많고, 좁은 국토의 4분의 3이 산지로 덮여 있는 데다 석유, 우라늄 같은 필요한 천연자원 역시 거의 없는 형편이다. 다행히 우리에게는 교육 수준이 높고 근면하고 성실한 인적자원이 풍부하여 그동안 이 인적자원을 이용한 저가품의 대량 수출 정책으로 고도성장을 해왔다. (…) 삼성은 자원이 거의 없는 우리의 자연적 조건에 적합하면서 부가가치가 높고 고도의 기술을 요하는 제품의 개발이 요구됐다. 그것만이 현재의 어려움을 타개하고 제2의 도약을 기할 수 있는 유일한 길이라고 확신하여 첨단 반도체 산업을 적극 추진키로 하였다.

반도체 산업은 그 자체로서도 성장성이 클 뿐 아니라 타他산업으로의 파급 효과도 지대하고 기술 및 두뇌 집약적인 고부가가치 산업이다. 이러한 반도체 산업을 우리 민족 특유의 강인한 정신력과 창조성을 바탕으로 추진하고자 한다.

호암의 도전이 VLSI라는 것에 대해 국내외는 경악하고 냉소했다. 미국, 일본도 힘들어하는 VLSI 사업을 한다니 3년도 안 가 망할 것이 뻔하다는 거였다.

미국, 일본은 말할 것도 없었다. 미쓰비시 연구소는 '반도체 사업은 인구 1억 명 이상, GNP(국민총생산) 1만 달러 이상, 국내 소비 50% 이상은 돼야 가능한 사업'이라며 ① 작은 내수 시장 ② 취약한 관련 산업 ③ 부족한 사회간접자본 ④ 삼성전자의 열악한 규모 ⑤ 빈약한 기술 등 '삼성 5대 불가론'이 담긴 보고서까지 냈다.

어찌 보면 당연한 반응들이었다. 가전용 칩인 LSI를 겨우 만드는 회사가 VLSI를 한다고 했으니 말이다. 당장 삼성 직원들에게도 청천벽력과 같은 일이었다. 다시 김 전 부회장 말이다.

"저도 사실 처음에 반대를 많이 했었습니다. 반도체 기술이 그때까지 형편없는 수준인데 어떻게 당장 최첨단 메모리 사업으로 갈 수 있을까 했으니까요. 일본이야 국가 프로젝트로 진행했기 때문에 미국을 넘볼 수 있었지만 일본이 우리한테 기술을 줄 리도 없었고…. 심지어 미국도 일본 기술을 돈 주고 살 때였습니다."

어떤 제품을 만들지도 중요한 선택이었다. 이번에는 강진구 전 회장 회고다.

메모리 반도체는 D램, S램(CPU와 D램 사이에서 처리 속도를 원활하게 해주는 중간 메모리) 마스크롬, 이피롬EPROM 등 다양한데 이 중 어느 걸 할 것인지도 문제였다. 처음에는 치열한 가격경쟁이 벌어지는 D램을 피해서 S램으로 하자는 의견 쪽으로 기울어졌는데 나중에 바뀌었다.

S램은 시장 규모가 D램의 3분의1, 4분의 1밖에 안 돼 가격경쟁이 치열하고 공급과잉이 예상된다 해도 시장 규모가 큰 D램으로 가는 게 유리하다는 결론에 도달했다. 이런 결론을 내기까지가 쉬운 일은 아니었다. 외부로부터 기술도입 없이는 메모리 사업이란 걸 추진할 수 없는 형편이었는데 우리에게 기술을 주겠다고 하는 기업이 한 군데도 없었다.

우여곡절 끝에 평소 친분이 두터웠던 샤프의 사사키 부사장을 찾아갔다. 삼성이 메모리 사업을 하려고 하는데 어떻게 하면 좋겠느냐고 허심탄회하게 조언을 청했더니 한국인 한 사람을 소개해줬다. 이임성 박사였다.

독자 개발한 반도체로
세계를 제패하라

이임성 박사는 일찍이 미국 유학을 떠나 스탠퍼드대에서 박사 학위를 받고 GE(제너럴 일렉트릭)와 IBM에서 일하다 일본 샤프의 고문을 맡고 있었다. 사사키 박사(부사장)는 기술도입에 도움을 청해온 강진구 전 회장에게 이 박사를 바로 연결해준 것은 물론 삼성 직원들을 위한 기술 연수도 해주겠다고 했다. 강 전 회장은 회고록에서 당시 느꼈던 고마움을 이렇게 전하고 있다.

사사키 부사장은 "가전용 IC 사업을 하다가 갑자기 VLSI 사업을 한다는 것은 너무나 어려운 일"이라고 했다. 그러면서 "기억소자는 아니지만 계산기에 들어가는 IC인 마이콤Micom, Micro Computer Chip을 샤프사에서 생산하고 있으니 삼성 직원들을 보내면 기술 연수를 시켜드리겠다"고 했다. 당시 우리 상황은 자전거 타는 걸 겨우 배운 사람이 하늘을 날아야 하는 도전에 직면한 것과 같은 것이었다. 앞이 안 보이는 참으로 막막한 상황에서 사사키 박사의 조언과 도움은 가뭄 끝 단비처럼 고마운 것이었다.

삼성반도체의 출발이 일본 샤프와의 협력 관계에서 비롯했다는 점은 한일 산업사史에서 중요한 의미를 갖는다.

물론 삼성이 세계 최고가 될 때까지 한일 간에 반도체를 둘러싼 전쟁은 총탄만 없는 혈투나 다름없었다. 일본 업체들은 삼성이 첨단 반도체 개발 과정에서 기적이라고 할 만한 성취를 이룰 때마다 파격적인 덤핑 공세를 펴며 삼성을 괴롭혔다. 하도 시달리다 보니 새로운 기술 개발에 성공했을 때 일본의 견제가 두려워 개발 사실을 쉬쉬했던 적도 있었다.

이런 상황에서 샤프 사사키 박사의 조언은 각별한 것이었다. 호암도《호암자전》을 통해 샤프에 대한 고마움을 이렇게 언급하고 있다.

일본 반도체업계는 한국에 대한 VLSI 기술 제공에 불응했지만, 샤프사의 각별한 호의로 도입할 수 있었다. 일본으로서는 외국에 대하여 반도체 기술을 처음으로 제공하는 것이었고, 한국으로서는 일본으로부터 반도체 기술을 처음으로 도입하는 것이었다.

당시 일본 업계 중에서는 샤프사를 국익을 해치는 국적國賊이라고 혹평하는 업자도 있었다. 그러다가 불과 3개월도 안 돼 히타치가 IBM 기술을 훔치는 스파이 사건이 만천하에 드러나자 샤프사를 선견지명이 있는 훌륭한 회사라고 격찬했다.

일본을 이겨야 한다

생전에 호암이 얼마나 절치부심하며 독자 기술을 개발해 일본을 이기려 했는지를 보여주는 상징적인 에피소드가 있어 소개하려 한다.

정보통신부 장관을 지낸 진대제 전 삼성전자 사장이 쓴 회고록《열정을 경영하라》에 나오는 대목이다.

진 전 사장은 스탠퍼드대에서 전자공학 박사 학위를 받고 미국 IBM에서 일하다 1985년 미국 삼성반도체연구소로 입사했다. 2년 뒤 귀국해 기흥 반도체연구소에서 4M D램과 16M D램 개발책임자로 일하던 그는 1987년 가을 어느 날 예기치 않게 호암과 만난다. 그의 책을 인용한다.

한국으로 돌아와 일을 시작한 지 얼마 지나지 않은 9월 말의 어느 날 아침, 서울에서 부리나케 연락이 왔다. 이병철 회장이 차를 타고 지금 남쪽으로

호암은 독자적 반도체 기술 개발을 통해 일본을 이기자고 입버릇처럼 말했다. 그것은 현실화됐다. 호암이 반도체 사업을 하겠다고 선언한 1983년, 삼성이 낸 신문 광고.

내려가고 있으니 남쪽에 있는 임원들은 전부 대기하라는 거였다. 어디로 간다는 얘기도 없이 무조건 남쪽으로 떠났다는 것이다.

처음에는 그런가 보다 하고 평상시처럼 일을 했다. 당시 이병철 회장은 폐암으로 몸이 많이 편찮아서 사업 현장을 찾는 일이 거의 없었다. 그저 안양 골프장이나 용인 자연농원에 바람을 쐬러 가끔 들르는 정도였다. 이번에도 자연농원에 가시나 보다 했다. 그런데 다급한 목소리로 속보가 계속 날아들었다.

"영동고속도로 통과! 그 아래 임원들은 자리 뜨지 말고 대기!"

그 아래라면 수원 가전 공장이든가, 아니면 기흥 종합연구소(현재의 기술원)든가, 그것도 아니면 반도체 공장이었다. 조금 있자니 또 긴급 연락이 왔다.

"어? 수원 톨게이트 통과!"

그렇다면 종합연구소 아니면 반도체다. 아니나 다를까, 곧이어 종합연구소와 반도체 공장 임원들은 모두 모일 준비를 하라는 연락이 왔다.

"기흥 톨게이트에서 나오셨다. 어? 종합연구소 정문 통과…. 앗! 반도체로 가신다. 즉시 회장실로 집합하시오!"

사무실이 있었던 연구소 3층에서 부리나케 뛰어 내려가는데 벌써 회장이 탄 벤츠가 착 지나갔다. 나는 어리둥절한 표정으로 그 앞에다 꾸벅 인사를 하고 회장실이 있는 빌딩 앞으로 달려갔다.

이병철 회장이 천천히 차에서 내렸다.

우리 사무동 앞에는 층계가 세 개 있었는데 이어 놀라운 일이 벌어졌다. 회장이 그 층계를 다 오르지 못하고 중간에 넘어진 것이었다. 발목이 까져서 피까지 났다.

회장은 폐암 말기여서 그랬는지 기동이 많이 불편한 듯했다. 회장실에서 수행원들이 회장의 구두를 바꿔 신겨줬다. 이상하다는 생각이 들었다. 바깥에서 신는 구두와 실내에서 신는 구두가 따로 있나?

많은 임원들이 출장을 가고 없어서 당시 회장실에 집합한 사람은 이윤우 공장장(당시 전무), 연구소장, 나 정도였다.

한참 지난 후, 서울에서 내려온 비서실장이 헐레벌떡 따라 들어와 배석했다. 회장이 평소와는 달리 행선지를 밝히지 않고 갑자기 내려오는 바람에 소식을 듣고 허겁지겁 달려온 길이었다.

회장은 약간 거칠게 숨을 들이쉬며 가만히 앉아 있었다. 오랜 침묵이 흘렀다. 잠시 후 입을 열며 조용히 말했다. 차분했지만 노기가 섞인 목소리였다.

"봤제?"

사람들이 움찔했다. 우리는 대번에 무슨 말인지 알아들었지만 아무도 대답을 할 수가 없었다. 한참 있다가 이윤우 공장장이 목구멍으로 기어들어 가는 듯한 목소리로 대답했다.

"아, 예, 봤습니다."

그날 아침 조간에 난 신문 기사를 말하는 것이었다. 하긴 기사를 보고 우리도 깜짝 놀랐었다.

'한국 반도체는 전부 다 일본 것을 베꼈다'는 내용이었다. 기사가 다 사실은 아니었지만 부분적으로는 맞는 말이었다. 삼성을 비롯한 한국 반도체업체들은 후발 주자로서 일본 것을 많이 참고하고 있었다. 선진 업체들을 따라가려면 어쩔 수 없는 일이기도 했다.

"우리가 일본 것을 베꼈다는 게 사실인가? 내가 기껏 남의 거 베끼려고 평생을 건 반도체 사업을 시작한 줄 아나? 영국은 증기기관 하나를 개발해서 세계를 제패했다. 우리 반도체도 그런 역할을 하라고 시작한 것 아닌가?"

모두 찍소리도 못 하고 가만히 있는데 이 공장장이 급히 대답했다.

"근데 그게 삼성한테 하는 소리가 아니고 다른 회사들이 하도 베끼니까 하는 얘기인 것 같습니다."

그래도 회장의 분노는 쉽게 누그러지지 않았다. 이 공장장과 나는 독창적인 제품을 만들어 다시는 그런 소리가 나오지 않도록 하겠다고 약속했다.

"반드시 16M D램을 독자 개발해서 다시는 모방을 했다는 얘기가 나오지 않도록 하겠습니다."

나는 굳은 목소리로 말했다. 어느 정도의 비장감마저 섞여 있었다. 이런저런 얘기들이 오고 간 뒤에야 회장의 마음이 조금씩 풀어지기 시작했는지 내게 이렇게 물었다.

"진 군, 그래 개발팀은 만들었나?"

"예, 조그마하게 만들어 시작을 했습니다."

"그래? 여러 인재를 모아 오라고."

그러고 나서 회장은 그 시점에 착공한 3공장 용수나 전기가 제대로 확보됐는지, 시장 상황과 기술 개발 등에 대해 여러 가지를 일일이 메모까지 하면서 점검했다.

나중에 알게 된 거지만 이병철 회장이 기흥 회장실에 도착하자마자 갈아 신은 신발은 골프화였다. 안양 골프장에 하루 쉬러 갔다가 아침 신문을 보고 골프화를 신은 채 그대로 달려온 것이었다. 비서실장을 대동하지 않은 것도 그런 이유였다. 생각해보니 그때 입었던 옷도 골프복 비슷한 것이었다,

그때가 호암과의 두 번째이자 마지막 만남이었다. 그로부터 한 달여가 지난 뒤 타계하셨기 때문이다. "우리 기술로 독자 개발한 반도체로 세계를 제패하라"는 말씀이 마지막 유언이었던 셈이다.

지금 계시는 곳에서 얼마 받으십니까?

다시 강진구 전 회장이 사사키 박사와 만났던 장면으로 돌아가보자.

강 전 회장은 그와의 면담 내용을 호암에게 즉시 보고하고 호암의 지시에 따라 이임성 박사를 만난다. 1983년 초여름이었다. 이 박사는 강 전 회장에게 "미국에 있는 한국인 과학자들을 주목하라"면서 이렇게 조언했다.

"미국으로 유학 가서 전자공학 박사 학위를 받은 한국인들 중에는 귀국을 선택하려다 막상 한국에 일할 곳이 없다 보니 그대로 눌러앉게 된 경우가 있습니다. 하지만 다들 기회가 되면 나라를 위해 일하고 싶다는 애국심을 마음속에 가지고 있습니다. 그런 고급 두뇌들을 모아 미국에 연구소를 만들어 연구개발을 시키고 한국에 공장을 세워 거기서 제조를 하면 어떨까요."

설계는 미국에서, 생산은 한국에서 해보자는 이원화 전략이었다. 현실성이 있어 보였다. 강 전 회장은 바로 그 자리에서 이 박사에게 스카우트 제안을 한다. 회고록에 나오는 내용이다.

마음이 다급했던 나는 단도직입적으로 물었다. "박사님이 직접 삼성에 와서 도와줄 의향이 있습니까?" "예, 있습니다." "오신다면 삼성반도체통신 고문으로 우선 모시겠습니다." "좋습니다." "지금 계시는 곳에서 보수를 얼마나 받으십니까?" "연봉 20만 달러로 계약했습니다." "그보다 후하게 드리겠습니다. 당장에 재미 한인 과학자들을 모아주십시오."

얼마 지나지 않아 이 박사로부터 연락이 왔다. 같이 일하겠다는 한국인 메모리 개발 전문 기술자들을 모았다는 거였다. 이상준, 이일복, 이종길, 박용의 박사 등이었다. 이들은 인텔, 허니웰, 자일록, 내셔널 세미컨덕터,

1983년 미국 실리콘밸리에 세워진 삼성반도체연구소 전경.

웨스턴 디지털 등 미국 최첨단 반도체 회사와 연구소에서 일하고 있던 최고급 인재들이었다.

제일 중요한 건 사람이다

호암은 미국 연구소 청사진이 얼추 그려지자 서울의 정예 요원 6명을 추려 미국으로 보내며 본격적인 사업 계획을 세우라고 지시한다.

이때 개발실장으로 출장 팀을 이끌고 간 사람이 이윤우 전 부회장이다. 그를 직접 만나 당시 상황을 들어봤다.

— 미국에서 한국인 인재를 끌어모으고 연구소를 만드는 일부터 관여한 걸로 알고 있습니다. 당시 상황을 좀 듣고 싶습니다.

"반도체란 게 결국 기술력 싸움이니까 최고 중심지인 실리콘밸리에서 기술과 사람을 가져와야겠다는 게 호암의 결심이었던 것 같았습니다. 그러기 위해서 개발 거점을 만들고 박사급 연구원들을 채용해 나중에 이들을 한국으로 옮기겠다는 구상이었던 거죠. 매우 현명하고 현실적인 아이디어였다고 봅니다.

저는 선대 회장 오더에 따라 실리콘밸리에 개발 거점 마련을 위한 초기 세팅을 하러 갔습니다. 호암은 '제일 중요한 게 사람이다. 전문가를 찾아 모시라'는 특명을 내렸습니다. 우선 이임성 박사를 축으로 다른 사람들을 끌어오는 계획을 세웠습니다.

실리콘밸리 서니베일에 머물면서 두 개 팀으로 나눠 현지 조사에 들어갔는데 한 팀은 정보 용역회사와 대학 연구소 등을 다니며 최신 기술 자료를 입수했고 다른 한 팀은 이 박사 등과 함께 사업 계획서를 만들었습니다. 그런데 시간이 갈수록 자신감이 떨어지고 막막함만 들었습니다."

— 왜죠?

"D램 기술이란 게 서울에서 생각했던 것보다 상상 이상으로 훨씬 첨단이었습니다. 우리가 했던 생각이 얼마나 낡고 단순한 것이었는지 깨닫게 되자 덜컥 겁부터 났습니다. 국내에서 만들어 갖고 간 보고서는 휴지 조각이나 다름없었으니까요. 처음부터 다시 시작해야 하는 상황이었어요."

— 사무실에 미국 경찰이 들이닥쳤던 일도 있었다면서요.

"낮에는 현지에서 사람들을 만나고 밤에는 서울에 보고하느라 거의 쉬지 못하는 날들의 연속이었어요. '제발 잠 좀 잤으면' 하는 생각이 간절했습니다. 라면 물을 끓이는 동안 엎드려 쪽잠을 잤던 기억도 있습니다. 너무나 힘이 들어 지옥이 따로 없다는 생각까지 들었습니다.

그러던 어느 날 갑자기 미국 경찰이 들이닥치는 일까지 생겼습니다. 24시간 사무실에 불이 켜져 있으니까 주민들이 무슨 마약 제조하는 사람들 같다고 신고한 거죠. 당시 실리콘밸리 타블로이드판 지역신문에 '옐로우 인베이더Yellow invader(황색 침입자)'라는 기사가 났을 정도였어요. 물론 모두 무혐의로 풀려나왔지만요.

어떻든 우리들은 앞으로 반도체 시장 상황은 어떻게 될 것인지, 개발은 어떻게 할 것인지, 인력 채용은 어떻게 할 것인지 등등을 논의했죠. 마이크론, 샤프사와 기술 계약도 맺고요. 그러다 현지에서 이사 발령을 받게 됐습니다."

출장 팀은 '1983년 가을부터 한국에 VLSI 양산 공장 건설에 착수하며 미국에는 연구개발센터와 시제품 생산 설비를 갖춘 현지법인을 설립한다'는 계획을 세워 호암에게 보고했고 호암은 이를 즉각 승인했다.

이 전 부회장은 미국 현지에서 기흥 반도체 공장 건설 총책임자로 귀국하라는 지시를 받는다.

세계 최대 첨단 반도체 공장
기흥밸리의 탄생

미국 실리콘밸리에 삼성반도체연구소가 만들어진 때는 호암이 반도체 사업을 하겠다고 선언한 지 6개월여 만인 1983년 8월이다.

이건희 회장과 서울사대부중, 서울사대부고 동창이며 삼성전자 초창기부터 오랜 기간 법률 고문을 맡았던 인형무 변호사는 이때 한국과 미국을 오가며 미국 삼성반도체연구소 설립에 관한 실무적인 일을 맡았던 사람이다.

그와의 인터뷰는 필자의 책《경제사상가 이건희》편에서 학창 시절 이 회장에 대한 추억을 통해 소개된 적이 있는데 당시 상황을 듣기 위해 그를 다시 만났다.

인 변호사는 "이건희 회장과는 이 회장이 고등학교 졸업 후 바로 와세다대로 유학을 가서 볼 기회가 없었는데 각자 대학을 마치고 사회생활을 시작하면서 우연히 서울에서 다시 만나게 됐다"고 했다.

—어떻게요?

"제가 서울대 법대를 졸업하고 서울민형사 지방법원에서 시보를 하고 있었 는데 사무실이 서소문에 있었어요. 바로 길 건너가 중앙일보였고요. 이 회 장은 중앙일보가 창간되면서 입사를 했는데 한 1년 정도 지났을 때였을 거 예요. 그때는 현재 태평로 삼성 본사가 있을 때가 아니어서 중앙일보 건물 에 호암과 장인 홍진기 회장이 일하고 계셨고 호암 옆방에 이 회장이 있을 때였지요. 저와 사무실이 가깝다 보니, 길만 건너면 되니까, 자주 점심을 먹 었어요. 이 회장이 제게 호암과 홍 회장도 인사시켜주었고요. 저는 시보 후 입대해 군 법무관을 마치고 삼성에서 본격적인 법률 고문을 맡게 됩니다. 1970년대 중반입니다."

회사 운영에도 사재를 턴 이 회장

인형무 변호사는 삼성이 한국반도체를 인수해 반도체 사업을 본격적으 로 시작하면서 이건희 회장을 적극적으로 돕게 된다고 한다.

"새로운 사업을 시작할 때 가장 중요한 게 사람과 돈 아니겠습니까. 막막했 죠. 그때는 삼성전자도 어려웠던 때였습니다. 텔레비전 개발을 금성(현 LG) 이 먼저 시작했잖아요. 금성 TV는 잘 팔렸는데 삼성 건 잘 안 팔렸어요. 어떤 땐 금성의 5분의 1 수준이었던 적도 있었어요.

그런 상황에서 호암은 반도체를 시작한 거였죠. 여기에는 이건희 회장의 추진력과 아이디어가 결정적이었습니다. 당시에는 텔레비전 기술도 부족하긴 하지만 설사 TV에서 1등을 한다고 해도 그것만 갖고는 전망이 없다며 반도체를 해야 된다고 아버지를 계속 설득했으니까요.

'한국반도체'가 대한민국 최초 반도체 회사이긴 했지만 사실상 이름만 있는 회사나 다름없었어요. 열이면 열, 반도체가 뭔지도 모르던 사람들이 대다수이던 시절에 거의 껍데기나 다름없는 회사를 인수한다고 하니 사람들이 다 의아해했죠."

인 변호사는 한국반도체 운영은 물론 미국 반도체연구소에도 이건희 회장이 사재를 털었다고 했다.

"이 회장이 개인 돈을 털어서 한국반도체를 인수한 것은 다 알려진 사실이지요. 그로부터 호암이 VLSI 사업을 하겠다고 도쿄 선언을 하기까지 거의 10년이 흐르지 않습니까. 그 기간 동안 한국반도체는 물론 미국에 반도체연구소를 세우고 운영하는 과정에서 이 회장의 사재가 많이 들어간 걸로 알고 있습니다.

반도체를 만들어서 파는 때도 아니었으니 그야말로 돈 먹는 하마였죠. 호암도 대단하셨던 건 계속 지원을 해줬다는 겁니다. 아들이 한다고 무조건 밀어주신 게 아니라 사업가적 촉이 대단하셨던 분이었으니까 당신 판단에도 투자 가치가 있다고 본 거죠."

— 미국 연구소는 어떻게 만들어진 건가요.

"막상 VLSI 사업을 시작한다고는 했지만 일본이 기술을 가르쳐줄 리 만무하고 또 당시만 해도 일본도 초창기여서 소니조차 제대로 된 기술이 없었어요. 유일하게 미국 실리콘밸리에 첨단기술 개발자들이 있으니까 거기를 통하지 않으면 안 된다, 이런 결론을 얻은 거죠.

제가 미국을 오가며 각종 법률 관련 일을 맡았습니다. 처음 1년 동안은 삼성전자 지사를 거점으로 특허권(공업소유권) 사는 일부터 했습니다. 미국에 연구소를 열기 전부터 시작해서 3년 동안 수시로 오가며 랩(연구소) 운영도 하고 현지 박사들을 채용하고 특허권을 사고 그랬습니다.

미국 반도체업체들을 돌아다니며 특허권을 사겠다고 하니 '한국이란 나라가 어디에 있는 나라냐'는 말을 숱하게 들었습니다. 돈 없고 가난한 나라 국민이 당하는 모욕과 설움이란 게 어떤 것인지 겪어보지 않은 사람들은 잘 모를 겁니다.

돈도 돈이지만 사람 끌어모으는 것도 쉬운 일이 아니었습니다. 박사급을 한 100명은 끌어모아야 하는데, 듣도 보도 못한 나라에서 듣도 보도 못한 기업이 반도체연구소를 한다는데 누가 오겠습니까.

이때 우리가 주목한 사람들이 중국 태생 미국인들이었어요. 이 사람들은 한국이란 나라를 잘 알고 있어서 우선 대화의 물꼬가 트였습니다. 또 당시 실리콘밸리 개발자 대부분이 중국 청년들이 많았어요. 엄밀히 따지면 중국인 후예였지요.

중국인들의 미국 이민 역사는 청나라 말기부터 거슬러 올라가는데 청나라가 망하면서 대거 미국으로 이민을 간 사람들이 캘리포니아에 터전을 잡았고 3, 4대 후예들이 성공해서 스탠퍼드대에서 공부도 하고 실리콘밸리에서 개발자도 되고 한 거죠. 지금 파운드리업계 세계 최고인 대만 TSMC Taiwan Semiconductor Manufacturing Company 창업자 모리스 창도 1949년에 미국으로 이민 간 중국 이민자 아닙니까.

이 사람들은 당시만 해도 공산주의 국가였던 '중공'으로 돌아갈 수도 없고 그렇다고 대만으로 가자니 일자리도 없어서 그대로 미국에 눌러앉은 사람들이 대부분이었습니다.

중국 사람들 머리가 좋잖아요. 이런 사람들을 삼성이 데려온 거죠. 초창기 박사들 3분의 1이 중국 사람들이었는데 제가 한 50~60명을 리크루팅하게 됩니다. 이 사람들이 얼마 후 256K D램을 만든 주역들이 됩니다."

— 이건희 회장께서 그때부터 '앞으로는 기술의 시대다'라는 말을 자주 한 걸로 알고 있습니다. 변호사님에게 반도체에 대한 말씀을 하셨던 게 있나요.

"호암, 홍진기 회장, 이건희 회장 그리고 저, 네 사람이 앉아 전자 사업의 미래에 대한 이야기를 많이 나눴었습니다. 그때 이 회장이 반도체 이야기를 많이 하셨죠. 한마디로 호암 때부터 반도체 회의가 열렸던 거죠. 아이디어는 이건희 회장이 많이 냈는데 호암은 매우 경청했습니다. 선대 회장은 워낙 사업적으로는 천재적인 감각을 갖고 계신 분 아닙니까. 앞으로 어떤 사업이 유망하고 발전적이라는 걸 느끼신 거죠."

— 선대 회장과 이건희 회장의 스타일을 비교해주실 수 있을까요.

"호암은 이 회장하고는 한 삼십몇 년 차이가 나죠? 이미 시대가 소프트웨어 시대로 건너가던 때였습니다. 호암은 물산, 제당, 모직 이런 하드웨어적인 사업을 하셨지만 이 회장은 본질이 하드웨어적인 것보다도 소프트웨어적인 게 많다고 봅니다."

— 학창 시절 이 회장은 어떤 분이셨습니까.

"제가 이 회장을 꽤 안다고 자부하는데 학생 때도 창의적인 아이디어가 굉장히 많았습니다. 워낙 머리가 좋았어요. 머리가 좋으니까 새로운 걸 찾아내고 발견하고 창출하고 그런 기질이 강했던 것 같아요. 하다못해 장난감을 갖고 놀더라도 그게 어떻게 해서 만들어졌는지를 탐구했으니까요. 성품도 부드럽고. 뭐든지 무리하는 분이 아니었습니다. 호암도 그러셨지만 집념이 무지하게 강했습니다. '뭘 해야 되겠다' 하면 하고 마는 분이었습니다. 자기가 옳다고 믿는 생각이 있으면 밀고 나가더라고요.

이 회장은 철학자, 공학자, 문화인류학자였습니다. 공학자는 앞서 말했듯이 워낙 기계에 대한 관심이 많았다는 거고요. 철학자라고 하는 건 인간과 삶의 원천적인 거, 본질적인 거에 관심이 많았다는 점에서 그렇습니다. 인간이 왜 다른가, 도덕이란 뭔가, 가치란 뭔가, 이런 문제들에도 연구를 많이 했어요. 사회과학적 관심뿐 아니라 자연과학적 관심도 많았죠. 문화인류학자라고 한 건 이분의 취미적 성향이라고 할 수 있는데 삼성미술문화재단 있죠? 거기에 상당히 공을 들였습니다. 역사에 대해서도 고대문화까지 달통하고 상당히 흥미를 갖고 있었습니다. 이건희 회장은 저의 친구이기 전에 제게는 선배이고 모든 면에서 비교할 수 없을 만큼 훌륭한 사람입니다."

한편, 미국 삼성반도체연구소가 만들어진 초창기 시절 이곳에서 일했던 임형규 전 사장은 미국 연구소의 의미를 이렇게 평가했다.

"삼성전자 해외 연수생 1호로 미국 플로리다로 유학을 가 3년 만에 박사 학위를 따고 한국으로 돌아가려고 했더니 실리콘밸리 서니베일 삼성 메모리 연구소SSI, Samsung Semiconductor Inc로 가라는 지시를 받았습니다. 1984년 8월이었습니다.

당시는 인텔, 텍사스 인스트루먼트(TI) 같은 미국의 주요 반도체 기업들이 일본과의 메모리 개발 경쟁이 너무 치열해 아예 사업을 포기하거나 PC의 CPU(중앙처리장치) 개발 같은 새로운 분야로 옮기는 때여서 유능한 메모리 기술자들이 일자리를 찾고 있었습니다. 삼성으로서는 절호의 기회였죠.

미국에 연구소를 세운 건 큰 의미가 있었습니다. 여기서 개발한 것들이 큰 성공을 거두지는 못했어도 최첨단 반도체 회사가 밀집한 곳에서 실시간 유통되는 최신 기술 정보와 시장 상황을 현장에서 바로 습득하는 창구 역할을 했으니까요.

인재를 키우는 산실이기도 했습니다. 매년 삼성에 갓 입사한 엔지니어 30여 명씩을 뽑아 현지 연수를 시켰는데 이 '반도체 꿈나무'들이 훗날 기술 자립에 크게 기여하게 됩니다.

저는 1985년 11월 귀국했는데 다들 '서울 가지 말라'고 만류한 기억이 납니다. 삼성이 '반도체 때문에 앞이 안 보이는 터널에 갇혔다'는 비관론이 팽배할 정도로 적자의 늪에 빠져 있었고 휴일은커녕 주말도 없이 매일 밤늦게까지 일하는 상황이어서 근무 여건도 형편없었거든요. 하지만 저는 서울행 비행기를 탔습니다. 삼성이 반드시 해낼 것 같다는 확신이 있었거든요."

'기흥밸리' 탄생의 비화

이제 본격적으로 '기흥밸리' 탄생 이야기를 시작해보자.

제조업에서는 사람도 사람이지만 공장을 어디에 지을지가 매우 중요하다. 공업용수로 쓸 물도 풍부해야 하고 자재 수입과 제품 수출이 우선 편한 곳에 있어야 한다.

그런데 반도체 공장은 여타 제조업과는 유일하게 달라야 하는 점이 있으니 바로 먼지가 없는 청정지역이어야 한다는 것이다. 앞서도 언급했지만 반도체 생산은 미세 먼지가 한 톨만 떠다녀도 바로 불량이 나와버린다. 사정이 이렇다 보니 공장 주변에 흙먼지가 많다거나 이미 다른 업종의 공장이 돌아가고 있으면 힘들다.

호암이 또 중요하게 고려한 항목은 서울과 가까워야 한다는 것이었다. 그래야 인재들을 확보하는 게 가능할 것이었다.

유귀훈 씨가 쓴 책《호암의 마지막 꿈》에는 당시 기흥 부지 선정 작업과 관련한 호암의 고민과 결정 과정이 소개돼 있다. 책에 따르면 공장 부지 선정 작업은 '도쿄 선언'이 나오기 7개월여 전인 1982년 7월부터 시작됐다고 한다. 책의 내용을 인용한다.

호암이 비서실 노희식 과장을 불러 서울에서 1시간 거리에 있는, 공기가 맑고 물이 많고 고속도로에서 진입하기 쉬운, 평당 1만 원 정도인 땅 5만 평을 알아보라고 한 것이 1982년 7월이다. 그 무렵 '수도권 인구 분산 정책'에 의해 화성군 반월면, 수원, 용인군 수지면, 광주군 광주면 이북은 개발이 제한

반도체 공장 부지 선정은 1982년 7월부터 시작됐다. 호암과 이건희 회장(왼쪽에서 세 번째)이 82년 말 기흥 부지를 둘러보는 모습.

기흥 반도체 공장 공사 현장을 찾아 독려하는 호암.

되고 있었다.

부동산 팀이 처음 찾아낸 곳은 용인 자연농원 동쪽의 용인군 포곡면 삼계리 지역과 북쪽의 용인군 용인읍 삼가리 지역이었다. 두 곳 모두 자연농원의 물과 관리 시설을 그대로 활용할 수 있어서 좋다고 생각했다. 그러나 11월 초 아침에 두 곳을 둘러본 호암은 삼계리 지역은 산이 너무 높고 삼가리 지역은 너무 외지다고 지적했다.

그날 점심 때 매주 수요일 안양컨트리클럽에서 모이는 '수요회'에 참석한 호암이 이것저것 걸리는 게 많아 공장도 하나 못 짓겠다고 말하자 며칠 후 박태원 동방생명 고문에게서 삼성전자 수원 공장과 신갈 저수지 사이에 적당한 땅이 있다는 연락이 왔다.

12월 초 호암, 이건희 부회장, 이임성 박사가 탄 헬기가 기흥 부지 위를 한 바퀴 돌았다. 해발 100m 정도의 야산에는 눈이 꽤 많이 쌓여 있었다. 삼성전자 수원 공장에 내려 지프를 갈아타고 기흥 부지 인근에 도착한 호암은 천천히 걸어서 산중턱까지 올라갔다. 경부고속도로에서 빠져나와 10분 안에 도착할 수 있어 위치는 나무랄 데 없었지만 산에 잡목과 잡초가 무성하고 가팔라 흔히 말하는 '못 쓰게 생긴' 땅이었다. 그러나 경부고속도로가 내려다보이는 곳에 서서 주위를 둘러본 호암은 조용히 말했다. "되겠다."

땅이 결정됐지만 해결해야 할 문제들이 하나둘이 아니었다. 우선 호암이 지목한 땅은 용도상 공장을 지을 수 없는 곳이었다. 불가능을 가능으로 바꾸는 삼성맨들의 사투는 이때부터 시작됐다. 다시 유귀훈 씨 책을 인용한다.

기흥읍 농서리 인근은 산림 보존 지역이거나 경지 지역 혹은 상수도 보호 지역이 대부분이었다. 그런 곳에 공장을 지으려면 반드시 땅의 용도를 변경해야 하는데 이를 위해서는 먼저 도시관리계획이 변경돼야 했다. 일의 순서는 용인군과 경기도에서 검토하여 건설부에 올리면 건설부가 농수산부, 산림청, 환경청 등 관련 부처의 의견을 묻고 그 의견을 종합하여 최종적으로 변경 여부를 결정하게 돼 있었다.

상공부의 지원과 더불어 삼성도 용인군, 경기도청, 건설부, 농수산부, 환경청 등 신청서가 머물고 있는 부처를 직접 쫓아다니며 반도체 산업의 필요성과 국가 경제에 미치는 영향 등을 설명했다.

그러나 국토이용관리법에 흠집을 내고 싶지 않았던 건설부와 매입한 야산 중에 개간 농지가 일부 포함돼 있다는 사실을 알게 된 농수산부는 완강했다. 상공부와 건설부, 농수산부 사이에 험한 말까지 오고 갔다. "도대체 반도체가 뭐냐, 안 그래도 쌀이 부족한데 사람이 쌀을 씹어 먹고 살지, 반도체를 씹어 먹고 사느냐, 게다가 개간한 농지까지 다시 뒤집어가면서까지 반도체인지 뭔지를 한다는 거냐"고 한 이가 당시 농수산부 담당 과장이었고 "그래, 반도체가 바로 산업의 쌀이다. 우리는 할 수만 있다면 남산 위에도 반도체공장을 짓게 하겠다"고 맞받아친 게 상공부 국장이었다.

어쨌든 이런저런 과정을 거쳐 마침내 관련 부처장들이 합의하고 주무 부서인 건설부 차관까지 결재를 마쳤다.

최종 결재자인 건설부 장관은 사인하기 직전에 기흥 농서리를 포함한 인근 지역이 원래 신정부가 신도시 건설 예정 부지로 찍어둔 땅이라는 사실을 알고는 아무래도 청와대의 재가를 먼저 받는 게 좋을 것 같다며 결재를 미뤘다. 상공부와 함께 반도체 산업을 지원하던 청와대 경제팀의 도움으로 1983년 6월 말 대통령의 결재가 이뤄지자, 드디어 7월 5일 용도변경 허가가 났다.

기흥 부지 매입과 용도변경을 담당한 임직원들은 결코 두 번은 할 수 없는 일이었다고, 전쟁도 그런 전쟁이 없었다고 말했다. '만약 끝내 용도변경 허가가 나지 않았다면….' 그런 생각을 할 때마다 온몸에 소름이 돋는다고도 말했다.

1983년 9월 12일 기흥 공장 기공식에서 호암(왼쪽에서 세 번째)이 첫 삽을 뜨고 있다.

천신만고 끝에 용도변경이 이뤄졌지만 그것은 또 다른 시작에 불과했다. 공장을 6개월 안에 만들라는 호암의 명령이 떨어졌기 때문이었다.

대한민국 최초 클린룸 짓기

이윤우 전 부회장은 앞에서 말했듯이, 미국 체류 중 호암으로부터 '기흥공장 건설을 총괄하라'는 명을 받고 급히 귀국한다. 그의 말이다.

"공장을 6개월 만에 완성하라는 건 거의 불가능한 일이었습니다. 외국에서는 아무리 빨라도 2년, 최소한 1년 반이 걸리는 공사입니다. 이걸 6개월 안

위에서 내려다 본 기흥공장 모습.

에 어떻게 끝냅니까. 집에도 못 가고 텐트를 치고 자면서 공사를 시작했습니다. 매일 밤 11시에 회의를 하면서 그날그날 문제점을 점검하고 내일 할 일을 계획했습니다.

가장 큰 문제가 콘크리트 양생이었습니다. 마를 때까지 기다려야 하는데 기다릴 수가 없으니 히터를 켜고 불을 때면서 말렸어요.

두 번째 난관은 클린룸이었습니다. 공장에 먼지 한 톨이라도 들어가면 안 되는데 여기저기가 공사판이니 흙이나 먼지가 오죽 많았겠습니까. 룸 내부 청소를 다 하고 나서야 팬을 돌렸는데 그러다 보니 기술자들이 모두 대걸레를 들고 청소하는 게 주된 일이었습니다.

가로세로 1피트를 큐빅 피트라고 하는데 보통 그 안에 0.1마이크론 이상짜리 먼지가 100만 개가 들어 있습니다. 이걸 제로로 만든다는 게 어떻게 가능하겠어요. 먼지 붙은 채로 들어가면 절대 안 되고 남자 직원들의 담배도 그렇지만 여직원들의 화장도 안 됩니다.

지금은 클린룸이 식품 회사나 제약 회사 같은 첨단 공장에 많이 설치돼 있지만 그때만 해도 그걸 만들어본 사람이나 설치해본 적이 있는 회사가 없었습니다. 구경해본 사람도 없었으니까요.

결국 선대 회장은 일본의 스미즈라는 건설 회사에 설계와 건설을 맡겼습니다. 아무리 일본 사람들에게 맡겼다고 해도 실제로 현장에서 가동될 수 있도록 하는 건 또 우리 몫 아니었겠습니까. 급한 건 우리지 그 사람들이 아니다 보니 한국의 '빨리빨리' 문화를 잘 이해하지 못하는 사람들을 붙잡고 동기 부여를 해가면서 정해진 시간 내에 공기를 맞추는 일은 참으로 힘든 일이었습니다."

무모한 목표에는 무모한 정신 무장이 필요

당시 공장장을 맡았던 이가 성평건 씨다. 한국비료와 삼성석유화학 공장을 지으면서 호암의 각별한 신임을 받았던 그는 기흥 공장 건설 뒷이야기를 담아 펴낸 책《관점을 바꿀 때 미래가 보인다》에서 이렇게 회고하고 있다.

통상 대규모 공사에는 숙소와 식당을 먼저 짓고 본 공사를 하는 것이 상례였다. 그러나 공장을 6개월 안에 완성하라는 절체절명의 과제를 달성하기 위해 창고를 사무실로, 가설 막사를 기숙사로 썼다. 하지만 임직원은 물론 건설 관계 요원, 여사원들 모두 이런 열악한 환경에 대해 불평 한마디가 없었다.

6개월이라는 짧은 공기工期 때문에 설계와 시공이 동시에 진행되는지라 설계가 수정되면 시공도 바뀌어야 하는 위험부담이 늘 상존했다. 매일매일을 조마조마하는 마음으로 기도하며 보내야 했다. 24시간 진행되는 공사를 날마다 감독하고 임직원들을 독려하며 일정을 계획대로 추진해야 하는 관리자들의 노고는 이루 말할 수 없는 것이었다.

창고 사무실에서 연탄불을 지피며 새벽 두세 시까지 일하기 일쑤였고 어떤 때는 일이 너무 많아서 불과 200여 m 떨어진 기숙사조차 가지 못해 일하던 자리에서 바로 야전침대를 펴고 새우잠을 자는 날도 많았다. 밤을 새우는 날도 부지기수였다. 방도 모자라 한 방에 7, 8명이 함께 잤다. 빨래는 일주일에 한 번 집에 들를 때 바꿔 갖고 나왔다. 간간이 열리는 소주 파티가 심신

반도체 사업 첫 작품으로 64K D램 개발에 나선 엔지니어들이 해낼 수 있다는 자신감을 갖기 위해 64km 행군을 시작하는 모습.

의 피로를 달래는 유일한 취미이자 환기구였다.

성평건 씨 글을 읽다 보면 24시간 오로지 일에만 몰두하며 산, 그 옛날 산업화 시대를 일군 아버지들의 초상이 겹친다. 또 대한민국 반도체 신화가 거저 만들어진 게 아니라는 생각에 숙연함마저 든다. 다시 그의 글 일부를 인용한다.

세계 유례없는 짧은 공사 기간. 그러나 실현시켜야 한다는 절체절명의 과제 앞에서 중요하게 생각한 것은 정신적 공감대였다. 왜 우리는 반도체 사업을 하며 그것도 6개월 내에 진입해야 하는가를 모든 공사 참여자들에게 인식시켜야 했다.

'무모한 목표에 걸맞게 무모한 정신 무장으로 노력해줄 것'을 부탁하는 내용의 벽보를 제작해 사무실, 식당, 임시 막사에 붙여놓고 외우도록 했다. 협력업체, 납품업체에도 일일이 편지를 보냈다. 삼성에서의 경험이 성공하면 국내 사업 기반 확충에 크게 도움이 될 것이라면서 말이다.

책에는 불가능을 가능으로 만든 대한민국 '빨리빨리' 정신이 빛을 발한 상징적 에피소드도 소개돼 있다.

반도체 공정 중 가장 핵심적인 게 웨이퍼 위에 사진을 찍는 방식으로 회로를 현상하는 사진 공정이다. 여기에 쓰는 사진기를 미국에서 수입해야 하는데 정밀 광학기계여서 진동에 매우 약했다. 공항에 내려지는 순간부터 생산 라인으로 들어올 때까지 유리그릇을 다루듯 조심스럽게 옮기지 않으면 안 됐다.

고민 끝에 김포공항에서 기흥 공장까지 운반 리허설을 했다. 트럭에 기계와 똑같은 무게의 짐을 싣고 차량 속도를 조절하면서 진동을 측정한 결과, 시속 40km 이상으로 달리면 안 된다는 결론을 얻고 실제로 운송할 때는 지휘 감독자를 정하고 시속 30km 이하로 운반하기로 결정했다.

드디어 기계를 들여오는 날이 됐다. 김포공항에서부터 경부고속도로를 타고 기흥 톨게이트까지 엉금엉금 기다시피 해서 마침내 진입하는 데까지는 성공했다. 마지막 고비는 톨게이트에서 공장 부지까지 이르는 4km 구간이었다. 비포장도로였던 데다가 트럭 한 대가 겨우 지나갈 정도의 비좁은 길이었다. 이 마지막 4km 구간에서 실패하면 도로 아미타불이 되는 것이었다. 다시 성평건 씨 회고다.

그런데 정말 믿을 수 없는 일이 일어났다. 오전 일찍 공항으로 나설 때까지만 해도 분명히 비포장이었던 도로가 싹 포장이 된 것 아닌가. 게다가 2차선으로 확장까지 돼 있었다. 오후 다섯 시경이었다. 내 눈앞에 벌어진 광경을 눈으로 직접 보면서도 믿어지지가 않았다. 나중에 들은 이야기인데 기계의 무사 운반을 위해 전 직원들이 동원돼 불과 몇 시간 만에 도로포장을 마쳐 놓았다는 것이었다.

다른 나라에서는 엄두도 못 낼 일

삼성전자 반도체 성공 신화를 담은《외발자전거는 넘어지지 않는다》(한상복 저)에는 물과 전기를 끌어오는 과정의 어려움도 소개돼 있다.

용수는 근처에 신갈 저수지가 있어서 쉽게 해결될 것으로 생각했지만 공급량을 계산해보니 형편없이 부족했다. 지하수를 다섯 군데나 팠지만 물이 모자라 부득이 삼성전자 수원 공장 물을 파이프로 끌어들여 썼더니 이번에는 삼성전자가 물 부족을 겪게 됐다. 결국 용인군을 설득해 광역 상수도로부터 직접 물을 끌어옴으로써 해결했다.

양질의 전기를 확보하는 것도 큰일이었다. 반도체 공장은 단 한순간의 정전도 용납되지 않는다. 통풍이 멎기 때문에 먼지가 발생하고 화학물질 농도가 자동으로 조절되지 않아서 불량이 나오기 때문이다. 정전 한 번에 발생하는 손실은 12억~13억 원에 달한다.

전압도 일정해야 했다. 결국 철탑을 세워 단독 선로를 끌어들임으로써 문제를 해결했다. 영하 15℃라는 혹심한 추위도 아랑곳하지 않고 담당 임원부터 시공업체 기능공들까지 전 임직원이 일심동체가 돼 스물네 시간 비상체제로 공사를 강행한 덕분에 드디어 공장은 6개월 만에 완성된다.

불도저와 덤프트럭 등 총 장비 2,000여 대가 동원됐고 26만 명이 공휴일은 물론 신정, 구정도 쉬지 않고 밀어붙인 대역사大役事였다. 이로써 국내 반도체 산업의 메카 '기흥밸리'가 태어나게 됐다.

1983년 9월 12일 착공한 기흥 제1공장 건설공사는 마침내 꼭 6개월 18일 만인 1984년 3월 말일에 완공된다. 호암은 당시 흥분을 이렇게 전하고 있다.

선진국의 관례로는 18개월 이상이 걸린다고 하는 걸 3분의 1로 단축시켰다. 건설 공정과 시試운전 현장을 지켜본 미국의 인텔, IBM, 일본의 유수 메이커 관계자나 전문가도 경탄을 감추지 못했다. 불철주야 작업 스케줄에 한

치의 어긋남이 없이 열성을 다했던 작업 인원은 연 20만 명에 이르렀다. 하루도 빠지지 않은 공휴일 출근은 다른 나라에서는 유례가 없는 일이다. 한국은 이것 하나만으로도 장래에 큰 희망을 가질 수 있다는 자신을 얻었다.

_《호암자전》

6개월 만에 세계 세 번째
64K D램을 만들다

1983년 12월 1일 삼성이 64K D램 개발에 성공했다고 발표하자 국내외가 발칵 뒤집혔다. 호암이 '도쿄 선언'을 통해 VLSI 개발에 착수하겠다고 선언한 지 8개월 만이었다.

64K는 새끼손가락 손톱(2.5×5.7㎜)만 한 크기의 칩에 머리카락 50분의 1 정도 되는 미세한 선을 800만 개 정도 판 뒤 트랜지스터(6만 4,000개) 등 약 15만 개 소자를 박아 넣는 것이다.

일본의 비아냥과 방해를 뚫고 이룬 쾌거

삼성의 성공으로 대한민국은 미국과 일본에 이어 세계에서 세 번째 VLSI 생산국이 됐다. 미국과 일본이 20여 년간 거쳤던 개발 과정(4K, 16K, 32K)을 세 단계나 뛰어넘은 쾌거였다. 당시만 해도 64K를 양산하던 회사는 미국에서는 모토로라를 비롯한 4개사, 일본에서는 히타치를 포함한 6개사에 불과했다.

64K 개발은 대한민국 산업사史에 큰 획을 그은 사건이다. 단순 조립 가공에만 머물던 기술 후진국에서 고부가가치 산업을 육성할 수 있는 국가로 나아갈 가능성을 보여줬기 때문이다. 64K는 2013년 8월 27일 문화재청 등록문화재 제563호로 기록됐다.

삼성의 성공은 전 세계로 타전됐다. 한국 TV와 라디오도 하루 종일 '톱

64K D램 개발 성공을 알린 삼성반도체통신 광고.

뉴스'로 다뤘다. 다음 날 신문 사설들도 일제히 '기술 한국의 승리'라고 흥분했다. 당시 반도체 사업본부장으로 개발을 총지휘했던 김광호 전 부회장 회고다.

"삼성이 국내는 물론 전 세계에 명실공히 첨단 반도체 기술 회사로 자리매김하기 시작한 첫 번째 사건이었습니다. 대내외적으로 정말 센세이션했지요. 특히 일본이 가장 많이 놀랐습니다. 호암이 '도쿄 선언'을 했을 때 '시계 칩이나 만들던 회사가 VLSI를 개발하겠다는 것은 기어 다니지도 못하는 아기가 걷겠다고 하는 것이나 마찬가지'라면서 비아냥댔었거든요.

막상 성공해놓고도 대외적으로 공식 발표하는 게 옳은지 고민이 많았습니다. 일본을 자극시킬 필요가 있겠느냐는 거였죠. 삼성이 전자에서 신제품을 낼 때마다 일본 기업들이 바로 덤핑에 들어가 고사시키려 했던 적이 한두 번이 아니었으니까요. 하지만 일본을 의식하지 말고 우리 국민들에게 제대로 알려야 한다는 의견이 받아들여져 발표를 결정합니다. 지금 같으면 상상할 수 없는 일이지만 그만큼 우리가 일본에 주눅이 들어 있던 시절이 있었습니다.

어떻든 당시 성공으로 삼성은 어엿한 최첨단 반도체 개발 회사가 됐고 전 세계에 '삼성'이라는 브랜드가 널리 알려지면서 갑자기 다른 전자 제품들까지 불타나게 팔렸어요. 사무실에서 공용으로 같이 쓰는 인터폰이라는 걸 만들어놓고 팔지를 못하고 있었는데 64K 발표 나고 일주일 만에 재고를 싹 해결했던 기억이 있습니다."

마이크론의 '갑질'과 기술 없는 자의 설움

삼성은 어떻게 64K 개발에 성공했을까. 여기에는 피눈물이 녹아 있는 감동과 기적의 이야기가 숨어 있다. 다시 김 전 부회장 회고다.

"세계 최초로 64K가 나온 게 1981년이었는데 삼성이 개발에 착수한 것은 그로부터 3년 가까이나 지난 뒤였습니다. 당시로는 최첨단 제품이긴 했지만 D램 사이클이 보통 3~4년이라고 할 때 64K는 양산 면에서는 최첨단 제품이긴 해도 개발 면에서는 끝물이나 마찬가지였습니다. 미국과 일본은 이미 256K 개발에 착수했고 선두 기업 중에는 1M D램 개발을 비밀리에 시작한 곳도 있었으니까요.

원천 기술이 없는 삼성으로서는 다른 나라로부터 기술을 배워서 시작해야 하는데 칩이 공개되기 전에는 모든 걸 비밀에 부치는 반도체업계 특성상 256K는 기술 이전을 전혀 기대할 수 없는 상황이었습니다. 이에 비해 64K는 칩도 구할 수 있었고 설계도도 구할 수 있을 것이니 일단 설계 기술은 미국이나 일본으로부터 배워서 시작하고 제작은 우리 스스로 해보자, 그리고 이것을 밑천으로 256K는 설계부터 양산까지 독자적으로 가보자는 전략을 세웠습니다."

문제는 64K 기술을 가르쳐주겠다는 회사가 없었다는 거였다. 인텔, 텍사스 인스트루먼트, NEC, 도시바 등에 문을 두드렸지만 모두 거절당했다. 일본 기업들은 전통적으로 기술 이전에 인색한 데다 한국 기업에는 기술을 넘겨주고 싶지 않다는 분위기가 역력했다.

미국 기업들은 그렇지 않아도 일본의 추격으로 고전하는 상황이라 새로운 후발 주자를 반기지 않았다. 이건희 당시 부회장이 텍사스 인스투르먼트로부터 '우리는 제품을 팔지 기술을 팔지 않는다'고 문전 박대를 당한 것도 이즈음이다.

그때 미국 마이크론 테크놀로지(이하 마이크론)가 자금난에 빠져 64K 양산에 차질을 빚고 있다는 소식이 들려왔다. 김 전 부회장 말이다.

"이윤우 개발부장이 바로 본사로 날아가 알아보니 사실이었습니다. 여러 차례 협상 끝에 기술 이전을 받기로 했습니다. 생산 라인을 보여주지 않아 수율이나 품질도 확인할 수 없었지만 현지 연수도 시켜주고 나중에는 자기들이 개발 중인 256K 기술도 가르쳐주겠다고 해서 125만 달러에 계약하게 됩니다."

삼성이 마이크론으로부터 설계도 등을 넘겨받은 게 1983년 6월이었다고 한다. 그로부터 두 달여 뒤인 8월, 이종길 박사 등 엔지니어 8명이 부푼 꿈을 안고 마이크론 본사 정문에 도착한다. 하지만 이게 웬일인가. 이른바 '갑질'을 시작하는 것 아닌가. 이번에는 이윤우 전 부회장 말이다.

"도착 첫날, 정문에서 공정 담당 엔지니어 두 명만 들어오고 나머지는 숙소로 돌아가라고 했다는 보고를 받고 얼마나 황당하고 화가 치밀어 올랐는지 모릅니다.

이튿날도 공정 담당 기술자 두 명에 한해서만 연수를 허용하고 설계 엔지니어들은 아예 출입을 시키지 않는 겁니다. 너무 분하고 억울했지만 우리가 을乙인 입장에서 대놓고 뭐라 할 수 없어 지속적으로 끈질기게 항의를 했지요. 결국 설계 엔지니어들의 출입이 허용됐습니다.

마이크론은 우리를 연수생이 아니라 거의 스파이처럼 대했어요. 생산 라인을 돌아볼 때는 반드시 자기네 직원들 에스코트를 받아야 하고 직원들과 일대일 접촉도 안 되며 복사기가 있는 곳과 설계실 근방에는 얼씬도 못 하게 했습니다. 어느 날인가는 우리 연수생 한 사람이 생산 라인에 있던 컴퓨터에 다가가 키보드를 눌렀다며 연수생 전원을 쫓아낸 적도 있습니다.

현장에서 본 것도 들은 것도 일절 기록할 수가 없으니 연수생들은 각자 맡았던 생산 라인 구조와 배관 위치, 공정 흐름 등을 모조리 머릿속에 입력했다가 저녁에 숙소로 돌아와 서로 본 것들을 모아서 밤새 보고서를 작성할 수밖에 없었습니다."

한상복 씨의 책《외발자전거는 넘어지지 않는다》에는 당시 연수를 갔던 연구원의 말이 이렇게 소개돼 있다.

마이크론 본사 정문 앞에 태극기가 걸려 있을 것이라는 말씀에 용기와 희망을 가지고 떠났던 우리의 기대는 처음부터 무너지고 있었다. 태극기는커녕 문전 박대를 당했기 때문이었다. 초기 연수 인원 외에 2차, 3차의 지원조를 파견해 6개월 동안 순차적으로 기술을 도입하려 했던 계획은 아예 불가능한 것이었다. 결국 연수는 한 달 만에 끝내야 했다. 기술 없는 자의 설움을 한탄하면서 바라보던 창밖의 미국 달이 아직도 생생하다.

삼성의 1등주의와 반도체 DNA

반도체 칩은 개발 과정에서 ① 전체 소자 중 일부만 작동하는 동작 칩 ② 모든 소자가 작동하는 완전 동작 칩 ③ 고객을 위한 테스트용 샘플 칩 ④ 판매를 위한 양산 칩으로 나뉜다. 반도체업체들은 '차세대 칩 개발에 성공했다'고 발표할 때 이 네 종류 중 어느 수준인지까지는 밝히지 않는 게 관례였다.

삼성이 64K 개발에 성공했다고 발표했을 때의 칩은 1983년 11월 17일 부천 공장에서 나온 동작 칩(9개)이었다. 일본 업체들이 "우연히 건진 동작 칩 몇 개로 성공했다고 떠벌렸다"며 평가절하한 것도 이 때문이었다. 생산 라인을 부천에서 기흥 1공장으로 옮긴 1984년 5월에도 완전 동작 칩이 나오지 않자 직원들은 초조해지기 시작했다. 다시 김광호 전 부회장 말이다.

"정말 피 말리는 상황이었습니다. 도대체 이유가 뭔지 알 수 없었으니까요. 결국 웨이퍼에 설계 회로를 복사할 때 쓰는 '프로젝션 얼라이너'가 오염됐다는 것을 알아냈습니다. 우선은 우리 자체 기술과 경험이 부족한 게 첫 번째 이유였지만 마이크론에서 배운 설계가 표준이 아닌 게 직접적 원인이었습니다. 마이크론이 정전기 방지 회로를 추가하는 등 기존 제품보다 성능

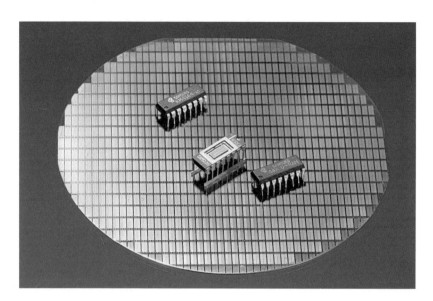

1983년 삼성이 개발한 64K D램 모듈.

64K D램 성공을 자축하는 주역들.

1984년 64K D램 해외 수출에 앞서 고사를 지내는 모습.

을 더 좋게 만든다고 표준을 살짝 바꿨는데 그 때문에 다른 메모리 칩과 호환성에 문제가 생긴 거였죠. 어떻든 이런저런 문제들을 간신히 해결한 뒤 1984년 7월 64K 완전 동작 칩을 얻게 됐습니다."

64K에 이어 다음 도전은 256K였다. 256K는 일본 NEC와 후지쓰, 미국 인텔 3개 회사만 생산하고 있었다. 집적도를 단순 계산하면 64K의 네 배이지만 장비나 기술 개발 난이도는 이를 훨씬 뛰어넘는 수준이었다.

호암의 전략은 기흥 공장 설립 과정에서 보여줬듯 한 단계가 끝나면 다음 단계로 나가는 릴레이식이 아니라, 전 단계를 병렬적으로 놓고 한꺼번에 무리를 지어 달리는 마라톤식이었다. 후발 주자가 선발 주자의 기술을 따라잡으려면 그 방법밖에 없다고 호암은 생각했다.

삼성은 64K 동작 칩을 확보한 1983년 말부터 바로 256K 개발에 착수했다. 이를 총괄한 사람이 이윤우 전 부회장이다.

"반도체라는 건 제너레이션이 있지 않습니까. 64K, 256K, 그다음 1M로 나가는 식으로 말이지요. 이 제너레이션이 늦어지거나 끊어지면 대가 끊기는 겁니다. 그런데 호암은 이런 단계를 밟지 않고 모두 한꺼번에 시작하는 병렬 전략을 썼어요.

또 하나 주목할 것이 미국 삼성연구소와 한국 개발팀 간에 경쟁을 시킨 겁니다. 256K는 미국 팀에서 먼저 개발했지만 동작 칩을 만든 건 국내 팀이 먼저였습니다. 1984년 10월이었습니다. 감정 표현을 잘 안 하시던 선대 회장님이 기흥까지 내려와 개발자들을 일일이 껴안아줄 정도로 감격했던 모습이 눈에 선합니다.

미국 팀도 이듬해(1985년) 7월 성공하는데 국내 팀보다는 늦은 개발이었지만 기억된 정보를 잘못 읽는 비율(오독률誤讀率)과 정전기에 버틸 수 있는 성질 등이 국내 팀 것보다 성능이 높게 나와 생산성과 판매 적응력 면에서 훨씬 뛰어나다는 평가를 받았습니다. 국내 팀은 미국 IBM 등의 기술 지원을 받았지만 미국 팀은 처음부터 끝까지 우리 손으로 성공시킨 제품을 내놓았다는 점에서도 큰 의미가 있었습니다."

호암이 말하는 여덟 가지 성공 이유

호암은 《호암자전》에서 64K와 256K 개발 당시의 감격을 이렇게 말하고 있다.

국내에서는 최초로, 국제적으로는 미국, 일본에 이어 3번째의 반도체 생산국 공장으로서 완성된 64K D램의 제1라인은 완성 4개월 만에 미국, 일본에서도 대성공이라고 하는 51%의 제품 합격률을 달성했다. 반년 만인 9월에는 수율이 일본 일류 메이커에 견줄 만한 75% 수준을 훨씬 넘어서게 됐다. 미국 컴퓨터 메이커(IBM을 말한다)의 엄격한 검사에도 무난히 합격, 9월에는 처녀 수출도 이룩했다.

기흥 1라인 준공식 석 달 후인 1984년 8월에는 256K D램을 주 제품으로 하는 기흥 제2라인 설립에 들어가 1985년 3월 말 준공했다. 약 1,900억 원의 자금이 투입됐다.

2라인 완성에 앞서 1984년 10월 256K D램 독자 개발에도 성공했다. 미국, 일본 전문가나 메이커들은 모두 기적이라고 경탄했다. 이들은 자신들이 64K D램이나 256K D램 개발에 성공했을 때 큰 잔치를 벌였다고 했다. 그런데 우리 정부는 해외에 자극을 줄 염려가 있다며 일체 비밀에 부칠 것을 당부해왔다. (중략)

부천 공장의 고문직을 맡아온 일본인 박사가 일시 귀국해 일본 동료 전문가들과 삼성이 VLSI 개발에 성공할 수 있었던 비결을 놓고 논의가 있었다고 한다. 종래 일본인들은 일본 반도체 산업의 성공을 일본인 특유의 문화적 특성 때문이라고 해왔는데 한국이 성공을 한 것은 무엇 때문일까 하는 것이 주 논의 대상이었다.

그 박사는 내게 "한국에는 어른을 존중하고 그 명령에 순종하는 가부장적 제도가 아직 현존하고 있어, 융화와 통솔이 잘되고 일치단결하여 놀랄 만한 성과를 거둘 수 있었다"고 결론지었다고 전해줬다.

이어 호암은 '삼성이 성공한 이유는 무엇일까'라고 자문자답한다. 호암이 꼽은 비결은 다음과 같다. 자신의 혜안과 추진력에 대한 자화자찬이 아니라 국내외적 상황에서부터 임직원들, 정부에 대한 고마움까지 조목조목 지적한 분석이라 할 만하다.

64K D램 개발 성공을 축하하는 호암.

첫째, 경제적 타산이나 위험을 초월하여 국가적 견지에서 첨단기술에 도전한 확고한 기업 정신이 있었다.

둘째, 부천 공장에서의 집적회로 생산 10여 년간의 경험과 인력의 축적이 있었다.

셋째, 세계 경제가 호황으로 전환하여 반도체 산업에 활기가 되살아났다.

넷째, 최신·최고이면서 최염가의 시설을 설치할 수 있었다.

다섯째, 재미 한국인 박사들의 사심 없는 조국애에서 비롯된 적극적인 참여로 고도의 두뇌 집단과 기술 인력을 확보할 수 있었다.

여섯째, 여자 종업원에 이르기까지 양질의 근면한 노동력 확보 및 훈련이 가능했다.

일곱째, 어려운 입지 조건에 적합한 부지를 얻을 수 있었다.

여덟째, 긴축정책 속에서도 각 금융기관의 각별한 이해와 협력을 얻어 소요 자금을 순조롭게 조달할 수 있었다.

삼성은 64K, 256K 개발 성공의 여세를 몰아 1986년 7월 13일에는 마침내 1M 개발에까지 성공한다. 개발에 착수(1985년 9월)한 지 10개월 만의 일이다. 1M는 꿈의 반도체 '킬로비트에서 메가비트 단위로 넘어가는 분수령'이 되는 슈퍼 칩이었다.

삼성은 축제 분위기에 들떴다. 이제 물건을 잘 만들어 잘 팔기만 하면 됐다. 하지만 바깥세상에는 이전까지 아무도 예측하지 못했던 거대한 회오리가 불어닥치고 있었다. 그리고 삼성은 토네이도의 눈 한가운데로 서서히 빠져들고 있었다.

D램 대폭락 사태에도
공장 지었던 호암

삼성이 야심 차게 64K D램 양산을 시작한 1984년은 불행히도 D램 시장이 대폭락기로 접어든 초입이었다. 그해 말부터 세계 반도체업계에는 최악의 D램 대폭락 사태라는 쓰나미가 덮친다.

연초만 해도 개당 3달러였던 64K가 75센트까지 추락했고 31달러씩 하던 256K도 3달러까지 폭락했다. 반토막도 아닌 10분의 1 토막이 나자 업계 사람들은 하얗게 질리기 시작했다.

이는 급속한 성장이 낳은 공급과잉의 후과였다. 여기에는 일본의 초고속 성장이 한몫을 했다.

메모리 반도체는 인텔이 1971년 1K D램을 처음 개발해 시판한 것을 시작으로 미국이 종주국이었다. 그런데 일본이 발 빠르게 국가 프로젝트로 키워 역량을 총동원하면서 맹추격했다.

미국이 4K, 16K, 64K를 차례차례 내놓으면서 선두 자리를 지키고 있을 때 일본은 256K를 세계 최초로 개발해 양산에 들어가 세계를 놀라게 했다. 미국과 일본은 본격적으로 총성 없는 반도체 전쟁에 돌입했다. 설비투자 경쟁이 이뤄지면서 64K, 256K 공급과잉이 시작되자 일본은 덤핑 공세를 펴기 시작했다. 이른바 미·일 치킨 게임이 시작된 것이다.

덤핑 경쟁의 피해자는 미국 업체들이었다. 일본 업체들은 이미 개발비를 회수한 뒤라 손해 볼 게 없었다. 하지만 미국 업체들은 폭락 장세를 견디지 못하고 나가떨어지기 시작했다.

페어차일드를 필두로 RCA, 시그네틱스가 무너졌고 GE, 인텔, 웨스팅하우스도 D램 사업에서 발을 뺐다. 그 바람에 1986년 반도체 전체 생산량과 매출액에서 일본은 처음으로 미국을 추월한다.

'피라미 신세' 삼성의 위기

미·일 고래 싸움에서 새우는커녕 피라미 신세에 불과했던 삼성의 상황은 어땠겠는가. 재고가 창고를 넘어 복도까지 쌓였지만 방법이 없었다. 1985년 미국과 유럽에서 팔린 삼성의 64K는 대부분 원가 이하로 납품됐다.

야심 차게 반도체 생산국으로 자리매김하자마자 불어닥친 거대한 쓰나미 속에서 삼성 직원들에게는 하루하루가 지옥이었다. 자칫하면 그룹 전체가 와해되지 않을까 하는 불안감이 엄습했다. 당시 전문 경영을 맡고 있였던 강진구 전 회장은 회고록에서 이렇게 적고 있다.

반도체 개발은 순조로웠지만 경영에서는 엄청난 시련의 연속이었다. 1983년에 사업을 본격화하기 이전에도 반도체 부문 경영 상황은 좋지 못했으나 64K D램이 출하되던 1984년부터 적자가 늘기 시작하더니 이듬해인 1985년에는 3달러 50센트 하던 국제 가격이 불과 몇 달 만에 50센트로 곤두박질쳤다.

당시 제조원가가 1달러 70센트였으니 만들면 만들수록 개당 1달러 20센트씩 손해를 보는 거였다. 1985년 누적 적자는 무려 428억 원에 달했다. 1986년과 1987년에도 적자가 계속돼 1984년 이후 적자를 다 합치면 무려 1,159억 원에 이르렀다. 그나마 다행이었던 것은 반도체 사업 부문이 통신 부문에 속해 있어 통신 부문의 흑자로 견딜 수 있었다는 점이다. 이 역시 호암의 탁월한 경영 판단에 따른 것이었다. 마치 최악의 상황을 염두에 두었던 듯 말이다.

강 전 회장은 적자의 늪에 허덕이는 상황에서도 연구개발을 놓지 않던 호암의 열정과 의지가 없었다면 삼성반도체의 오늘은 없었을 것이라고 단언하고 있다.

지금의 삼성전자 규모로 본다면 (누적 적자) 1,000억 원은 그다지 큰돈으로 여겨지지 않을지 모르겠지만 당시로는 이만저만한 거액이 아니었다.

마침 통신 부문이 매년 200억 원 내지 300억 원 세전 이익을 올리는 호조를 보여 적자를 보전할 수 있었기 때문에 삼성반도체통신 전체로서는 1985년(적자 79억 원)과 1987년(적자 48억 원)을 제외하고 이익을 유지할 수 있었다.

호암은 위기를 미리 예견이나 한 듯 일찍이 1983년 삼성전자에 속해 있던 반도체 사업부를 떼어내 통신 부문과 합쳐 '삼성반도체통신'이라는 새로운 이름으로 체제를 강화해놓았다.

이는 사업가로서의 진면목을 보여주는 참으로 위대한 전략적 포석이었다고 늘 생각하고 있다. 반도체 개발에 소요되는 막대한 투자와 치열한 국제 경쟁에서 파생할 가격경쟁을 미리 통찰해서 취한 적정한 조치였던 것이다. 이것은 어떤 희생을 치르더라도 반도체를 기어이 성공시키고야 말겠다는 굳은 의지의 표현이기도 했다. 호암은 엄청난 반도체의 경영 손실 안에서도 천문학적 개발 투자를 멈추지 않았다.

어느 날 호암께서 반도체와 관련되는 사람들과 점심을 같이하자는 연락이 왔다. 누적 적자가 1,200억 원에 달하고 있다는 것과 1M D램 공장 착공을 당장 하지 않으면 출하 경쟁에서 후발이 될 것이라는 말들이 엇갈리고 있었다.

호암은 단호했다. "64K, 256K가 늦어서 얼마나 큰 고생을 했는데 1M 공장 착공이 늦어지면 어떻게 되겠는가. 내일 아침에 착공식을 하자. 내가 기흥 공장으로 가겠다"고 하셨다.

"젊은 박사들이 사업 보국에 참여해줘서 고맙다"

삼성이 지옥의 터널을 지나던 시절을 이윤우 전 부회장은 어제 일처럼 생생하게 기억하고 있었다.

"어떤 때는 계란으로 바위 치기 아닌가 하는 절망감이 엄습했습니다. 문제는 적자가 나더라도 희망이 있어야 되는 건데 64K, 256K, 1M D램이 과연 순조롭게 성공적으로 개발될 수 있을지, 가격이 폭락하고 있는데 반등할 수는 있는 건지, 이렇게 불안한 사업을 계속 끌고 가야 하는 건지, 과연 어디까지 버틸 수 있을지 하는 두려움과 걱정이 굉장히 많았죠.
그런데 그런 부정적인 생각에만 빠져 있기에는 닥친 일, 해결해야 할 일이 너무 많았습니다. 내일이 문제가 아니라 당장 오늘 지금 이 순간 내 앞에 닥친 일들을 어떻게든 해내야 한다는 절박감이 걱정과 두려움을 쫓아내버린 시절이었습니다. 정말 먹고 자고 일만 했던 그런 시기였습니다."

이 전 부회장은 '적자 시대'를 견디던 때 인텔에서 하청을 받아 일했는데 그게 오히려 자신감을 가져다주기도 했다는 일화를 소개했다.

"1984년, 1985년 일이었죠. 한쪽에서는 2공장 착공이 진행 중이었고 이미 만들어놓은 1공장은 만들면 손해이던 시절이라 돌릴 수가 없었어요.
할 수 없이 인텔에 가서 '일거리 좀 달라'고 사정했습니다. 그렇게 해서 이피EP롬 주문을 받았어요. 인텔 사람들이 우리에게 공정 기술을 가르치러 왔다가 우리가 목숨 걸고 일하는 걸 보고 깜짝 놀랐습니다. 수율이 인텔보다 높았으니까요.

나중에 납품이 끝났을 때 앤디 그로브 인텔 회장이 제게 'YW Congratu-lation'(이 전 부회장 영문 이니셜을 따 '윤우, 축하한다'는 뜻)이라는 메모를 보냈습니다. 그분 성격이 아주 괴팍해서 부하들한테 절대 칭찬하지 않는 스타일인데 제게 그런 메모를 보냈다는 건 삼성 직원들의 근면함과 일 처리 능력에 매우 만족했다는 메시지였죠.

앤디 그로브 회장은 원래 학자였는데 그 사람이 쓴 《Physics and Technology of Semiconductor Device》라는 책으로 제가 대학교 때 반도체 공부를 했어요. 나로서는 선생님일 뿐만 아니라 선망의 대상이었죠.

인텔 창업자들은 반도체 개발로 노벨상을 받은 사람들이 창업한 회사 아닙니까. 앤디 그로브 회장은 저로서는 그야말로 신이나 다름없는 사람이니 그가 친필로 보내준 메모를 보고 감동해서 가보家寶처럼 간직하겠노라고 생각할 정도였습니다.

당시 삼성 공장을 지도한 밥 베이커라는 사람이 우리한테 배운 공정을 그대로 따라 해 인텔에서 출세 가도를 달렸습니다. 한국 사람들이 '열심히'는 기본이고 빈틈없이 치밀하게 협업해서 일하는 걸 보고 깊은 인상을 받아갔습니다. 비록 적자로 허덕이고 있었지만 그런 경험을 통해서 우리도 할 수 있겠구나 하는 자신감을 얻기도 한 시간이었습니다."

당시 인텔 OEM 제작에 참여한 사람이 임형규 전 사장이다.

"인텔은 우리 제품을 판매가보다 25%나 싸게 구매하는 것은 물론 향후 삼성이 이피롬 사업에 참여하지 말아야 한다는 조건까지 내걸었습니다. 값을 후려친 것도 후려친 거지만 이피롬은 비휘발성 메모리의 주력 제품군이었는데 이걸 개발하는 걸 원천적으로 봉쇄하겠다는 매우 불리한 계약이었지요.

하지만 거절할 수가 없었습니다. 그만큼 우리 상황이 어려웠고 절박했으니까요. 게다가 우리가 당면했던 더 큰 어려움은 팀원 대부분이 경력 3년 미만의 신입 사원에 가까운 기술 인력들이어서 모든 걸 처음부터 가르쳐가며 개발해야 한다는 것이었습니다. 인텔 같은 회사와 비교한다는 것은 상상도 못할 일이었죠.

그러나 이 어려움을 극복해 반드시 성공시켜야 한다고 의기투합했습니다. 모든 부서가 주말도 없이 매일 밤 10시까지 일했습니다. 만들면 만들수록 적자가 커지는 절망적 상황이었기 때문에 그야말로 생존 자체를 위한 투쟁을 벌여야 하던 때였습니다.

1986년경 어느 날 호암을 뵙던 기억이 납니다. 새롭게 삼성에 합류한 박사급 연구원 5, 6명과 함께였습니다. 당시 일흔을 넘긴 회장님이 우리들 손을 일일이 잡아주시면서 '젊은 박사들이 반도체 사업 보국에 참여해줘서 고맙다'고 하신 말씀이 아직도 생생합니다. 손의 촉감이 부드러웠지만 힘이 없어서 깜짝 놀랐던 기억이 있습니다. 그러고 나서 1년 뒤 돌아가셨는데 얼마나 가슴이 아팠는지 모릅니다."

3공장 기공식, 호암의 마지막 일정

호암의 기업가 정신에서 놀라운 사실은 앞서 강진구 전 회장 말처럼 끝이 보이지 않는 암흑 상황에서도 반도체 개발을 독려하고 막대한 돈을 들여 2공장(1984년 8월), 3공장(1987년 3월)을 계속 지었다는 것이다. 다들 이대로 가면 망한다고 아우성을 쳤지만 호암은 '올인하라'고 했다.

그중에서도 백미가 3공장 건설이다. 2공장까지는 호암의 지시를 그대로 따랐던 삼성맨들이었지만 3공장은 차일피일 미루고 있었다. 김광호 전 부회장 말이다.

"초유의 반도체 불황으로 2공장조차 1년 가까이 가동을 못 하고 있었는데 3공장을 지으라니 정말 난감했습니다. 1974년 한국반도체 인수부터 거슬러 올라가면 10년 넘게 적자를 보고 있었고 언제 흑자로 돌아설지 앞이 전혀 보이지 않는 상황이었는데 말이지요.

이런 상황에서 3공장을 지으라는 건 누가 봐도 너무 무모한 거였습니다. 주변에선 '이제 호암도 나이가 드셔서 판단이 흐려진 것 아니냐'는 말까지 돌았습니다.

공장 건설이란 게 한두 푼 들어가는 게 아니지 않습니까. 1공장은 달러로 1억 5,000만 달러, 2공장은 2억 5,000만 달러가 들었습니다. 누적 적자가 감당하기 어려운 한계선을 넘어가고 있는데 3억 4,000만 달러가 들 것으로 추정되는 3라인을 세우라는 건 정말 비현실적인 판단이라는 생각이 들었습니다."

당시 호암의 모습을 김 전 부회장은 이렇게 기억하고 있었다.

"1984년, 1985년 기흥 공장에 오실 때마다 저를 불렀습니다. 당시 기흥에는 1공장, 2공장, 용역동, 관리동이 있었을 때였는데 관리동 5층에 회장실이 있었습니다. 제가 들어가면 바깥 창문을 내다보고 계셨는데 '김 군, 김 군, 이리 와 저기 좀 봐라, 저기다 3공장 지으면 참 이쁘겠재?' 하시는 거예요.

그런 말씀을 듣는 제 속이 어땠겠습니까. 비서팀이고 재무팀이고 눈만 껌뻑껌뻑하면서 저를 향해 '노No라고 말씀하시면 안 된다'고 계속 눈치를 주는 바람에 저는 안 된다고 말씀도 못 드리고 '예, 검토하겠습니다' 한 뒤 계속 미적미적 미뤘습니다. 비서실도 이 핑계 저 핑계 대면서 전부 뒤로 빼고 있었죠."

이 대목에서 그는 앞서 강진구 전 회장 회고록에 등장하는 '(호암이) 내일 3공장 착공식을 하러 기흥에 가자'고 한 대목을 언급했다.

"그러던 어느 날이었어요. 갑자기 회장님이 '내일 아침 9시에 3공장 기공식하러 갈 테니 준비하라'는 거예요. 한마디로 날벼락이었습니다.

정말 발칵 뒤집혔지요. 3공장 터에 잔디를 쭉 심어놨었는데 하루 만에 다 걷어내고, 경찰서에 발파 허가받는다고 이리 뛰고 저리 뛰고, 꼴딱 밤을 새며 난리 법석을 쳐 겨우 준비를 마쳤어요. 웬 비는 그렇게 억수같이 쏟아지던지…. 호암은 기어코 내려오셔서 기공식을 하셨습니다. 그것이 생전 마지막

공식 일정이셨습니다.”

놀랄 수밖에 없는 호암의 선견지명

이윤우 전 부회장은 기공식 날, 호암이 여느 때와는 달리 비장감에 서려 말을 길게 이었다고 한다.

“당장 내일 기공식을 하라는데 어떻게 합니까? 비가 와서 땅이 진흙이 돼 있어서 밤새 모래를 실어다가 다지고 텐트 세우고 해서 겨우 하긴 했습니다. 그런데 그날 기공식에서 들은 선대 회장님 말씀이 지금도 잊히지 않아요.”

“뭐라고 하셨느냐”는 질문에 이렇게 호암의 육성을 전했다.

“6개월 만에 기흥 1라인을 완성시켰고 1,300억 원이라는 기회손실을 보았다. 부천 공장에서 이익이 나야 하는데 그러지 못했고 연구실은 낮잠을 자고 있었다. 미국, 일본 기업들이 가장 이익을 많이 내던 1984년과 1985년에 우리는 제대로 된 생산조차 하지 못했다.
하지만 그 기간 중에 여유를 갖고 훈련을 한 것이 아닌가 생각한다. 그렇게 해서 256K D램 개발에 성공했다. 기적과 같은 일이었고 정말 다행이었다. 임직원들의 용감하고 희생적인 각오들이 있었기 때문에 가능했다.
3라인 착공은 1986년부터 생각한 거였다. 3라인을 세우지 않으면 우리는 중소기업으로 전락한다. 정말 모험이지만 어떤 일이 있어도 하고야 말겠다는 생각이다. 그러니 견고하고 질 좋고 아름답게 지어라."

이 전 부회장은 "당시 호암의 모습을 보며 3공장을 지어야겠다는 당신의 결심은 우리가 생각하는 것하고는 차원이 다른 것 같다는 느낌을 받았다"고 했다.

결과적으로 호암의 판단은 신의 한 수였다. 그의 별세 후 거짓말처럼 D램 대호황이 일어났기 때문이다. "지금은 어려워도 기회가 반드시 온다. 그때를 준비하고 있어야 한다"며 공장 건설을 독려한 호암의 판단이 탁월한 선견지명으로 판명되는 순간이었다. 다음은 삼성전자 사사에 나오는 내용이다.

모두가 반대하면서 6개월 동안 첫 삽조차 뜨지 못하고 있었음에도 선대 회장의 의지는 한결같아 1987년 8월 3라인을 착공하기에 이르렀다. 그런데 얼마 지나지 않아 기적 같은 일이 일어났다. 세계 반도체 시장이 3년여 불황기를 끝내고 호황 국면으로 접어든 것이었다.

1985년 중반 30센트까지 떨어졌던 64K는 2달러 30센트까지 치솟았고 1986년 1달러 50센트였던 256K는 4~6달러까지 뛰어올랐다. 삼성은 생산 라인을 모두 돌리고도 모자라 64K 전용 라인인 1라인을 개조해 256K를 생산할 정도였다.

드디어 흑자가 시작됐다. 1987년엔 2,862억 원으로 전년 대비 71%, 1988년에는 6,700억 원으로 전년 대비 134%라는 경이적인 성장을 기록

했다. 매출 대부분은 수출이 차지했다. 1987년 3억 1,500만 달러, 1988년 8억 580만 달러로 전년보다 각각 74%, 155%가 늘었다.

1988년 한 해 동안 D램 부문에서만 올린 순익이 3,200억 원이었으므로 그동안의 누적 적자를 빼고도 1,600억 원 흑자를 기록했다. 그제야 경영진은 착공 지연으로 6개월이란 기회비용 손실을 본 것을 후회했고 한편으론 호암의 선견지명에 놀라움을 감추지 못했다.

삼성을 살린 미·일 반도체 협정

호암은 정말 미래를 내다보고 있었던 것일까.

이윤우 전 부회장은 이에 대해 "미래에 일어날 일을 족집게처럼 미리 내다보았다기보다는 첨단산업에 대한 확신을 갖고 꿋꿋하게 일관되게 밀고 나간 힘이 맺은 결실이라고 본다"고 했다.

그의 말은 호암의 예지력이 적중했다기보다는 '지금은 힘들더라도 버틸 수만 있다면 기회는 반드시 온다'는 믿음과 흔들리지 않는 추진력이 성공을 부른 결정적 요인이라는 뜻으로 들린다.

그렇다. 바깥 상황이란 건 언제나 변한다. 호암은 미래를 예측하고 행동했다기보다 오로지 '된다', '해내겠다'는 믿음 하나로 돌파해갔고 거짓말처럼 바깥 상황이 바뀌면서 대성공을 이루게 된 것이다.

삼성반도체를 기사회생시킨 건 1987년 미·일 반도체 협정이었다.

미·일 치킨 게임이 극에 달하는 상황에서 일본이 64K, 256K 덤핑 공세에 나서며 수익을 싹쓸이해 미국 시장 점유율이 무려 80%까지 오르자 미국은 '제2의 진주만 습격'이라는 용어까지 써가며 충격을 감추지 못했다. 그러면서 일대 반격을 시작했다. 미국 기업들이 무역위원회ITC에 일본 기업들을 무더기 제소하고 나선 것이다.

잘 알려졌다시피 ITC는 '무역 보복'의 대명사다. 미국 업체들이 특정 국가의 덤핑이나 특허 침해 등 불공정 무역 행위로 피해를 보았다고 제소하면 ITC는 조사를 거쳐 덤핑 방지 관세를 부과하거나 수입을 제한하는 등 제재 조치를 내릴 수 있다. 미국으로 물건을 수출하는 기업 처지에서 ITC는 저승사자나 다름없었다.

1985년 6월 24일 마이크론은 NEC 등 5개 업체를, 인텔은 히타치 등 8개 업체를 반덤핑 혐의로 제소하면서 역사적인 '미·일 반도체 전쟁'을 시작했다. 미국 반도체협회까지 나서 일본 업체들을 상대로 덤핑 조사를 요구했다. 대부분의 일본 업체들이 이중 삼중의 제소를 당했다.

ITC는 보란 듯이 미국 기업의 요구를 즉각 받아들였다. 제소 접수 8개월 만인 1985년 3월 일본 업체들에 최소 21.7%에서 최대 188%에 이르는 엄청난 덤핑 마진율을 확정한다. 일본 업체들은 백기를 들 수밖에 없었다. 이렇게 해서 나온 미·일 반도체 무역협정(1986년 7월 31일)은 일본의 백기 투항이나 다름없었다.

일본 기업들은 생산량부터 줄였다. NEC만 해도 한 달에 1,500만 개씩 생산하던 256K를 절반 수준인 800만 개 수준으로 줄이겠다고 했다. 이건 약과였다. 원가까지 모두 공개하기로 한 것이다. 제3국에서 조립해 수출하던 우회 수출 제품도 예외가 아니었다. 미·일 반도체 협정이 일본에 얼마나 충격적이고 거대한 후폭풍을 가져다줬을지는 불 보듯 뻔한 일이었다.

시장에서의 공급이 줄자 D램 값은 서서히 상승 곡선을 타기 시작했다. 1986년 말부터 1987년을 지나면서 64K가 1달러, 256K가 3달러까지 치솟더니 1988년이 되자 64K는 6달러, 256K는 12달러까지 올랐다.

일본의 후퇴에 기름을 부은 것이 또 있었으니 바로 '플라자 합의'(1985년 9월 22일)다. 쿼터제, 덤핑 관세 등 다양한 무역 제재에도 대일 무역적자가 해소되지 않자 미국은 영국, 프랑스, 독일, 일본 재무장관들을 뉴욕 플라자 호텔로 불러 모아 엔화 가치를 강제로 내리는 합의를 끌어냈다. 엔화 가치는 일주일 만에 달러 대비 8.3%, 2년 뒤에는 무려 65%나 올랐다.

국제시장에서 일본 제품값이 비싸져 가격경쟁력을 잃게 되자 일본의 수출은 급속히 감소했고 경제성장률은 낮아졌다. 일본 정부는 경기를 부양하기 위해 금리를 내리고 대출을 완화했는데 이게 부동산 거품으로 이어져 버블 붕괴의 서막이 된다. 플라자 합의는 일본의 부동산 거품 붕괴나 '잃어버린 10년'을 이야기할 때 빠지지 않고 등장하는 역사적 사건이다.

여기서 주목할 것은 꼭 40여 년 전인 1980년대에도 지금처럼 '반도체 전쟁'이 있었다는 것이다. 1985년 미·일 반도체 협정은 다름 아닌 반도체 기술을 둘러싼 미·일 패권 경쟁이었다. 그해 미국 〈뉴욕 타임스〉는 '일본이 계속 팽창한다면 미국을 능가하는 산업 패권국이 될 수 있다'고 노골적으로 경고했다.

지금 미·중 간에 벌어지는 반도체 전쟁도 전쟁 상대가 일본에서 중국으로 바뀐 것일 뿐 40여 년 전처럼 똑같이 글로벌 기술 패권을 빼앗기지 않기 위한 전쟁이다. 심지어 일본은 미국과 가치와 안보를 공유하는 동맹국이었음에도 불구하고 미국의 가차 없는 대공세에 백기 투항했다. 피도 눈물도 없는 국제정치의 냉엄함을 여실히 보여주는 역사다.

미국은 지금 한국, 일본, 대만에게 '칩4' 동맹을 제안하고 있다. 미국, 중국, 일본, 대만은 자국의 반도체 산업을 위해 예산과 인력을 총동원하다시피 하고 있다. 40여 년 전 역사를 복기하다 보면 우리의 설 자리와 해야 할 일이 명확해지지 않는가.

"손익 책임은 내가 진다, 공장 운영만 생각하라"

미·일 반도체 협정으로 일본이 백기를 든 미국 시장을 잠식해들어간 나라가 바로 대한민국 삼성이었다. 김광호 전 부회장 말이다.

"급하게 3공장을 완공해서 1M 양산을 막 준비하고 있는데 64K, 256K 값이 마구 올라가는 거 아닙니까. 미국 업체들은 이미 D램에서 철수한 상태였고 일본 업체들은 256K를 버리고 1M로 넘어간 상태였습니다. 이제는 삼성 것이 없어서 못 파는 상황이 벌어진 겁니다. 미국과 일본 업체들이 삼성의 독주를 지켜볼 수밖에 없는 초유의 상황이 벌어지기 시작한 거죠.
돌이켜보니 호암께서는 미·일 반도체 협정이 체결되기 이전부터 기흥에 내려올 때마다 '미국의 보복이 빨라질 것이니 3공장을 빨리 지어야 한다'고 하셨는데 그때는 무슨 말씀을 하시는 건지 몰랐습니다. 저희 같은 임직원들은 당장 눈앞에 닥친 어려움 때문에 추가 공장 건설에 반대했던 거죠.

그때는 '내 목을 걸고 삼성을 지키는 일'이라고 생각했지만 호암의 생각은 달랐던 겁니다. 1987년 한 해에만 메모리가 50억 적자가 납니다. 그나마 부천 공장에서 10억 흑자가 났으니 총 40억 적자였죠. 삼성 망한다고 다들 난리도 아니었습니다. 그런데도 호암은 제게 하신 말씀이 '반도체 사업 총책임자는 나다. 너는 딴 거 생각하지 말라. 자금이라든가 손익이라든가 이거는 내가 책임진다. 너는 오로지 기술, 기술자, 제품, 공장 운영만 생각해라'였습니다. 어떻게 보면 정말 일하기 편하게 해주신 거죠. 나중에 저도 좀 공부를 해보면서 알게 된 건데 어떤 기업 역사에서도 손익은 내가 책임진다며 아랫사람에게 모든 걸 맡기는 경영자는 그야말로 흔치 않아요.

1988년에 거짓말처럼 흑자가 왕창 나는데 1974년 이후 낸 적자를 다 없애고도 남았어요. 반도체 사업이란 게 그런 묘미가 있다는 걸 처음 체험한 거죠. 여러 해 죽어라 고생하다가도 한 번 딱 기회를 잡으면 왕창 벌어들일 수 있다는 거, 그걸 호암이 하신 거죠."

안타깝게도 호암은 이런 대반전의 역사를 보지 못하고 눈을 감는다. 다시 김 전 부회장 말이다.

"그것만 생각하면 항상 죄스럽지요. 저는 정말 그때 그렇게 공장 건설을 독려하시던 회장님이 암 투병 중이라는 걸 까맣게 몰랐어요. 나중에 소병해 비서실장한테 '회장님이 항암 치료 받고 머리가 빠져서 가발 쓰고 계시면 최소한 우리한테는 알렸어야 할 거 아니냐?' 따졌을 정도였어요. 그랬다면 3공장 건설을 더 서두를 수도 있었을 텐데 말이죠.

아마 회장님 지시가 처음 떨어지자마자 3공장을 지었더라면 5,000억 원은 더 벌었을 거예요. '저기에 공장 지으면 참 이쁘겠재? 바란스 참 맞겠재?' 하시며 첫 지시를 내린 지 6개월 뒤에 착공했으니까요.

회장님께서 살아계셔서 '너, 내가 공장 지으라고 할 때 지었으면 돈을 얼마나 더 버는 건데, 돈 벌 수 있는 기회를 놓쳤으니 대단한 손실 아니냐' 목을 자르셔도 할 말이 없는 거죠.

참으로 대단한 양반이셨습니다. 동물적 감각을 가졌다고밖에 표현할 수 없어요. 비서실이고 뭐고 다 안 된다고 했지 된다고 보고하는 사람 아무도 없었어요. 그걸 그냥 턱 결정하신 거 아닙니까.

그리고 타이밍이 아주 정확했어요. 3공장이 조금이라도 더 늦게 세워졌더라면 그렇게 돈을 못 벌었죠. 돌아가시고 바로 이듬해인 1988년 한 해에만 1,700억 원인가 흑자를 냈는데 10년 넘게 쌓여온 누적 적자 1,300여억 원을 한꺼번에 다 없애고도 흑자를 낼 수 있었습니다."

반전을 이룬 또 하나의 선택
"웨이퍼를 키워라"

웨이퍼는 반도체 하면 떠오르는 반짝반짝한 동그란 얇은 판이다. 반도체 회로를 그려 넣는 도화지라고 할 수 있다. 주성분은 실리콘(규소)이다. 실리콘은 모래에서 추출한다. 주변에서 흔히 볼 수 있는 모래가 웨이퍼로 탈바꿈한다고 생각하면 모래로서는 엄청난 신분 상승(?)이 되는 셈이라고나 할까.

모래에서 추출한 실리콘 입자는 용광로처럼 뜨거운 둥근 용해로에 담겨 결정체로 만들어지는데, 회전 봉을 중심으로 회전시키면서 녹여야 성질이 균일해진다. 이렇게 해서 추출한 원뿔 모양의 실리콘 결정체를 '잉곳 ingot(녹인 금속을 일정한 형틀에 부어 응고시킨 것)'이라고 한다. '잉곳'을 동그란 형태의 소시지라고 생각할 때 이걸 얇게 썰어 만든 것이 웨이퍼다.

웨이퍼 크기는 지름에 따라 6인치(150㎜), 8인치(200㎜), 12인치(300㎜)로 나뉜다. 웨이퍼의 어원 'Wafer'는 얇은 조각을 뜻한다. 유럽에서는 얇고 바삭한 과자를 일컬었다. 우리가 '웨하스'라고 부르는 과자의 어원도 여기서 왔다.

반도체 산업이 처음 시작됐을 때는 3인치였다. 앞서 소개한 대한민국 최초 반도체 회사인 한국반도체가 바로 3인치 웨이퍼 제조 공장을 갖고 있었다. 이후 1980년대로 들어서며 6인치가 주류가 됐다. 그러다 1990년대에 8인치, 지금은 12인치 시대를 맞고 있다.

반도체 칩은 웨이퍼의 얇은 기판 표면에 미세한 회로를 새겨 만드는데 우리가 흔히 먹는 와플을 생각하면 쉽다. 원형 와플에 새겨진 네모 칸 하나하나가 바로 반도체 칩이다.

'잉곳'에서 얇게 썰어내 만들어진 웨이퍼는 표면을 거울처럼 매끄럽게 만들어주는 연마 작업을 제일 먼저 거치는데 이걸 잘해야 정밀도가 높아진다. 이 과정을 거치면 본격적으로 반도체 회로라는 멋진 그림을 그려 넣을 수 있는 도화지가 완성되는 것이다.

반도체 종류와 제품 특징에 맞게 회로 패턴을 만드는 것을 '회로 설계'라고 한다. 건축물에 비유하면 집주인의 다양한 취향에 맞춰 침실, 부엌, 조명, 수도, 난방, 내부 인테리어 등을 디자인하는 것이라고 할 수 있다.

반도체 공장을 지을 때 가장 먼저 결정할 일이 웨이퍼의 크기다. 그게 결정돼야 공장 구조와 설비를 디자인할 수 있었다.

웨이퍼는 농사로 비유하자면 논밭이라고 할 수 있다. 둥근 웨이퍼 위에 네모난 형태의 칩들을 잘라 만들기 때문에 웨이퍼(논밭)가 커지면 여기서

윤석열 대통령과 조 바이든 미국 대통령이 2022년 5월 20일 경기 평택시 삼성전자 반도체 공장(평택캠퍼스)에서 최첨단 3나노 공정 반도체 웨이퍼에 사인을 하고 있다.

윤 대통령과 바이든 대통령이 사인한 반도체 웨이퍼.

나오는 칩 개수(수확량)도 늘어난다.

웨이퍼 크기를 늘리는 것이 생산성 면에서야 당연히 좋지만 기업들이 선뜻 나서지 못하는 것은 돈이 너무 많이 들기 때문이다. 향후 시장 상황에 대한 불안과 '퍼스트 무버first mover'로서 감당할 기술적 불확실성이 크다고 판단되면 투자를 주저할 수밖에 없다.

한 대에 5,000억 원 하는 노광기

반도체는 장비가 차지하는 비용이 압도적으로 많은 대표적 장치 산업이다. 예를 들어 빛을 쪼여 웨이퍼에 회로를 그릴 때 쓰는 장비인 노광기(네덜란드 회사 ASML이 독점적 기술력을 갖고 있다)만 해도 한 대에 2,000억 원이 넘는다. 인공지능 시대에 각광받고 있는 최첨단 극자외선EUV 노광기는 대당 무려 5,000억 원인데도 물량이 없어 구하기 어렵다고 한다.

반도체 공장에는 이 노광기만 수십 대가 필요하다. 이런 식으로 돈 먹는 장비가 하나둘이 아니다.

웨이퍼 크기를 늘리면 노광기도 그것에 맞춰 바꿔야 한다. 웨이퍼 인치를 늘리는 것이 아예 다른 공장을 짓는 것이나 마찬가지라는 얘기가 나오는 건 이런 이유 때문이다.

기계만 맞춘다고 다가 아니다. 공정도 더 복잡해지기 때문에 기술자들을 재교육시켜야 한다. 자칫 잘못하다가는 깨지거나 휘어지기가 쉬워 수율이나 품질의 균질성을 확보하기 어려워진다. 피자 도우를 크게 만들수록 모서리를 균일하게 다듬는 일도, 두께를 일정하게 맞추는 일도 힘들어지듯 말이다.

이러다 보니 업계에서는 차세대 웨이퍼 투자 타이밍을 놓고 치열한 눈치작전이 펼쳐진다. 남보다 앞서가기는 해야겠는데, 언제 어느 시점에 들어가야 투자 비용을 제대로 뽑고 불확실성을 줄일 수 있을지 고도의 판단력이 필요하다. 여기에 더해 한배를 타게 될 장비업체들까지 지휘할 수 있는 강하고 설득력 있는 리더십도 필요하다.

삼성반도체가 오늘날 세계 1위에 우뚝 서기까지에는 이 웨이퍼 투자를 둘러싼 호암과 이건희 회장의 과감하고도 대담한 결정과 그 결정을 완벽히 수행해낸 삼성맨들의 팔로워십followership이 있었다.

경기 화성시 삼성전자 반도체 공장에서 엔지니어들이 웨이퍼를 살펴보고 있다.

"5인치 말고 6인치로 가자"

호암의 공격 경영은 웨이퍼 크기를 결정할 때도 마찬가지였다.

호암은 기흥 1공장이 착공된 지 불과 두 달여 만인 1983년 11월 256K D램을 생산할 2공장을 세우라고 지시했다. 64K D램 완전 동작 칩이 아직 나오지도 않은 상황이었는데 말이다.

2공장을 세울 때 떠오른 쟁점이 웨이퍼 지름을 5인치로 할지, 6인치로 할지였다. 5인치의 경우 웨이퍼 한 장당 칩이 60~70개 정도, 6인치에서는 100개 정도 나왔다.

다들 5인치로 갈 거라 생각했다. 세계적으로도 대세였고 기흥 1공장도 5인치였다. 그런데 일부 실무진이 이참에 6인치로 가자는 안을 내면서 치열한 토론이 벌어졌다. 이때 호암이 6인치 도입 결정에 손을 들어줬다. 김광호 전 부회장 말이다.

"반도체 값 폭락으로 만들수록 손해를 보는 상황에서 1공장도 제대로 가동을 못 해 속이 까맣게 타 들어가고 있는데 2공장을 지으라고 하는 것도 모자라 이번에는 웨이퍼까지 6인치로 하자고 하니 다들 뒤로 나자빠졌지요. 당시 일본 샤프가 우리 쪽 공장 설비 기술을 제공하고 있었는데 자기네들도 5인치 기술밖에 없다면서 난처해했어요. 하지만 선대 회장이 물러서지 않으니 결국 따를 수밖에 없었습니다."

앞서 말했듯 반도체업계에서 웨이퍼 크기 늘리기 경쟁은 지속적으로 이루어져왔다. 3인치, 4인치, 5인치는 미국이 선도했지만 6인치는 일본이 먼저 치고 나갔다. 일본이 미국을 추월해 세계 최대 반도체 생산국으로 부상한 배경에도 공격적인 6인치 투자가 큰 역할을 했다.

하지만 호암이 6인치 도입을 결정할 당시엔 일본에서도 제대로 만드는 회사가 없었다. 설사 만든다 해도 성능이 입증되지도 않은 상태였다. 주문을 해도 최소 10개월에서 20개월은 기다려야 했다. 그런데도 호암은 '돌격 앞으로'를 외쳤다.

결과적으로 호암의 6인치 결정은 3공장 증설과 함께 또 다른 신의 한 수였다. 1988년 삼성반도체 대반전의 역사는 256K가 불티나게 팔리면서 가능했는데 이는 256K 양산 라인이던 2공장의 6인치 웨이퍼가 결정적으로 효자 노릇을 했기 때문이었다.

세계 최초로 256M D램 개발에 성공했음을 알리는 신문 광고.

LEE,KUN-HEE

SEMICONDUCTOR

LEADERSHIP

세계 최고로 이끈

이건희의

반도체

리더십

2004년 12월 6일 반도체 사업 30년 행사장에서 기념 서명을 하고 있는 이건희 회장의 표정에서 뿌듯함이 느껴진다. 반도체 사업 시작 시점을 1974년 경기도 부천 한국반도체 공장 인수 때로 거슬러 잡았다는 점에서 부천 사업장에 대한 회장의 애정이 느껴진다.

결정적 선택
두가지

    불황에도 아랑곳없이 공장을 짓고 웨이퍼 크기를 늘린 호암의 공격 경영은 이건희 회장 대에도 그대로 이어진다. 호암은 적자만 보고 세상을 떠났지만 삼성은 마침내 이 회장 대에 이르러 세계 최고 반도체 회사로 우뚝 선다.

    이건희 회장은 글 '반도체 1위에 서기까지'에서 반도체 사업을 하면서 삼성의 운명을 가르는 역사적 전환점이 되는 결정적 선택이 두 가지가 있었다고 소개하고 있다.

    이 회장이 회고하는 두 가지 중 하나가 바로 ① 웨이퍼 인치에 대한 과감한 결정이었고 또 다른 하나는 ② 4M 이후 칩 개발 방식을 '스택stack'으로 할 것인지, '트렌치trench'로 할 것인지에 대한 결정이었다.

이 회장의 글은 시기상으로 먼저였던 스택과 트렌치에 대한 회고부터 시작하고 있다. 글 전문을 읽어보자.

1987년 반도체 역사의 전환점이 되는 중대한 고비가 있었다. 4M D램 개발 방식을 스택으로 할 것인가, 트렌치로 할 것인가를 결정하는 것이었다.

두 기술은 서로 장단점이 있어서 양산 단계에 이르기 전에는 어느 기술이 유리한지 누구도 판단할 수 없는 상황이었다. 미국, 일본의 업체도 쉽게 결정을 내리지 못하고 있었다.

당시 나는 일본 반도체 회사의 제조 과장들을 저녁때 만나 새벽까지 토의했다. 이렇게 몇 차례를 거듭했지만 확실한 정답을 얻지 못했다. 반도체 전문가들도 두 기술의 장단점만 비교할 뿐 어느 쪽이 유리한지 단정 짓지 못했다.

나는 지금도 그렇지만 복잡한 문제일수록 단순화해보려고 한다. 두 기술을 두고 단순화해보니 스택은 회로를 고층으로 쌓는 것이고, 트렌치는 지하로 파 들어가는 식이었다. 지하를 파는 것보다 위로 쌓아 올리는 것이 더 수월하고 문제가 생겨도 쉽게 고칠 수 있으리라고 판단했다.

스택으로 결정했다. 이 결정은 훗날 트렌치를 채택한 도시바가 양산 시 생산성 저하로 D램의 선두 자리를 히타치에 빼앗겼고, 16M D램과 64M D램에 스택 방식이 적용되고 있는 것을 볼 때 올바른 선택이었다.

그리고 1993년 또 한 번의 승부수를 띄웠다. 반도체 5공장을 8인치 웨이퍼 양산 라인으로 결정한 것이었다.

그때까지만 해도 반도체 웨이퍼는 6인치가 세계 표준이었다. 면적은 제곱으로 증가한다는 것을 감안하면 6인치와 8인치는 생산량에서 두 배 정도 차이가 난다. 그것을 알면서도 기술적인 위험부담 때문에 누구도 8인치를 선택하지 못하고 있었다.

나는 고심 끝에 8인치로 결정했다. 실패하면 1조 원 이상의 손실이 예상되는 만큼 주변의 반대가 심했다. 그러나 우리가 세계 1위로 발돋움하려면 그때가 적기適期라고 생각했고, 월반越班하지 않으면 영원히 기술 후진국 신세를 면치 못하리라고 판단했다.

반도체 집적 기술은 1983년에서 1994년까지 10년 동안에만 무려 4,000배가 진보했다. 그만큼 기술 개발 주기가 계속 단축되고 있어서 단기간에 기술을 확보하지 못하면 엄청난 기회 상실을 초래한다. 그래서 나는 단계를 착실히 밟는 편안한 길을 버리고 월반을 택한 것이다.

그리고 1993년 6월 5라인을 준공했고 숨 돌릴 새도 없이 6, 7라인을 착공하여 이듬해 7월부터 가동했다. 당시 각종 전문기관의 수요 예측이나 내부의 자금 사정은 추가 투자가 무리한 상황이었으나 일본 업체들이 투자를 머뭇거릴 때 투자를 감행하는 공격 경영이 필요하다고 판단한 것이다.

그 결과 16M D램 개발은 일본과 동시에 했지만 양산 시기를 앞당기고 8인치 웨이퍼를 사용함으로써 생산력에서 앞설 수 있었다. 이를 계기로 세계시장에서 일본 업체를 따돌리고 1993년 10월 메모리 분야 세계 1위에 서게 된 것이다.

반도체 사업이 세계 정상에 오른 날, 나는 경영진에게 이렇게 말했다. "목표가 있으면 뒤쫓아가는 것은 어렵지 않다. 그러나 한번 세계의 리더가 되면 목표를 자신이 찾지 않으면 안 되며 또 리더 자리를 유지하는 것이 더 어렵다." 이는 나 스스로 하는 다짐이기도 했다.

필자가 가장 주목한 대목은 마지막 문장이다. 한번 세계의 리더가 되면 목표를 스스로 정하지 않으면 안 되고 그걸 유지하는 것이 더 어렵다는 말을 다름 아닌 '스스로에게 하는 다짐'이라고 하는 표현 말이다. 평생 현재에 안주하지 않고 늘 시선을 미래에 두고 '위기'를 말하며 자신을 끊임없이 다그쳤던 내면이 읽히는 문장이다.

"내가 책임진다, 해보자"

생전의 이건희 회장이 입버릇처럼 말했듯 반도체는 철저하게 '타이밍 사업'이다.

말이 쉽지 타이밍을 계산할 때 넣어야 하는 변수는 너무 많다. 특히 반도체는 완제품(세트)이 아닌 부품이다. 칩 자체 혁신은 물론 전 세계 완제품들의 현재와 그 완제품이 변화, 발전, 진화해나갈 미래까지 고려해야 한다. 거의 '신의 경지'나 다름없는 판단력을 요구하는 것이다.

삼성전자는 1993년 메모리 부문 매출 세계 1위로 뛰어올랐다. 이 신화 창조의 분수령이 된 계기는 8인치를 적용한 16M D램 양산 라인(5공장)이었다. 삼성전자가 8인치에 뛰어든 1990년과 1991년, 세계 D램 시장에는 또다시 불황이 닥쳤다. 6인치로 앞서 달리며 세계 선두를 주도하던 일본 업체들도 투자 규모를 줄이고 신규 투자를 주저했다.

1999년 5월 사장단들에게 삼성의 월드 베스트 전략을 설명하는 이건희 회장. 꽉 쥔 손목과 눈빛에서 '나를 따르라'는 강한 의지가 전해진다.

당시만 해도 세계 표준은 6인치였다. 8인치의 경우 도시바, NEC, 히타치도 파일럿(시험 운용) 라인만 운용하고 있었다.

하지만 이건희 회장은 신경영이 한창이던 1993년 6월 D램 업계 세계 최초로 8인치 양산 라인인 5공장을 준공한다. 5공장은 월 2만 장의 8인치 웨이퍼로부터 16M D램 300만 개를 생산할 수 있는 세계 최대 D램 생산 라인이었다.

승부수는 적중했다. 1980년대 후반 극적인 호황기를 맞은 D램 업계는 1990년과 1991년 다시 극심한 불황을 겪는다. 그러다 1993년부터 인터넷 확산으로 PC 열풍이 불면서 다시 호황 사이클로 급반전됐다. 삼성전자는 1994년 1조 6,800억 원, 1995년 3조 5,400억 원이라는 '단군 이래 최대' 이익을 낸다. 1995년의 경우 메모리 반도체 이익만 2조 7,000억 원에 달했다.

이 회장의 공격 경영은 8인치에서 끝나지 않았다. 세계 최초로 12인치 공장을 짓게 된 것이다. 권오현 전 삼성전자 부회장은 이렇게 말한다.

"삼성전자가 1993년 처음으로 D램 1위에 올랐을 때만 해도 일본은 여전히 위협적인 존재였습니다. 펀더멘털이 강하고 원천 기술도 대단했으니까요. 그런데 우리가 일본과 달랐던 점이 한 가지 있었는데 바로 투자 타이밍이었습니다. 삼성은 불황 때 호황 국면이 오겠다 내다보고 과감하게 투자를 늘린 반면 일본 기업들은 호황일 때 투자에 나서 제품을 양산할 때쯤 되면 불황을 맞는 엇박자를 계속 연출했습니다.

웨이퍼 크기를 6인치에서 8인치로, 8인치에서 12인치로 늘릴 때가 대표적이었습니다. 일본은 삼성이 선도적으로 치고 나가면 6개월에서 1년 정도

1993년 6월 8인치 웨이퍼를 생산할 기흥 5공장 준공식 모습.

있다가 쫓아왔어요. 하지만 그때는 이미 선발 주자인 삼성이 시장 대부분의 수익을 거둬간 후인 경우가 많았습니다. 지나고 보면 누구나 그 타이밍을 알 것 같은데 그게 말처럼 쉽지 않지요.

웨이퍼 인치를 늘리는 게 좋다는 건 다 알고 있지만 투자 액수가 너무 크고 또 새로운 생산 시설을 운영해본 경험이 없기 때문에 다들 앞서가려고 하지 않습니다.

어떻게 보면 모르모트(실험용 쥐)가 되는 건데 굳이 이걸 먼저 하겠다는 사람들은 아무도 없거든요. 남이 하는 거 보면서 뒤쫓아가는 게 쉽지, 남보다 앞서 나가기는 어렵잖아요. 그런데 회장님은 앞서가려면 리스크 테이킹(위험 감수)을 해야 한다고 생각하신 것 같습니다. '책임은 내가 다 진다, 과감하게 투자하라'고 하셨으니까요.

특히 12인치의 경우는 삼성이 세계 처음으로 가게 된 겁니다. 다른 회사들도 생각은 하고 있었겠지만 그런 과감한 결정을 하지 못했습니다. '너무 앞서갔다가 여러 시행착오를 다 겪게 될 텐데 그렇게 위험한 선택을 할 필요가 있을까요, 두 번째로 가는 게 안전하지 않겠습니까' 이런 말씀을 드리면 회장님은 '가자' 이 한마디로 끝내셨습니다."

이번에는 앞서 소개된 적이 있는 이문용 전 부사장 말이다.

"4인치, 5인치, 6인치, 8인치까지 갈 때도 어려움이 많았지만 가장 큰 고비는 12인치로 갈 때(2001년)였습니다. 9·11 테러가 있던 해였고 미국 마이크론이 영업손실률 24.8%를 기록하는 등 대부분 업체들이 어려웠거든요. 삼성전자는 7.9%라는 영업이익률을 기록하긴 했지만 12인치 결정은 이건희 회장님의 뚝심이 없었다면 불가능했습니다.

이듬해 대부분 메모리 반도체업체들이 손실을 기록했는데 삼성전자는 30.8%라는 영업이익률을 기록해서 12인치로의 결정이 옳았음을 입증했거든요. 8인치에서 12인치로 갈 때는 세계 처음이었고 워낙 크기가 커지는 것이어서 그야말로 공장 생태계를 다 바꿔야 하는 변화였습니다. 모든 설비를 다 바꿔야 했기 때문에 우선 장비업체들을 설득하고 이끄는 리더십부터 만만치 않았습니다.

인치를 늘리면 공정 분포, 치밀도, 균일도 등이 함께 흔들리는 것이기 때문에 조금이라도 실수가 있으면 바로 불량이 나와버리지요. 내부 실무자들로서도 굳이 이런 위험을 감수할 필요가 없고 장비업체들로서도 '왜 굳이?' 하는 생각이 들 수밖에 없죠. 자기들은 그런 도전을 하지 않아도 먹고살 수 있는데 말이죠. 그래서 이들을 끌고 가는 리더십이 중요한데, 이럴 때 오너가 '1조 까 먹으면 어때, 내가 책임진다, 해보자' 하면 다 같이 돌진하는 힘이 생기죠."

이건희 회장의 이런 자신감은 어디서 나왔던 것일까. 그것은 퍼스트 무 버로서의 숙명 같은 것이었다고 이 회장은 생각했다. 그의 글 '히트 앤 런 개발 전략'에 그 일단이 드러나 있다. 글 전문이다.

과거 산업 시대에서는 선진국이 앞서 개발해놓은 제품을 후발국이 재빨리 모방하고 이미 형성된 시장에 저가로 진출하여 시장점유율을 올리는 '베끼 기 전략'이 큰 위력을 발휘했었다. 후발자는 선발자의 기술과 노하우를 베 끼기 때문에 선발자에 비해 원가 투입이 적을 수밖에 없다.

이른바 '후발자의 이익'이라는 개념이 적용되었던 것이다. 그래서 새로운 것, 인간 생활에 도움이 되는 것을 어렵게 개발하고도 그 이익은 후발자에 게 빼앗기는 사례가 비일비재했다.

한 예로, 현대 의학 발전에 크게 기여한 단층 촬영기CT는 영국의 천재적인 발명가가 1950년대 중반에 개발해 시판한 것인데 이를 저가에 대량생산해 전 세계적으로 보급한 것은 미국 기업이었다. 결국 최초의 발명자 손에 쥐 어진 것은 기술 개발비 명목의 쥐꼬리만 한 현금이었을 뿐, 실제 이익의 대 부분은 미국 기업에 돌아갔다.

그러나 지적재산권이 세계 공통의 규범이 되면서 상황이 바뀌었다. 아이디 어를 내고 개발한 사람의 이익이 보호를 받게 된 것이다. 이제 다른 사람의 창의성을 모방한 제품은 발붙일 곳이 없게 되었고 새로운 것, 창조적인 것, 최초 최신의 것만 살아남는 시대가 되었다.

반도체 산업을 보면 후발자의 고통을 실감할 수 있다. 삼성이 지금은 반도체 메모리 분야에서 세계 1위에 있지만 이렇게 되기까지 남모르는 고통이 있었다.

특허 분쟁에 휘말려 미국의 TI사에 막대한 배상금을 지불하기도 했고 가격 경쟁력에서 우리보다 앞선 일본 기업들이 제품을 세계시장에 값싸게 파는 바람에 반도체 가격이 폭락해 1985년, 86년 2,000억 원에 이르는 손실을 입기도 했다.

선발자의 이익은 첨단 분야에만 있는 것이 아니다. 매실을 5년간 숙성시켰다는 '매취순'이라는 술을 보고 이를 실감할 수 있었다. 이 술이 처음 나오면서 많은 인기를 끌었고 그에 따라 다른 회사에서도 같은 종류를 개발하려 했다. 그러나 5년이라는 물리적 숙성 기간은 어찌할 수 없다.

매취순을 만든 회사는 남보다 5년을 앞서 시작했고 다른 회사들이 같은 술을 만들어낼 때쯤이면 아마 다른 신제품을 개발해서 시판할 수 있을 것이다.

마침내 선발자의 도전 정신이 후발자의 이익을 뛰어넘는 시대가 온 것이다. 세계 초일류가 되기 위해서는 남보다 '먼저 개발하고 먼저 판매하고 먼저 철수한다'는 선발자의 논리에 충실해야 한다. 즉 남보다 먼저 개발해 판매하고 후발자들이 많아져 시장이 포화 상태다 싶을 때 미련 없이 빠져나오는 '히트 앤드 런' 식의 전략 구사가 필요하다.

무엇보다 대단했던 건 이건희 회장이 12인치로 가자고 했을 당시 시장 상황은 닷컴 버블이 터지면서 극심한 불황으로 빠져들고 있었던 때였다는 점이다. 정인성의 책《반도체 제국의 미래》에는 당시 상황과 이 회장이 말한 '히트 앤드 런' 전략의 결과가 잘 정리돼 있다.

2000년 10월 닷컴 버블이 붕괴하기 시작했고, 불황이 닥쳐왔다. D램 시장은 겪어보지 못한 레벨의 시장 붕괴를 경험하기 시작했다. 버블이 절정일 때 64메가비트당 20달러였던 D램 가격은 2001년 2월 3.8달러까지 하락해 80%가 넘는 대폭락을 하게 된다. 2001년에는 9·11 테러라는 사상 초유의 사태까지 발생했다.

이런 상황에서 300mm(12인치)로의 전환은 상당한 모험이었다. 일단 수조 원의 장비가 투입돼야 했다. 그리고 한번 가동하면 절대로 멈추지 않을 것이라는 확신이 필요했다. (…) 2001년 9월 몇몇 언론을 통해 재무적 압박에 시달리던 일본의 엘피다(NEC, 히타치, 미쓰비시가 세운 일본 유일의 D램 반도체 회사. 경영난을 이기지 못해 2013년 미국 마이크론에 인수되면서 역사 속으로 사라졌다)가 300mm로의 전환을 9개월 늦추겠다고 발표했다.

본래 엘피다는 2001년 12월에 장비 반입을 시작해 2002년에 양산 체계를 갖출 계획이었다. 그러나 시장 상황이 악화되는 것을 보고 양산 일정을 늦추기로 한 것이다.

하지만 정확히 한 달 뒤인 2001년 10월, 삼성전자는 300mm(12인치) 웨이퍼를 기반으로 한 신형 120나노 기반 D램 양산을 시작했음을 발표했다. 그뿐만 아니라 이 D램의 칩당 용량은 무려 512메가비트로, 다른 회사들은 아직 개발조차 완료하지 못한 상황이었다.

삼성전자의 기술 우위와 합쳐진 신형 공장은 그야말로 파괴적인 위력을 보여줬다. D램 시장이 호황이었던 2000년에는 모든 회사가 흑자였지만, 최악의 불황이었던 2001년에는 삼성전자만 흑자를 유지했다. 다른 회사들이 불황의 영향에서 아직도 벗어나지 못했던 2002년에는 30%대 영업이익률로 독주했다.

일본 엘피다는 시장 상황이 좋아지고 나서야 뒤늦게 300mm 레이스에 뛰어들었으나, 신형 300mm 공장은 2003년 1월에나 가동될 수 있었다. 이미 삼성전자는 2001년 말 이후부터 압도적 원가 및 물량을 통해 반등한 메모리 가격의 이익을 누리며 체급을 더욱 키우고 기술을 개발한 뒤였다.

엘피다 로고. 일본 유일의 D램 반도체 회사였지만 경영난을 이기지 못해 2013년 미국 마이크론 테크놀로지에 인수되면서 역사 속으로 사라졌다.

후배들을 위해 1등의 기억을 전수하라

　12인치 웨이퍼를 결정할 때 지근거리에서 이건희 회장의 마음을 읽었던 사람이 황창규 전 삼성전자 사장이다.

　그에 따르면 이 회장이 기술적으로 중대한 선택을 해야 했던 고비 고비마다 선택의 기준이 됐던 밑바탕에는 미래를 보는 혜안 이전에 지속 가능한 삼성에 대한 투철한 소명 의식이 있었던 것 같다고 했다. 황 전 사장 말이다.

　"삼성반도체의 성취는 이건희 회장님의 정확한 판단과 전폭적인 지원을 초석으로 삼았지만 회장님의 리더십은 단순히 미래에 대한 혜안이 풍부하다는 말만으로는 설명할 수 없는 뭔가가 더 있다고 봅니다. 제가 겪은 대표적인 에피소드 하나가 바로 12인치 투자로의 과감한 결정이었습니다.

　2001년은 그야말로 '50년 정보통신 역사 중 최악의 해'로 불릴 정도로 한 치 앞도 모르는 위기의 시기였습니다. 지난 몇 년간 최대 호황을 누렸는데 이제 적자가 날 수도 있다는 위기감이 퍼지고 있었으니까요. 그 와중에 제 어깨를 짓누르던 또 하나의 고민이 있었으니, 이미 개발을 완료한 12인치(300mm) 웨이퍼를 시장에 내놓을 것이냐에 대한 고민이었습니다.

　당시엔 8인치(200mm)가 상용화되고 있었습니다. 한 번에 많은 제품을 찍어 단가를 낮춰야 하는 메모리 반도체 특성상 12인치는 8인치보다 경쟁력이 상당했지만 초유의 불황이 닥친 상황에서 조 단위 투자를 하기에는 무리였으니까요."

메모리 사업부를 총괄하고 있던 그에게 어느 날 이건희 회장이 전화를 걸어왔다.

"회장께서 '요즘 여러 가지로 어렵지? 연구개발은 잘 진행되고 있는가?' 간단하게 물은 뒤에 다른 나라 12인치 개발 상황을 물으셨습니다. 당시에는 지멘스가 독일 정부 도움을 받아 12인치 웨이퍼의 일부 양산 투자를 막 시작하고 있었습니다. 이런 상황을 말씀드리며 '독일이 우리보다 조금 앞서 투자가 일어날 것 같다'고 했습니다. 회장님은 바로 우리 개발 상황을 물으셨어요. 저는 '양산 준비는 거의 했는데 최악의 불황 때문에 선뜻 투자를 결정하지 못하고 있다'고 말씀드렸습니다. 곧바로 강한 톤의 질타가 쏟아졌습니다."

─어떤 질타였나요.

"회장 말씀이 '황 사장은 큰 목표를 향해 달려서 1등도 해봤고 그렇게 해서 지금 자리까지 온 거 아닌가. 그런데 여기서 머뭇거리고 투자를 안 하면 후배들은 언제 1등 해보겠노'라고 하시면서 본사 차원에서 적극 지원하겠다고 하시는 거예요.

제가 무슨 말을 더 하겠습니까. '알겠습니다. 제반 준비를 마치고 바로 보고드리겠습니다' 했죠. 회장님은 '서둘러야 할 것'이라면서 전화를 끊으셨습니다."

황 전 사장은 "이후 비서실과 전자 본사를 뛰어다니며 '회장께서 지시했다, 내가 할 테니까 믿고 투자를 풀어달라'고 해 12인치 웨이퍼 양산에 박차를 가할 수 있었다"고 회고했다.

"그렇게 해서 2004년 12인치 웨이퍼 공장 라인이 경기도 화성에 지어져 가동하게 됩니다. 회장님이 직접 오셔서 직원들과 식사도 하고 투어도 하셨습니다. 제 방 회의실까지 들어오셔서 '애로 사항 없나? 인재들은 잘 확보했고?' 이러셨지요. 늘 그러셨듯이 '인재 구하라'는 이야기를 가장 먼저 하셨던 것이 기억납니다.

12인치 웨이퍼 투자 결정을 두고 언론에서는 '과감하지만 위험한 투자'라는 비판 일색이었습니다. 하지만 삼성은 시장을 치고 나갔고 이후 '성공의 수레바퀴'를 만들어나갔습니다.

지난 20여 년 동안 12인치 생산 라인은 화성 사업장(9개)을 시작으로 기흥, 평택, 미국 오스틴, 중국 시안까지 총 17개로 늘었습니다. 세계 최고 기술과 제조 생산 능력을 갖춘 압도적 모습으로 한국 경제를 지키는 든든한 버팀목이 된 거죠."

스택이냐, 트렌치냐

이번에는 이건희 회장이 기술 추적 과정에서 내렸던 두 번째 결정적 선택인 스택과 트렌치에 대한 이야기를 해보자.

반도체 산업사史를 보면 어떤 기술을 선택했는지가 기업의 성패를 결정짓는 경우가 있다. 스택과 트렌치도 그 경우다.

1989년이 되면서 D램 크기가 4M를 넘자 저장소 형태가 문제가 되기 시작했다. 이전까지는 전부 하나의 평면 위에 트랜지스터와 저장소를 함

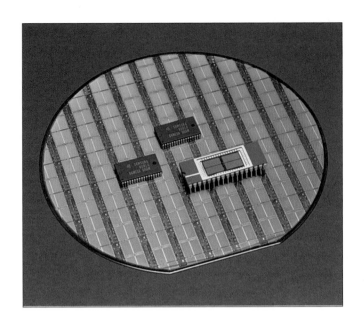

1999년 세계 최초로 개발에 성공한 64M D램.

께 늘어놓는 방식이었다.

1M까지는 큰 문제가 없었다. 그런데 4M부터는 집적도가 갑자기 올라가다 보니 손톱만 한 칩 평면 위에 모두 늘어놓는 게 물리적으로 불가능해졌다. 밀도를 높이려면 저장소를 복층으로 해야 했다. 여기서 나온 게 스택 방식이냐, 트렌치 방식이냐 하는 것이었다.

건축도 그렇지만 칩도 복층으로 만들려면 위로 세울 수도 있고 지하를 팔 수도 있다. 스택은 위로 쌓는 것이고 트렌치는 지하로 파 내려가는 방식이다. 각각 장단점이 있었다. 트렌치가 안전하기는 했지만 공정이 까다로워 경제성이 떨어졌고 무엇보다 회로가 보이지 않았다. 스택은 작업하기 쉽고 경제적이었지만 품질이 불안정했다.

장단점이 엇갈리다 보니 선발 업체들의 선택도 나라별, 회사별로 갈렸다. 미국 회사들은 대부분 트렌치를 택했다. 일본의 경우는 도시바와 NEC는 트렌치를, 히타치, 미쓰비시, 마쓰시타, 후지쓰는 스택을 택했다.

삼성도 고민이 깊었다. 일단 둘 다 해보기로 했다. 실리콘밸리에 있는 미국 팀이 트렌치, 한국의 기흥 팀이 스택으로 연구를 진행했다.

이 연구의 한가운데에 진대제 전 삼성전자 사장이 있다. 진 전 사장은 미국 실리콘밸리 삼성반도체연구소에서 트렌치와 스택 두 가지 방식으로 4M 개발을 진행한다. 그의 말이다.

"4M D램은 1M D램보다 집적도는 4배로, 구조적으로는 2차원에서 3차원으로 가는 최초의 칩이었습니다. 이 과정에서 스택이냐 트렌치냐 하는 공정 방식은 어느 게 유리한지 당시로는 전혀 알 수가 없었어요. 제품 안정성이나 경제성 외에도 엔지니어들의 상상력과 근성, 심지어 철학까지 연결된 문제라 각 사에서 온갖 창의적 방법이 동원돼 다양하게 개발되고 있었습니다. 저는 미국 연구소에서 4M를 개발할 때 2년여 동안은 IBM에서 배운 트렌치 방식을 썼습니다. 1M도 트렌치로 해서 성공했기 때문에 4M 공정도 그렇게 한 거죠. 1987년 9월에 귀국해 기흥 공장에서 근무를 시작했는데 스택으로 설계를 바꿔봤습니다. 때마침 일본의 한두 개 회사가 스택으로 바꾸고 있다는 정보가 들려와 어쩌면 스택이 더 유리할지 모르겠다는 기술자로서의 육감이 강하게 왔기 때문이었습니다."

진 전 사장은 "의심에 의심을 거듭하며 무모한 도전에 뛰어들었는데 결과는 대성공이었다"고 했다.

"보통 설계를 바꾸려면 1년 정도는 족히 걸리는데 두 달 만에 바꾸는 강행군이다 보니 기술자들이 엄청나게 고생했습니다. 지금 생각해보면 정말 무모하고 겁 없는 도전이었지요. 그런데 기적이 일어난 겁니다. 한 달 만에 스택 방식을 통해 4M 동작 칩을 얻은 것이었습니다. 우리는 그야말로 전인미답의 신천지에서 새로운 가능성을 발견한 흥분에 모두 만세를 불렀습니다. '스택이 훨씬 쉽다!'는 결론을 얻은 거죠.
트렌치는 아래로 구멍을 뚫기 때문에 속을 들여다볼 수 없어서 문제가 생기면 거의 속수무책이었는데 스택은 외곽을 볼 수 있어서 다음 공정을 처리하는 데 유리했습니다. 그리고 두 번째 기적이 일어났습니다. 1988년 1월 완전 동작 칩이 나온 겁니다. 개발 당사자였던 저희들 스스로도 어안이 벙벙했지만 실제 상황이었습니다."

팀의 자존심과 생존이 걸린 문제

이제 스택 방식을 채택하면 되는 것인가. 그런데 예기치 않은 상황이 벌어졌다.
"스택 방식 4M 완전 동작 칩이 나왔다"는 소식을 전해 들은 미국 팀에서 "신중하자"고 의견을 보내온 것이었다. "시제품 단계에서는 알 수 없으니 나중에 양산 단계에 가서 둘을 비교하자"며 트렌치 방식을 고수하겠다고 나온 것이다.

미국 팀의 판단도 무리는 아니었다. 그만큼 각각의 장단점이 너무 뚜렷했고 여기에 대해서 누구도 섣불리 단언할 수 없었기 때문이었다. 문제는 시간이 별로 없다는 거였다.

당시 반도체 선발 업체들 사이에서는 4M 양산 경쟁이 치열하게 벌어지고 있었다. 도시바는 1985년 11월 시제품을 발표하면서 이미 공장을 착공한 상태였고 1986년 개발을 끝낸 히타치와 미국 텍사스 인스트루먼트도 양산을 서두르고 있었다.

삼성도 하루빨리 4M를 개발해야 하는데 공정 방식을 둘러싸고 내부 논쟁만 하는 건 시간을 소모하는 것이었다. 스택과 트렌치는 어느새 기흥 팀과 미국 팀의 자존심과 생존이 걸린 문제로까지 비화되고 있었다.

4M가 스택으로 결정될 경우 미국 연구소는 문을 닫아야 한다는 둥, 회사 생각은 안 하고 기술자들이 서로 아집을 부리고 있다는 둥 뒷말들이 터져나왔다. 드디어 이건희 회장이 칼을 뽑아 들었다.

오너십,
'세계 최고의 집'을 짓다

이건희 회장은 돌연 미국 삼성연구소로 날아가 '4M는 스택 방식으로 한다'고 폭탄선언을 해버린다. 한미 기술진 간 갈등은 한순간에 정리됐다. 김광호 전 부회장은 당시 상황을 이렇게 기억하고 있었다.

"저도 점점 시간이 지나면서 '스택으로 가야겠구나'라고 판단이 섰습니다만, 그럴 경우 미국 연구소를 어떻게 할지 걱정이 많았습니다. 그런 와중에 회장님이 미국 연구소로 날아가서 '스택으로 간다, 트렌치는 버려라' 선언을 해버린 거죠. 한국과 미국 모두 난리가 났습니다. 저 나름대로 뜸을 들여 분위기를 좀 익혀서 하려 했는데 팍 터트리신 거죠(웃음). 어떻든 회장님의 빠른 결단으로 내부 갈등과 논쟁을 최소화해 4M 개발에 속도를 낼 수 있었습니다.”

4M 개발 방식이 스택으로 결정되자, 미국 연구소는 마케팅, 영업, 정보 수집에 주력하고 칩 개발과 연구는 한국의 기흥 사업장에서 하는 것으로 정리된다.

삼성 특유의 마라톤식 개발 방식

삼성반도체 신화를 가능케 한 요소 중에는 앞서 언급한 '마라톤식 개발 방식'이 있다. 한꺼번에 주자를 모두 뛰게 하는 것이다. 이 시스템은 짧은 시간에 선진국 기술을 따라잡아 기술 개발과 양산 체제를 동시에 갖추려 한 호암과 이건희 회장의 의지에 바탕을 두고 있다.

예를 들어 1M, 4M, 16M 개발팀을 동시에 운영해 한 팀은 대량생산 노하우를 개발하고 다른 한 팀은 기본적인 공정 기술을 개발하며 또 다른 한 팀은 신제품 기본 개념을 세우는 식이다.

삼성이 실리콘밸리 현지법인과 국내 연구팀을 상대로 동시에 제품 개발 경쟁을 시킨 것도 마찬가지 이유였다. 256K에서 4M까지 모두 이 방식으로 개발됐다. 두 연구팀은 서로 돕고 정보를 나누기도 했지만 경쟁적으로 신제품을 개발했다.

이 방식은 비용이 많이 들었지만 개발 초기 단계에서 불확실성을 줄이고 국내 기술진이 효과적으로 미국의 선진 기술을 배우는 기회가 됐다. 초기에 연구 및 기술 개발은 미국 팀이, 생산은 국내 팀이 한다는 전략 아래 움직여 효과를 극대화했다.

이건희 회장은 이런 동시 경쟁과 마라톤식 병렬 개발 전략을 반도체뿐 아니라 가전 분야에도 채택했다. 왜 이런 방식을 채택했는지에 대해 생전에 미국과 일본의 신차新車 개발 방식에 빗댄 경영 철학으로 말한 적이 있다. '신약 개발과 FDA'라는 글이 그것이다.

1980년대 중반 미국의 시사주간지 〈타임〉은 일본 자동차의 미국 시장 석권 사실을 '제2의 진주만 공습'이라고 대서특필했다. 일본 차는 날개 돋친 듯이 팔려나가는 반면 미국 차는 소비자들의 외면으로 재고가 눈덩이처럼 불어나고 있던 상황을 이렇게 충격적으로 표현한 것이다.

당황한 미국 자동차업계는 일본 자동차업계가 어떻게 높은 경쟁력을 갖게 되었는지를 조사해보았다. 조사 결과 미국은 신모델을 개발하는 데 평균 5, 6년이 걸렸지만 일본에서는 2, 3년 만에 새 모델을 개발해내는 것으로 밝혀졌다. 일본 기업들이 시장과 고객의 변화에 훨씬 빠르게 대응할 수 있었다는 얘기다.

이러한 차이는 미국과 일본의 신차 개발 방식이 근본적으로 다른 데 있었다. 그때까지만 해도 미국 기업은 시장조사에서 출하까지 단계별로 한 단계가 끝난 후에야 다음 단계로 넘어가는 직렬형 연구개발 체계를 취하고 있었다. 반면 일본 기업들은 개발과 관련된 모든 부서의 사람들이 한자리에 모여 제품 규격을 결정하고 각자 자기 부서로 돌아가 정해진 대로 작업을 하는 병렬적인 개발 체계를 취했던 것이다.

지금은 이런 병렬형 체계도 낡은 것이 되어버렸다. 기업 내부뿐만 아니라 외부의 협력자와 하나가 되어 동시에 연구개발을 진행하는 통합 방식이 등장했기 때문이다.

미국에서 신약을 시판하려면 FDA(식품의약국)의 승인을 얻어야 하는데 이 과정이 매우 길고 복잡하다. 그래서 미국의 제약업체들은 신약 개발이 완료된 후에 승인을 신청하는 게 아니라 단계마다 결과를 FDA에 보고하여 합격하면 개발을 계속하고 불합격하면 거기서 중단해버린다. 기업 내부를 병렬식으로 통합하는 데서 한 걸음 더 나아가 FDA라는 외부 기관의 판정까지도 연구개발 프로세스에 통합시키는 것이다.

삼성은 '명품 TV'를 개발하면서 통합 개발 방식을 적용했다. TV에 필요한 브라운관을 비롯, 각종 부품을 만드는 그룹 내 회사는 물론 협력업체까지 포함해서 개발진을 구성하고 그들을 한곳에 모아서 개발한 것이다. 그 결과 종전보다 개발 기간을 훨씬 단축했고 원가도 상당히 낮출 수 있었다.

이를 보면 직렬보다는 병렬이, 병렬보다는 통합이 시간을 단축해주고 결국 경쟁력을 높여준다는 것을 알 수 있다. 우리 기업들은 이와 같은 개발 방식을 연구개발 분야뿐만 아니라 업무 처리 전반에 적용할 필요가 있다. 그렇게 할 때 선진 기업과 격차를 좀 더 빨리 해소하고 경영 전 부문의 능력을 향상시켜 경쟁력을 높일 수 있을 것이다.

탁월한 기술경영자

스택과 트렌치 일화는 직원들이 갑론을박할 때 최고경영자의 빠른 의사 결정이 얼마나 중요한 요소인지 보여주는 상징적 사건이며 훗날 삼성반 도체의 운명을 가른 결정적 장면이기도 했다. 진대제 전 사장의 육성이다.

"스택, 트렌치 결정만큼 리더의 판단력과 결단력이 기술 기업의 존망을 가른 극적 분수령으로 작용하는 일은 몇 안 될 겁니다. 도시바와 NEC는 트렌치를 고집하다가 나중에서야 스택으로 전환해 고전을 면치 못했습니다. 처음부터 스택을 썼던 히타치에 결국 선두를 빼앗겼으니까요. 반면에 스택을 채택한 후지쓰, 미쓰비시는 살아남았고요. 미국도 마찬가지여서 트렌치를 고수한 미국 IBM, 텍사스 인스트루먼트, 여기에 독일 지멘스까지 다 사라져 버렸습니다. 삼성도 자칫 이런 운명이 됐을 수 있습니다."

스택, 트렌치에 대해서는 반도체업계에 속하지 않았던 다른 삼성 인사들도 생생히 기억하고 있었다. 배종렬 전 삼성물산 사장은 사장단 회의에서 이건희 회장이 말한 내용을 떠올리면서 본질을 보려 했던 통찰력에 주목했다.

"4M를 양산할 때 회장께서 스택으로 가자고 하면서 아주 쉽게 설명하셨어요. '지하를 파기보다 쌓아 올리는 게 훨씬 쉬운 거 아니냐'는 거였죠. 회장님은 모든 사물을 굉장히 단순화해 결론을 내리는 경우가 있었는데 스택과 트렌치 일화가 대표적이었죠."

실제로 이건희 회장은 생전에 "모든 사물을 겉만 보고 피상적으로 대해서는 의미가 없다. 사물의 본질을 파악하는 게 중요하다"고 말했다. 그의 글 '냉장고와 정사각형'에는 이런 정신이 잘 드러나 있다.

몇 해 전에 '고정관념을 깨자'라는 재미있는 TV 프로가 있었다. 우리가 불변이라고 생각하고 있는 원리를 한번 깨뜨려보자는 프로였다. '달걀을 세워보라'는 말에 달걀 밑을 깨뜨려서 세웠던 콜럼버스의 발상도 일종의 고정관념 깨기 아닌가. 그런데 이처럼 고정관념을 깨면 뜻밖에 높은 소득을 올려주는 경우가 있다.

냉장고의 단면은 정사각형이다. 같은 넓이의 사각형 중에서도 정사각형으로 만들어야 체적이 가장 커지고 그만큼 많은 양을 담을 수 있다는 기하학의 원리에 따른 것이다. 그런데 이러한 원리를 알고 나서 조금 더 시야를 넓혀 입체적으로 생각해보면 새로운 사실을 깨달을 수 있다.

예를 들어 냉장고의 공간만 생각할 것이 아니라 냉장고를 만들 부엌의 공간까지 생각해보면 정사각형보다 조금 얇게 길쭉한 직사각형으로 만들 수 있는 착상이 가능하다.

오늘날의 고객은 용량은 크면서도 차지하는 공간은 적은 냉장고를 원하고 있다. 그런데도 원리에 얽매여서 '냉장고 단면은 정사각형이어야 한다'고 고집하면 당연히 고객으로부터 멀어지고 만다. 원리·원칙만 따지면 시대의 변화, 시장의 흐름을 놓치게 되고 남보다 그만큼 뒤지게 된다는 얘기다.

꼭 원리·원칙대로 해야 된다는 생각에서 벗어나 이를 응용하는 단계로 발전시켜야 새로운 제품이 나오는 법이다. 우선 원리를 알고 나서 원리에 의문을 갖고 설계에 응용하는 습관을 들이면 새로운 것을 만들어내는 힘, 즉 창조력도 자연스럽게 생겨난다.

이번에는 권오현 전 부회장 말이다.

"삼성 내부에서도 스택과 트렌치 중 어느 것이 더 나은지 단정 지을 수 없는 상황에서 결정을 해야 하는데 의견이 양분된 거죠. 그러다 '위로 솟은 건물 체크가 쉽겠는가, 지하로 파 들어간 건물 체크가 쉽겠는가?' 이 한마디로 딱 정리를 하신 거죠. 회장님은 기술자적인 계산에 의해서가 아니라 남다른 직관력과 통찰력 같은 게 있었던 것 같아요. 어쩌면 가장 상식선에서 생각하려 노력했던 것도 같고요.

미래의 확장성 측면으로 따져도 지하에 100층을 파 내려가는 것보다는 위로 100층 올리는 게 더 낫지 않겠습니까. 스택 방식에도 이런저런 어려움은 있었지만 이것저것 다 가지를 치고 가장 본질적인 부분에 천착하신 거죠.

진대제 전 사장 말처럼 결과적으로 트렌치를 선택한 회사들은 다음다음 제너레이션(세대) 때부터 거의 탈락했어요. 64M까지는 어느 정도 해나갔지만 256M 갈 땐 거의 다 포기했으니까요. 회장님 판단이 진짜 제대로 된 결정이라는 게 훗날 밝혀진 거죠."

이건희 회장은 생전에 스택을 택한 결정에 대해 "스택 방식이 맞을 것이라는 감感은 있었지만 100% 확신은 못 한 상태였다. 결과적으로 운이 좋았다"고만 짧게 언급했다.(1999년 11월 18일 서울대학교 강연)

패러독스 경영

1980년대 이후 반도체업계는 그야말로 피 튀기는 격전의 현장이었다. 극심한 호황과 불황이 엇갈리는 상황에서 특히 2000년부터 2010년까지 글로벌 반도체업계에서는 매년 평균 한 개꼴로 D램 제조업체가 부도나거나 인수합병이 돼 사라졌다. D램 대전에 겨우 평화가 찾아온 것은 2012년 일본 엘피다가 시장에서 사라지면서부터라고 할 수 있다.

D램 시장에서 삼성이 택한 전략은 압도적인 원가 경쟁력이었다. D램이라는, 남들도 만드는 똑같은 제품 경쟁에서 이기려면 가격밖에는 메리트가 없었다. 그래서 공장을 더 세우고 웨이퍼 인치를 늘리고 고가의 첨단 노광기를 들여오는 규모의 경제를 도입한 것이다. 또 조금이라도 효율을 극대화하기 위해 극을 달릴 정도로 칩의 크기를 줄이는 설계를 하고 공장 및 장비에 적합한 회로 설계를 생각해내야만 했다.

흔히 삼성이 싸구려 원가 경쟁에서 승리했다고 말하지만, 단순히 그런 차원으로 치부돼서는 안 된다는 게 전문가들의 평가다. 기술에는 반드시 첨단만 있는 게 아니기 때문이다. 삼성은 철저히 소비자 관점에서 소비자가 원하는 것을 제공했기에 승리할 수 있었다. 정인성의 책《반도체 제국의 미래》는 그 대목을 정확하게 짚고 있다.

삼성전자는 D램 시장의 본질, 나아가서는 반도체 시장의 본질을 매우 빠르게 간파했다. 그것은 컴퓨터라는 기기가 개인이 함부로 구매할 수 없었던 첨단 기기에서 개인용 전자 기기로 변화함에 따라 시장에서 완제품 수명이 빠르게 짧아지고 있음을 간파한 것이다.

삼성은 이 방향에 맞추어 제품의 수명과 품질을 사용자가 필요로 하는 정도로 맞추고 나머지 자원을 원가 경쟁력 확보에 사용하는 원칙을 확립했다. 이를 통해 구매자들이 원치 않는 레벨의 고성능 제품을 제공하는 대신, 낮은 가격으로 핵심 부품을 공급해준 것이다. (…) 이 사실을 조금 늦게 파악한 일본 경쟁 회사들은 시장 퇴출이라는 큰 대가를 치러야만 했다. 그들은 흐름을 바꾸고자 수차례 노력했지만 삼성전자는 실수하지 않고 언제나 가장 앞서 원가를 떨어뜨릴 수 있는 기술을 도입했다.

이는 단순히 원가 싸움에서 상대를 압살하며 승리했다는 것 이상의 의미가 있다. 첨단기술이라는 것이 무조건 고성능, 고신뢰성을 의미하지는 않는다는 것을 증명한 것이다.

첨단기술은 혼자 존재할 수 없으며 언제나 사용자가 존재한다. 사용자들이 원하는 수준의 물건을 가장 빠르게 가장 저렴하게 제공하는 인적·물적 기반이야말로 진정한 첨단기술임을 삼성은 보여준 것이다.

호암이 마련한 반도체라는 초석 위에 30년 만에 '세계 최고의 집'을 지은 이건희 회장은 과감한 투자 결정이라는 경영 감각을 갖췄고 미래 기술 추세를 예측하는 시야가 넓었으며 좋은 기술에 대한 안목도 있었다. 이 점에서 탁월한 기술경영자였다고 할 수 있다.

이 회장의 기술철학은 한마디로 '기술자를 위한 기술'이 아니라 '사용자, 소비자가 원하는 기술'이었다.

여기에 또 하나의 키워드가 '차별성'이다. 남과 조금이라도 달라야 한다는 '차별화'라는 프레임으로, 기술을 생각하면 굳이 첨단이 아니더라도 모든 것이 기술이 될 수 있다는 것이다. 글 '남다른 기술로 승부'에는 이런 철학의 일단이 드러나 있다.

기술이 하루가 다르게 변하다 보니 기술이라면 시대를 앞서가는 최첨단만 생각하게 된다. 그러나 기업 경영에 있어서 첨단기술만 중요한 것은 아니다. 세계 1등 기업이 반드시 세계 최고 기술을 가진 것은 아니다. 기술경영이 최근 기업들 사이에 많이 회자되고 있지만 기술경영을 제대로 하기 위해서는 근본적으로 기술이 무엇인지, 왜 필요한지에 대해 먼저 생각해봐야 한다. 나는 기술경영의 요체를 끊임없는 첨단기술에의 도전과 함께 남과 다른 차별성을 확보하는 것이라고 생각한다. 또 기업 경영에서 생산, 연구개발뿐 아니라 판매, 경리, 노무관리 등 투입물을 산출물로 바꾸는 모든 경영 활동이 기술이 될 수 있다고 생각한다. 기초연구가 부족하고 자금 여력도 충분하지 않은 우리 기업들이 세계 일류 기업들과 첨단기술 경쟁에서 승리하기에는 많은 어려움이 있다. 하지만 우리 기업들이 나름대로 차별화된 기술을 가질 수 있다면 세계시장에서 우리 몫을 제대로 차지할 수 있으리라 본다.

또 다른 글 '199가지 색상의 자전거'에서는 얼마나 고객 마인드에 충실해야 하는지에 대해 자전거의 예를 통해 설명한다.

최근 매스-커스터마이제이션Mass-Customization이라는 새로운 개념이 기업인들의 관심을 끌고 있다. 이는 대량생산Mass Production과 고객화Customization의 합성어로, 다양한 제품과 서비스를 고객 입맛에 맞게 만들어내는 동시에 생산 원가까지 낮춘다는 의미다.

마쓰시타의 자회사인 내셔널자전거는 매스-커스터마이제이션을 실행에 옮긴 기업으로 유명하다. 이 회사의 소매점에는 199가지 색상의 18가지 모델의 자전거가 준비돼 있다. 고객이 소매점에 가서 자기 개성대로 주문하면 소매점은 그 데이터를 공장과 연결된 컴퓨터에 입력하고 공장에서는 고객의 주문대로 자전거를 즉시 생산하는 시스템을 구축했다.

이 시스템은 또 고객의 체형까지 고려하게 되어 있어 사실상 수천 가지 모델을 생산하는 셈이다. 매스-커스터마이제이션, 이는 대량생산과 고객 만족이라는 두 개의 상충되는 목표를 모두 달성할 수 있는 매력적인 수단임에 틀림없다.

지금은 이처럼 두 마리 토끼를 모두 잡아야 살아남는 시대다. 대량생산과 고객 만족뿐 아니라 생산품의 양과 질, '낮은 원가와 높은 품질' 등도 마찬가지다. 이들 중 한 가지만 선택해도 되는 시대는 이제 지나갔다.

도저히 달성 불가능한 모순적 목표를 달성하는 것이야말로 '퍼스트 무버'를 가능케 하는 상상력이 아닐까. 그래서 이건희 회장은 일찍이 '모순경영', 즉 '패러독스 경영'을 강조했다. 반도체의 경우 갈수록 이런 모순적 상황에 맞닥뜨리는 대표적 제품이다. 기억 용량은 커져야 하는데 칩 크기는 작아져야 하고, 속도는 빨라져야 하는데 전력 소모는 줄어야 하고, 성능은 좋아져야 하는데 가격은 싸져야 하는 것이다.

이 회장은 오래전부터 이를 간파하고 있었다. 그리고 이를 '패러독스 경영', 즉 '모순적 경영'이란 말로 개념화했다. 그러면서 글 '패러독스 경영'을 통해 삶이나 기업 경영이나 모순적 상황에 얼마나 유연하게 대처하느냐가 관건이라고 말하고 있다.

우리는 보통 양면적이라는 말에 별로 좋지 않은 느낌을 갖는다. 예로부터 심지가 곧고 일편단심으로 꼿꼿한 지조를 지켜온 사람들이 높은 평가를 받아왔기 때문인 것 같다. 그러나 소신이나 신념이 자주 바뀌면 곤란하겠지만 양면성 자체가 잘못된 것은 결코 아니다.

역사적으로 뛰어난 인물들 중에는 부드러우면서도 강하고 신중하면서도 추진력이 있는 양면적인 성격의 소유자가 많다. 아인슈타인, 모차르트, 피카소 등 저명한 과학자나 예술가는 상반되는 생각을 동시에 할 수 있는 능력을 가졌다고 한다. 과거 우리 선조들이 이상적인 인간상으로 생각한 군자君子도 외유내강형의 양면적 인간이다. 언젠가 미국 잡지에서 본 내용인데 남성과 여성의 특성이 잘 조화된 양성적인 사람이 적응력도 높고 성취 욕구도 크다고 한다.

기업 경영도 마찬가지다. 세계적인 우수 기업이나 장수한 기업들은 상반되는 요소를 조화시키는 '패러독스 경영'에 강하다. ABB라는 회사는 사원이 20만 명이 넘는 큰 기업이지만 1,300개의 작은 회사로 나뉘어서 마치 중소기업처럼 움직인다. 인텔은 펜티엄 칩으로 큰 수익을 거두면서도 현실에 안주하지 않고 MMX알라 칩과 RICS 칩 같은 차세대 칩을 개발했다.

반면에 50년대 반도체 분야의 선두 기업이었던 RCA는 변화와 안정이라는 두 가지 패러독스 요소를 조화시키지 못해 지금은 자취를 감추고 말았다. 기업 경영에서는 상충되는 요소 두 가지가 다 필요한 것이다.

어느 한쪽에 치우쳐서는 잘하는 경영이라고 할 수 없다. 아무리 우수한 여성 인력을 많이 뽑아놓아도 남성 문화가 지배하는 직장에서는 제대로 능력을 발휘할 수가 없다. 여성적 요소와 남성적 요소가 잘 어우러져야 상승효과가 나올 수 있다.

그러나 획일적인 이분법 논리와 흑백 논리가 판을 치는 우리 현실에서 양면적인 패러독스 경영을 잘해나가기는 쉽지 않다. 내가 1993년 신경영을 주창하면서 질 경영을 수차례 강조하니까 앞으로 양 경영은 포기하는 것으로 해석하는 사람이 많았다. 이익에 대해서 이야기하면 매출은 중요하지 않다고 여기게 되는 것이 우리의 현실이다.

기업 경영에 있어서 질과 양, 매출과 이익, 어느 한쪽을 포기할 수는 없다. 어느 한쪽에만 의존하는 경영은 반대 차로를 보지 않고 운전하는 것과 같다. 물론 양면적인 경영을 한답시고 죽도 밥도 아닌 경영이 돼서는 곤란할 것이다. 앞으로 이와 같이 상충되는 요소를 잘 조화시키지 못하는 기업은 일류 기업이 되기 어렵다.

세상 만물은 양면성을 가지고 있다. 밝음이 있으면 어두움이 있고 썰물이 지면 밀물이 온다. 상반되는 요소가 잘 어우러져야 큰 힘을 내는 것이 자연의 이치다. 기업 경영도 마찬가지다. 기업을 잘 경영하려면 자본이나 기술도 필요하지만 외견상 상충되는 경영 요소를 슬기롭게 관리해나가는 능력도 필요하다.

이건희 회장은 1990년대 반도체 시장이 불황일 때도 12인치 웨이퍼 투자를 결정하고 새로운 생산 기지를 지었다. 1999년 7월 반도체 제2단지 경기도 화성 단지 기공식 장면.

일본을 이긴 이유, 오너십

전직 삼성맨들은 삼성이 일본을 이긴 비결에 대해 특유의 오너십 경영이 빛을 발했다고 말한다. 김광호 전 부회장 말이다.

"적자에 허덕이는 상황에서 공장을 짓고 웨이퍼 크기를 늘리는 파격적인 결정은 일본 회사들 입장에선 상상을 못 하는 일들이죠. 일본 회사들은 오너십 구조가 아니라 은행, 증권사가 회사 지분을 나눠 갖고 있기 때문에 올해 벌어들인 이익 범위 안에서 내년 투자를 합니다. 투자에 제약을 받을 수밖에 없지요.

우리는 호암이 '공장 지어' 하면 적자고 뭐고 와장창 짓고 했는데, 이건희 회장 때도 마찬가지였습니다. 일본이 그걸 쫓아올 수가 없었던 거죠. 삼성은 '라인 하나 새로 짓겠습니다' 구두로 보고하면 끝이었습니다. 엄청난 돈이 들어가는 데도 말이죠.

일본 사람들이 그런 걸 보면서 정말 놀라워했습니다. 자기들은 사내社內에서 신규 투자에 합의가 됐더라도, 또 은행에서 돈을 빌릴 때도 모두 투자자를 설득해야 한다는 겁니다. 그런 면에서 일본 기업들은 운신의 폭이 굉장히 제한된 의사 결정 구조지요. 저는 개인적으로 한국 재벌 시스템이 나라 경제에 여러 가지 폐해도 많이 발생시켰지만, 기적적인 경제성장을 이뤄내는 데 기여한 바가 크다는 걸 꼭 평가해줘야 한다고 봅니다."

이윤우 전 부회장도 "지금은 시대가 달라졌고 결국 경영의 본질은 누가 하느냐의 문제이긴 해도 일본이 한국과의 반도체 전쟁에서 왜 졌느냐를 가만히 따져보면 오너 경영과 전문 경영인이라는 시스템 차이도 있었다고 본다"며 이렇게 말했다.

"일본은 집단적 의사 결정입니다. 조무과, 상무회를 거쳐야 하고 사장들도 재임 기간 동안 안전 운행을 해 다음 자리인 회장으로 가는 게 목표이기 때문에 '리스크 테이킹'을 하지 않으려는 경향이 강하죠. 한마디로 절대적인 의사 결정자가 없는 거예요. 그러다 보니 반도체같이 변화가 빠르고 스피드와 집중 투자가 필요한 분야에서 한계를 드러냈습니다. 세계 1등을 하던 일

2010년 5월 17일 이건희 회장(왼쪽 두 번째)과 이재용 부회장(왼쪽 네 번째) 등이 화성캠퍼스 메모리 16라인 기공식에서 첫 삽을 뜨고 있다. 화성은 2000년대 이후 삼성반도체의 글로벌 독점력을 만드는 산실이 됐다.

2011년 9월 화성캠퍼스 16라인 양산 가동식에서 직원들로부터 16라인에서 생산된 '1호 반도체 웨이퍼'를 선물받으며 기뻐하는 이 회장.

본이었지만 1985년 중반부터 2000년으로 가면서 1~3 제너레이션 정도 늦어지니까 완전히 뒤처지게 됩니다."

계속 엇박자 낸 일본 업체

권오현 전 부회장도 "호황과 불황이 반복되고 그 진폭이 말도 못 하게 큰 반도체 사업에서 사이클에 흔들리지 않고 일관되게 밀고 나갔던 오너의 집념과 의지가 일본을 이긴 결정적 동력"이라고 했다.

"메모리는 1980년대부터 2000년대까지 고점高點이 오면 곧 떨어지고, 또 고점이 왔다가 다시 떨어지는 '사이클 비즈니스'였다고 할 수 있습니다. 업체 입장에선 고점이 오면 과잉 투자하게 되고 그렇게 되면 또 얼마 안 있어 공급과잉이 돼 값이 떨어져 불황이 찾아오고 값이 떨어지니까 투자를 못 하고 이러다 몇 년 지나면 반도체 값이 다시 올라가고. 그렇게 반복적인 비즈니스가 계속 이어진 겁니다. 1980년대, 1990년대를 지나 2000년대 후반까지 시장 상황이 계속 그랬다고 보면 돼요.

이 과정에서 일본 기업들이 밀린 이유는 투자 타이밍을 잘못 잡았기 때문이라고 볼 수 있죠. 삼성은 회장님의 확고한 신념 그리고 커미트먼트commitment(약속)로 불황에도 계속 투자했습니다. 불황 때 투자하면 장비 값도 싸고 좋은 조건이 여럿 있습니다. 부지런히 건물을 지어 양산 준비가 끝났을 때 호황이 오는 거죠.

반면에 일본은 그런 결정을 주저주저하다가 항상 호황 근처에서 투자를 했어요. 호황일 때는 제품이 필요하니까 당장 생산하는 게 중요한데 건물 짓고 장비 들어오고 셋업하다가 생산을 시작할 때쯤 되면 불황이 오는 거예요. 한마디로 계속 엇박자를 낸 거죠.

말은 쉽지만 강력한 리더십이 없으면 불황에 투자하는 선택은 못 하는 겁니다. 실패하면 책임은 누가 집니까. 임기가 있는 전문 경영인 처지에서는 적자를 감수하면서까지 공장을 짓자는 결정을 내리기가 쉽지 않습니다."

자율 경영,
그리고 위임의 리더십

이건희 회장과 함께 일했던 전직 삼성맨들은 '자율'과 '위임'이 이 회장의 경영 스타일이라고 한목소리로 말한다. 실제로 이 회장은 생전에도 경영자의 리더십에 대해 이렇게 강조했다.

"지식이나 상식은 남에게 배울 수 있지만 지혜는 스스로 깨치는 것이다. 자율 경영을 할 수 있는 경영력은 마치 지혜를 깨우치듯 경영자 자신이 스스로를 채찍질해서 부단히 노력하고 많이 배우고 눈도 넓히고 했을 때 비로소 길러질 수 있다는 것을 명심해야 한다.

힘을 가지려면 책임이 따른다. 따라서 힘을 가지려면 많이 알아야 한다. 누차 하는 얘기지만 경영자는 알아야 하고 할 줄 알아야 하고 지도할 줄 알아야 하고 시킬 줄 알아야 하고 평가할 줄 알아야 한다. 이것이 전제가 돼야 자율 경영이 된다. 열심히 일하다 실패한 것에 대해서는 책임을 묻지 않겠다. 성공은 부채다. 그러나 실패는 자산이다. 실패한 기록을 남겨 같은 실수가 되풀이되지 않아야 한다."

권오현 전 부회장은 "회장의 위임 경영을 통해 많은 것을 깨닫고 배울 수 있었다"며 이렇게 말한다.

"회장님은 굉장히 위임을 많이 하셨어요. 제가 개인적으로 해보고 싶은 건 다 해봤으니까요. 마이크로 매니지먼트(만기친람) 안 하시고 미래 지향적인 큰 그림을 그려주셨다는 점에서 정말 지금 시대에 필요한 경영자상을 보여주셨다고 생각합니다.

사실 우리나라 경영자들이 제일 힘들어하는 게 오너로부터 위임을 받았느냐 혹은 내가 (아랫사람들에게) 위임을 잘하고 있느냐 하는 것입니다. 저도 경영을 해봤지만 특히 한국에서는 위임이 쉽진 않습니다. 경영자가 되면 불안하고 간섭도 많이 하게 됩니다.

옆에서 일일이 독대하면서 배운 건 아니지만 회장님의 경영 스타일을 보고 또 말씀하는 걸 들으면서 정말 많이 배웠습니다. 회장님은 진정으로 '맡기면 알아서 잘할 것'이라고 생각하는 스타일이셨어요. 제가 보기엔 현대에 가장 맞는 경영자의 모범, 규범을 보여줬다고 생각합니다."

5,000억 원 정도는 마음대로 써라

김광호 전 부회장은 이런 에피소드를 전했다.

"8인치 웨이퍼를 도입할 때였어요. 공장을 짓고 설비를 다 갖다 놓고 하면 너무 늦어서 파일럿 라인을 만들어본 적이 있어요. 장비회사들한테 얘기해 장비를 전부 다 갖다 놓고 시험 생산을 해보는 거죠. 회사들은 여기서 성공하면 실제 양산 라인에 설비들을 들여놓을 수 있으니 정말 열심히 달려들어 합니다.

문제는 돈입니다. 파일럿 라인 하나 만드는 데 700억 원에서 800억 원 정도가 들었어요. 그런데 이걸 저 혼자 결정해서 했습니다. 보고드리고 말 것도 없었어요. 다 맡겨주셨으니까요.

웨이퍼 인치를 키우는 건 굉장히 힘든 일입니다. 산화막을 입혀 평평하게 만드는 과정이 여간 어려운 게 아니거든요. 두께 편차가 있게 되면 프로세스 진행할 때 동일 조건이 안 되기 때문에 바로 불량이 나옵니다. 그런 것 때문에 장비업체들이 겁을 많이 내죠. 설비 자체도 커져야 하고요.

12인치 때도 그런 문제점이 대두됐습니다. 그래서 미국, 일본 선진 업체들도 엄두를 못 내고 있었는데 우리는 파일럿 라인을 해서 미리 다 시험하고 맞춰본 뒤에 양산 발주를 냈습니다. 파일럿 라인은 미리 샘플을 만들어보고 오차를 최대한 줄여 훗날 양산 과정에서 생기는 문제들을 미리 차단하는 목적이 있었습니다. 결과적으로는 비용을 절약하는 일이었지만 라인을 만드는 것 자체는 돈을 그냥 날려버리는 것이나 마찬가지입니다.

당장 들어가는 돈만 생각한다면 결정을 내리기가 힘들죠. 그런데 회장님은 제 판단에 맡기셨어요. '5,000억 원은 마음대로 써라' 하시면서 말이죠."

김 전 부회장은 LCD(액정표시장치) 부서를 반도체 사업부로 옮기는 과정에서 생긴 일화도 전했다.

"일본에서 회장님과 도시바 반도체 담당 부사장, 저 이렇게 셋이서 오쿠라 호텔에서 저녁을 먹는데 LCD 비즈니스 얘기가 나왔습니다. LCD 사업은 당시 전자가 아니라 삼성전관, 오늘날 삼성SDI가 조금씩 하고 있었는데 도시바 부사장이 대뜸 'LCD라는 게 D램하고 똑같다'는 말을 하는 거예요. 기

반도체에 이어 세계 1위까지 올랐던 LCD는 1993년 반도체 공정과 비슷하다는 점에 착안해 반도체 사업부로 넘겨진 데서부터 역사가 시작된다. 1995년 2월 양산 공장 준공 모습.

능은 디스플레이지만 공정이 반도체랑 비슷하다는 거죠.

무슨 말인고 하니 '셀 어레이Cell Array'라고 셀을 좌우로 좌표를 찍어 만나게 하면 불이 켜지고 그렇게 해서 빛이 나는 게 LCD인데, 메모리도 결국 메모리 셀을 좌우로 연결해가는 거라 똑같다는 거였죠. LCD는 결국 반도체에서 맡아 해야지 효율이 좋다는 거예요.

이 말을 들은 회장님이 그 자리에서 '김 부회장, 가져가' 이러시는 거 아닙니까. 서울로 돌아와 '회장님 지시 사항'이라고 말하고 속전속결로 진행했습니다. 삼성전관이 발칵 뒤집혔지만 비싼 값에 제대로 쳐줬습니다. LCD가 반도체 사업부 안에서 키워지기 시작한 데는 그런 사정이 있었습니다."

1993년 반도체 사업부로 넘어온 LCD는 이후 반도체, 휴대전화와 함께 삼성三星의 세 별로 불릴 정도로 효자 노릇을 하게 된다.

삼성은 2000년대 들어 벽걸이 TV용 LCD 패널을 대중화하고, 두께를 얇게 하는 경쟁에서 종주국이었던 일본 업체들을 압도하며 LCD 사업의 새 역사를 썼다. 2005년에는 전 세계 TV 패널 시장 점유율 2위를 차지한 데 이어 2008년에는 최고 강자 샤프를 꺾고 세계 1위를 달성하는 기염을 토했다.

하지만 기업 세계에서 영원한 강자가 없다는 것은 삼성에게도 해당하는 말이다. 2010년대 들어 중국 업체의 저가 물량 공세가 시작되면서 경쟁력을 잃기 시작해 결국 2022년 6월 사업을 접게 된 것.

현재 글로벌 LCD 최고 강자는 중국 최대 디스플레이업체 BOE다. 2021년 LCD 매출이 286억 달러로 전체 LCD 시장의 26.3%를 차지했다.

삼성의 디스플레이 사업을 총괄하는 삼성디스플레이는 LCD 사업 종료 이후, 회사의 캐시 카우(주 수입원)인 중소형 유기발광다이오드(OLED)와 미래 먹거리로 꼽히는 퀀텀 닷(QD)-OLED에 집중한다는 계획이다.

LCD는 산업사에서 중국이 숨 가쁜 기술 추격을 하면서 매우 짧은 기간 안에 1위를 차지하는 속도전의 드라마를 펼쳤다는 점에서 주목해볼 만한 사례라고 할 수 있다.

경청의 힘, 신뢰의 힘

육현표 전 에스원 사장은 비서실 기획팀장 시절 이건희 회장을 지근거리에서 만날 수 있었다고 한다. 그는 "매번 회의에 들어갔지만 회장님이 주로 침묵하며 경청을 했지 일일이 뭔가를 지시하는 모습은 보지 못했다"고 한다. "당신의 말이 전해질 무게감을 알았기 때문 아니었나 하는 생각이었다"는 게 그의 말이다.

"회장님은 당신께서 선두에 서시겠다며 동기부여만 하실 뿐이지, 앞에 나서서 이래라저래라 하시는 모습은 제가 못 본 것 같습니다. 마치 당신이 기용한 사람을 믿지 못하는 일은 안 되는 일이라고 생각하시는 것 같았습니다. 그리고 꼭 필요한 말씀만 하셨어요. 기업에서 오너의 지시는 그대로 '법', '하나님 말씀'이잖아요. 회장님도 사람일진대 하고 싶은 말이 왜 없었겠어요. 하지만 당신의 말 한마디 한마디가 어떻게 받아들여질지를 잘 알기 때문에 말을 아끼셨던 것 같습니다. 어느 회사나 비슷하지만 회장님 한마디에 경영진은 이것저것 따져보지도 않고 그대로 실행에 옮길 것 아닙니까? 그러니까 엄청난 자제를 하신 거죠. 그리고 지시를 하실 때에도 늘 상대방이 판단할 여지를 두고 말씀을 하셨습니다. 조직의 리더라면 꼭 배워야 할 점이라고 생각했습니다.

그러다 보니 사장들은 공부를 하지 않을 수가 없었습니다. 지시를 이행만 하면 되는 것이 아니라 해당 문제에 대해 곰곰이 다시 생각해야 하니까요. 회장님의 자율 경영, 말을 아끼는 경영은 사장들을 교육시키고 공부시키는 한 방법이기도 했다는 생각이 듭니다."

육현표 전 사장은 이건희 회장이 되도록 현장을 방문하지 않으려 했던 것도 같은 맥락으로 보인다며 이렇게 덧붙였다.

"회장님은 생전에 '내가 현장을 간다고 하면 상황이 뻔하다'고 말씀하시곤 했습니다. 예를 들어 중공업 조선소에 간다고 하면 페인트칠 다시 할 테고, 거기 있는 사람들 얼마나 고생하겠느냐 이런 말씀이셨죠."

오너의 목적은 성과를 만들어내는 것

삼성 에버랜드와 호텔신라 사장을 역임한 허태학 전 사장은 1993년 호텔신라 면세점 사업부장이던 시절, 이건희 회장과 처음 만난다.

허태학 전 사장이 전하는 이야기들은 생전에 이건희 회장이 아랫사람들에게 얼마나 많은 자율성을 주고 일을 시켰는지를 단적으로 느끼게 해주는 에피소드가 많다. 허 전 사장이 기억하는 이 회장과의 첫 만남은 이렇다.

"비서실장 보좌역이었던 이학수 차장이 보자고 해서 갔더니 회장께서 지금 일본 고베에 계시는데 저를 찾으신다는 거예요. 비행기를 급히 예약해 고베로 날아갔지요. 호텔 방문을 여는데 안에서 영 언짢은 말씀들이 오가고 있었어요. 누가 꾸지람을 듣고 있는 것 같더라고요. '와, 저렇게 혼나면 기가 죽어서 일을 할 수 있을까' 싶을 정도였어요.

나중에 안 일인데 당시 자연농원(삼성 에버랜드의 옛 이름) 사업부장, 관리팀장이 엄청 꾸중을 듣고 있었다고 합니다.

제가 당혹스러워 문을 닫지도 못하고 서 있는데 사람들이 물러가더라고요. 회장님께 꾸벅 인사를 하니 '그동안 무슨 일을 했느냐? 지금 일에 재미를 느끼느냐?'고 물으셔서 하는 일에 대해 보고를 드리고 '나름대로 보람을 느끼고 있습니다' 대답했습니다.

그게 끝이었습니다. 며칠이 지나도 다시 부르질 않는 거예요. 아무 지침도 없었고요. 일주일인가 열흘쯤 기다리다 회장님을 직접 찾아갔죠. '특별히 하명할 말씀이 없으시면 서울로 들어가서 일을 보다가 다시 말씀 주시면 오겠습니다' 했더니 '도쿄 디즈니랜드를 제대로 보고 오라'고 하시는 거예요."

— 갑자기 무슨 말이었을까요.

"저 역시 어리둥절했습니다. 호텔신라에 있는 내게 왜 디즈니랜드를 보고 오라는 건가, 엔터테인먼트 기법이라든지 디자인을 호텔에 접목해보라는 건가, 이런 생각을 하고 있는데 제 생각을 읽으셨는지 '디즈니랜드 주변 도시나 골프장 개발한 것을 보고 오라'고 하시는 거예요. 더 감이 잡히지 않았어요. 도쿄에 있는 놀이공원인 시티 워터파크도 가보라고 하셨어요. 그 길로 도쿄로 가서 모두 둘러보고 다시 고베로 돌아가 보고를 드렸지요."

— 뭐라 하시던가요.

"어땠냐고 하시길래 '한국에서는 생각할 수 없을 만큼 시설 규모도 크고 선면각곡색線面角曲色(선이 분명하고 면이 살아 있으며 각지고 곡선의 유연함이 있으면서 색이 아름답다는 뜻)이 정말 독특하게 갖추어져 있었습니다. 역시 서비스업은 시설들이 색상 면에서 차별화되지 않으면 고객의 호감을 지속적으로 유지하기가 힘들 것 같습니다'라고 말씀드렸습니다. 제 말에 상당히 긍정적인 반응을 보이셨던 것이 기억이 납니다."

그렇게 서울로 돌아간 허 전 사장은 얼마 후 갑자기 자연농원으로 가라는 인사 발령을 받았다고 한다.

"좀 놀랍고 당황스러웠습니다. 솔직히 '언해피Unhappy' 했고요. 제 꿈은 호텔신라에서 전문 경영인으로 크는 거였거든요. 미국 코넬대까지 가서 호텔 매니지먼트 연수를 한 것도 호텔 경영에 대한 전문성을 키우기 위한 것이었습니다. 하지만 오너의 목적은 아랫사람을 부려서 성과를 만들어내는 것이지 개인을 키우는 게 아니잖아요? 이왕에 발령을 받았으니 내가 탈출할 것이냐 아니면 회사를 리노베이션 할 것이냐에 대한 고민을 거듭했습니다.

그러던 중 이번에는 해외 유명 리조트, 호텔, 레스토랑 등을 살펴보고 들어오라는 지침을 받았습니다. 한 달간 덴마크, 독일, 프랑스, 이탈리아, 미국 서부·중부·동부, 뉴욕까지 다 둘러보고 왔어요. 들어오니까 중앙개발 대표이사로 발령이 나 있었습니다. 회장께서 제게 '자연농원을 바꿀 수 있는 획기적인 계획을 세워보라'고 하셨는데 그때야 비로소 고베와 도쿄, 세계 유명 리조트를 샅샅이 둘러보라고 한 뜻을 이해하게 됐지요."

신경영 메시지를 전파했던 또 다른 발신지

허 전 사장은 용인 자연농원에 대한 전면적인 수술을 감행했다고 한다.

"나중에 깨달은 건데 1993년 신경영 선언 이후 회장님은 '불특정 다수가 드나드는 공간에서 뭔가 달라진 것이 있어야 나의 혁신 메시지가 안팎으로 확산될 것'이라는 생각을 하셨던 것 같아요.

사실 혁신이란 것이 눈에 보이는 효과가 있어야 하는데 공장 안에서, 사무실 안에서 아무리 해봤자 밖에 있는 사람들이 어떻게 알겠어요. 자연농원이라는 곳을 1차 산업형에서 3차 산업형 공간으로 탈바꿈시키면 대중적으로도 화제가 되고 그렇게 되면 신경영 선언의 확산성이 있지 않을까 생각하신 것 같아요. 판단을 잘하셨다고 봅니다."

허 전 사장이 제일 먼저 한 것은 브랜드 교체였다고 한다.

"미국 컨설팅 회사 자문을 받아 '에버랜드'와 '캐리비안베이'로 네이밍을 했는데 가장 큰 걱정이 회장께서 과연 허락해주실까 하는 거였습니다. '자연농원'이란 이름이 호암 선대 회장이 직접 지은 거 아닙니까."

그런데 이건희 회장은 전폭적인 신뢰를 보냈다고 했다.

"정말 대단하신 분이었습니다. 마누라, 자식 빼고 다 바꾸자는 걸 말이 아닌 실천으로 보여주셨으니까요. 제가 뭘 바꾸고 싶다고 하면 '회사 대표가 알아서 하면 되지, 왜 자꾸 묻느냐'고 하실 정도로 다 믿고 맡기셨어요. 신경영 선언 때 하신 말씀 그대로 개인적인 감정 따위는 일절 개입시키지 않고 회사를 개혁할 수 있다면 현장에서 할 수 있는 걸 하게 해주셨고 밀어주셨습니다."

브랜드 교체에 이어 주변 인프라 업그레이드에 나섰을 때도 마찬가지였다고 한다.

"용인 들어가는 2차선을 4차선으로 확장했더니 도로가 확 트이게 됐죠. 만약 제가 월급쟁이 근성으로 '좋은 게 좋은 거'라는 식으로 안주했다면, 지금의 에버랜드는 탄생하기 어려웠을 겁니다. 캐리비안베이 워터파크를 만들때는 1,000억 원을 투자했어요. 당시로서는 엄청나게 큰 투자였습니다. 주변에서는 너무 과한 거 아닌가 걱정도 많았는데 회장님은 '해보라'고 과감하게 밀어주셨습니다."

1996년 8월 워터파크 오픈을 앞두고 이건희 회장이 최종 점검차 방문한 일이 있었다고 한다. 시설을 둘러본 이 회장은 그에게 이렇게 딱 한마디를 한 게 전부였다고 한다.

"내보고 하라 캤으면 더 크게 했겠다."

적재적소가 능사는 아니다

이건희 회장은 생전에 "사람에게 누구나 권한과 책임을 주면 그 일을 제일로 생각해서 스스로 일에 몰두하고 신이 나서 일한다. 능력도 최대한 발휘할 뿐 아니라 아이디어도 자발적으로 낸다. 이것이 자본주의 사회의 주인 의식이다"라고 말했다. 글 'DIY식 사고' 전문이다.

최근 DIY 제품이 시중에서 부쩍 인기를 끌고 있다. 책상이나 의자 등을 반제품 상태로 사다가 가정에서 직접 조립하는 것으로 각자의 취향에 따라 색상과 형태가 다양하다는 것이 이 상품의 매력이다. 사람들의 가치관이 참으로 다양해지고 있는 것이다.

기업에서도 과거 공업화를 축으로 한 성장 시대에는 '하면 된다'는 정신으로 뭉쳤기 때문에 경영자는 군대식 지휘관의 자세로 모든 역할을 혼자서 감당해야 했다. 그러나 정보사회가 도래하고 환경 변화가 급격해지는 현시점에서는 경영자의 역할도 달라지지 않으면 안 된다.

소위 'DIY식 사고'에서 그 해답을 찾는 것도 한 방법이 될 수 있을 것이다.

경영자의 자세를 과거처럼 '나를 따르라follow me'가 아닌 '네가 먼저 자율적으로 해보라after you'로 바꿔보자는 것이다. 조직의 비전과 경영 방침을 명확히 정해주고 구체적인 수행은 자율에 맡기는 것이다. 그렇게 해야 하고자 하는 개인의 욕구를 충족시키고 잠재된 창의력을 발휘할 수 있기 때문이다.

지금까지 우리는 뭉치는 힘 하나로 역사를 이루어왔다고 해도 과언이 아니다. 숱한 외침에 맞서 모두가 일치단결하여 싸우고 나라를 지켜왔으며 아무것도 없는 상태에서 앞장선 리더들의 헌신과 전체 국민들의 단합으로 세계 속에 발돋움할 수 있었다.

이러한 환경이 지금은 바뀌고 있다. 한 국가의 힘 자체가 물리력에서 소프트한 힘, 즉 과학기술력, 뛰어난 인재의 보유 정도 등으로 바뀌었다. 뭉치는 힘만 갖고는 경쟁력을 갖기가 어렵게 됐고 소프트한 힘을 낼 수 있는 창조력이 필요해진 것이다.

창조력이라는 것은 그냥 생기는 것이 아니다. 아무리 뛰어난 천재성을 타고났어도 그것을 갈고닦지 않으면 안 된다. 찬란한 빛을 발하는 다이아몬드도 갈고 다듬지 않으면 그저 원석原石에 불과할 뿐이다. 이제는 경영자들이 원석을 연마하는 역할을 해야 한다.

어떤 이들은 부하가 능력이 없다고 탓한다. 그렇게 탓하기 전에 먼저 일을 맡겨보고 끈기 있게 기다리는 것이 중요하다. 사람을 쓰는 비결은 적재적소만이 능사가 아니다. 그 사람이 제대로 일할 수 있도록 권한을 주고 또 성과를 내도록 시간을 주는 것도 중요하다.

한나라 황제가 된 유방은 절대적인 전력의 열세에도 불구하고 항우와 치른 3년 전쟁에서 승리했다. 그 비결은 항우가 매사를 직접 처리해야 직성이 풀리는 사람이었던 반면 유방은 장량에게 기획을 맡기고 물류는 소하, 전투는 한신에게 맡겨 그들의 능력을 최대로 발휘하게 한 데 있었다.

호암과 이건희,
두 거인의 리더십 차이

김광호 전 부회장으로부터 이건희 회장 리더십에 대해 좀 더 깊은 이야기를 들을 수 있었다. 우선 호암과 이건희 회장 리더십의 가장 큰 차이를 묻는 질문에 그는 이렇게 답했다.

"호암은 꼼꼼하게 따지는 스타일이었다면 이 회장님은 묵묵히 듣고 생각한 뒤 '하시오' 한마디로 결정하는 스타일이셨습니다. 또 호암은 선두에서 임원들을 독려하고 끌고 가는 스타일이셨다면 이건희 회장님은 임원들이 알아서 뛰게 하고, 뛸 수 있도록 여건을 만들어주는 스타일이셨습니다.

초기에 이 회장님은 정말 밤잠 안 주무시고 일에 몰두하셨어요. 오밤중이고 뭐고 없었어요. 새벽 1, 2시에도 전화를 했는데 자다 말고 놀라 깨서 받으면

'이거 알아요? 저거 알아요?' 물으시고는 제가 머쓱해져서 '잘 모르겠습니다' 하면 '알아보세요' 하고 끊으셨어요.

한번은 일본에 출장 갔다가 호텔 방에서 새벽 2시에 전화를 받은 일도 있었습니다. 구체적으로 뭘 물어보셨는지 지금은 기억이 잘 나지 않지만 제가 대답을 잘 못했더니 '알아봐' 하시면서 딱 끊으셨던 기억이 있어요. 모시는 입장에선 당연히 긴장되고 피곤한 일이었지만 어쨌든 남들 다 자는 시간에도 뭔가를 골똘히 생각하셨다는 거에 놀랄 때가 많았습니다. 오너가 저렇게 열심히 하는데 나는 더 열심히 해야겠다는 마음이 들죠.

회장님은 좋고 싫고를 분명히 말씀해주지 않으셨어요. 그냥 무표정이셨다고 할까. 어떤 때는 해도 된다는 건지, 아닌지 전혀 감을 못 잡겠는 때도 있었으니까요. 반면 호암은 보고가 마음에 든다고 하면 그 자리에서 무릎을 팍 치신다든지 명확하게 의사 표현을 하셨어요. 참 꼼꼼하고 일밖에 생각하지 않으셨던 분이셨습니다.

저희들에게 전설처럼 내려오는 '무서운 메모'란 게 있었어요. 오찬 회의하러 들어가면 테이블 옆에 만년필로 1 뭐, 2 뭐 이렇게 쫙 써 있는 메모지였는데 주무실 때 머리맡에 놓고 주무시다가 문득 깨셔가지고 뭔가 생각나면 얼른 메모하고 다음 날 사장들한테 '이건 어떻게 됐냐?' 꼭 물어보는 거죠. 사장들이 질겁을 했죠.

이 회장님은 그런 스타일은 아니셨어요. 다만 우리가 미처 생각하지 못하는 부분까지 아주 굉장히 깊이 들어가셨습니다. 말씀은 많이 하지 않으셨지만 불쑥불쑥 한마디씩 던지실 때마다 굉장히 디테일하셨습니다. 소탈한 면도 많으셨습니다. 괜히 회장 앞에서 얼어서 그런 거지 저희들이 편하게 생각하는 걸 좋아하셨고, 스스럼없이 잘 받아주셨어요. 한번은 '자식들은 평생 애프터서비스를 해야 된다'는 말씀도 하셨는데 부모 입장에서 누구나 공감이 가는 이야기 아닙니까."

한편 배종렬 전 제일기획 사장은 "이건희 회장이 취임 초에 내걸었던 경영 방침이 선대 회장과 달랐던 것이 있었다"면서 "'사람과 기술'이라는 키워드가 그것이었다"고 했다.

"회장이 제2 창업을 선언하면서 내건 슬로건은 '인간 존중, 기술 중시, 합리 추구'였습니다. 선대 회장은 '인재 제일, 합리 추구, 사업 보국'이었고요. 선대 회장은 사람을 인재 제일이라고 표현했고, 이건희 회장은 인간 존중이라고 했습니다. 즉 인간 자체를 리스펙트Respect하자는 의미라고 할 수 있지요. '기술 중시'라는 개념도 선대 회장 때는 없었죠. 이 회장은 전통 제조업에서 디지털 사회로의 전환을 내다보면서 그 핵심 키워드가 기술이라는 것을 취임 일성으로 정했고 그것을 끝까지 관철시킨 것, 그것이 오늘의 삼성전자와 반도체를 만든 힘이라고 봐요."

실패를 모르는 투견 정신, 반도체 DNA

김광호 전 부회장은 "이건희 회장이 우리 조직에 불어넣은 '반도체 DNA'가 오늘의 삼성을 만든 원동력이 됐다고 생각한다"고 했다. '반도체

DNA'가 무엇인지 묻는 기자의 질문에 그는 이렇게 말했다.

"절대 패배라는 걸 모르도록 한 거죠. 실제로 회장님이 생전에 말씀하셨던 '투견, 투계 교육시키는 법'이 그거였습니다. 개나 닭을 훈련시킬 때 상대와 막 싸움을 시키다가 질 만하다 싶으면 확 빼버리는 거지요. 그렇게 훈련을 시키면 싸우는 입장에선 져본 경험이나 기억을 갖지 않게 돼 어떤 상대를 만나도 이긴다고 생각하고 싸운다는 겁니다.

결국 기업도 마찬가지거든요. 현장에 나가 세계 초일류 기업과 붙었는데 끝까지 달라붙어서 무슨 수를 써서라도 이겨야 될 거 아닙니까. 그게 바로 10년 만에 세계 1위에 오른 삼성반도체 정신입니다.

물론 중간에 적자도 많이 나고 실패도 많이 했지만 절대로 물러서지 않게, 실패를 모르게 한다는 그런 정신이 바로 오늘날 삼성을 세계 1등으로 만든 반도체 DNA라고 할 수 있습니다.

그도 그럴 것이 삼성이 초기에 반도체 사업을 할 때 상대하는 업체나 사람들이 IBM, HP(휴렛팩커드) 같은 세계 일류, 이른바 월드 베스트 컴퍼니 아니었습니까. 그런 기업들 등쌀에 미치고 환장(?)할 때도 많았지만 제품 생산에서부터 공장 운영, 재고에서부터 납기 관리까지 '아, 저렇게들 하는 거구나'를 많이 배우게 된 겁니다.

삼성이 IBM이나 HP 이런 데 척척 납품도 하고 실적도 쌓고 마켓 셰어market share도 올리고 하니, 경영 상태가 좋아지면서 회장님 기대에 부응을 하니까 자신감도 생겼죠.

반도체 때문에 그룹이 망할지 모른다고들 했는데 회장님이 취임하시면서 치고 올라가 이익을 내니까 그거처럼 좋은 일이 어디 있었겠어요. 그런 자신감을 토대로 가전까지 바꿀 수 있겠다고 생각하신 것 같아요. 그래서 1993년 신경영 선언이 나오게 된 거고요.

제가 삼성전자 통합 사장이 됐을 때 TV를 하다 갔는데 사고방식이라든가 일하는 방식이 반도체와 비교하면 많이 떨어져 있었어요. 그래서 '반도체 DNA'를 가전, 컴퓨터, 통신 각 부문에 집어넣으려 한 겁니다. 소위 글로벌 라이제이션, 월드와이드 오퍼레이션을 해나가야 한다, 그렇게 탄생한 것이 월드 베스트 TV고 휴대폰 애니콜입니다. 한마디로 반도체 1등의 파급 효과는 반도체 하나에서 끝난 게 아니라는 거죠."

김 전 부회장은 "무엇보다 호암이나 이건희 회장 모두 사람 욕심이 강했다"고 했다.

"호암도 그랬지만 이건희 회장님이 제일 많이 얘기했던 게 '미국 기술자 데려오는 데 사장 월급보다 열 배 줘도 괜찮다'였습니다. 호암은 우리들이 해외 출장 갈 때에도 '절대 한꺼번에 같은 비행기 타지 마라, 따로 타고 다녀라' 그런 지시까지 하셨어요. 혹시라도 있을 수 있는 사고까지 염두에 두고 리스크를 분산하자는 차원으로 이해했습니다. 그런 걸 보면 정말 용의주도했다고 할까(웃음), 정말 대단하신 분이셨죠.

이 회장님은 외국에서 기술을 가져오고 우수한 기술자를 데려오면서 돈을 얼마 주는가에 대해서는 일절 간섭을 안 하셨어요. 1979년, 1980년에 연봉 10만 불(약 1억 3,000만 원)이면 꽤 큰 거였는데 그 돈을 주고 데려왔으니까요. 삼성이 실리콘밸리에 연구소를 만든 것이 가능했던 것도 바로 그런 과감한 투자였죠. 한국에 있는 사람들이랑 봉급 격차가 나는 것도 일체 개의치 않고 필요하다면 우선 잡아오고(?) 봤어요. 물론 다 성공한 것은 아니고 그중에는 탈락하는 사람도 있었지만 어떻든 좋은 인재를 구해오는 것을 절대적이라고 여겼습니다.

구체적인 사업 결정들은 사장들이 했지만, 거기에는 표면에 나서서 말씀을 안 하시면서도 뒤로 다 지원해주는 회장님이 계셨기에 밀고 나갈 수 있었습니다."

패배 자체보다 패배 의식이 문제다

김광호 전 부회장이 말하는 이건희 회장의 '투견鬪犬 훈련'은 이 회장의 글에도 나온다. '럭비 정신'이란 제목의 글인데 패배 자체를 아예 경험하지 않게 하는 것이 중요하다는 게 핵심이다. 패배가 주는 타격보다 패배 의식이 스며드는 게 위험하다면서 말이다.

지금은 찾아보기 어렵지만 한때 투견이 성행한 적이 있었다. 투견을 훈련시키는 과정을 지켜보면 매우 흥미 있는 사실을 발견할 수 있다. 투견 챔피언으로 만들려면 보통 생후 6개월에서 1년 된 어린놈을 골라서 싸움부터 시키는데 그 대상은 은퇴한 챔피언이다.

은퇴한 챔피언은 나이가 들어 힘은 약하지만 워낙 노련해서 젖내 나는 어린 투견이 힘이 빠질 때까지 적당히 싸우다 30분 정도 지나면서부터는 공격하기 시작한다. 그러다 은퇴한 챔피언이 이길 것 같으면 조련사가 떼어 놓는다.

어린 투견은 그렇게 한 번도 패하지 않으면서 퇴역 챔피언이 갖고 있는 기술을 전수받게 된다. 이런 투견은 대회에 나가면 대부분 챔피언이 되고 이후 한 번이라도 지면 그날로 은퇴시킨다. 한번 싸움에 지면 다시는 이길 수 없다고 판단했기 때문이다.

다 그런 것은 아니지만 사람이나 기업에서도 이런 경우를 찾아볼 수 있다. 잘나가던 일류 인재나 일류 기업이 한번 패배로 이류 인생, 이류 기업이 되고 나면 다시 일류로 올라서기가 여간 어려운 일이 아니다. 그것은 패배 자체가 주는 타격보다 패배했다는 의식이 심중에 스며들었기 때문이다.

우리는 전후戰後 잿더미에서 세계가 부러워하는 경제성장을 일궜다. 그동안 만난 외국의 여러 인사들은 이런 성장과 발전을 기적이라고 하는 데 주저함이 없었다. 그와 같은 기적에 바탕이 됐던 것은 '우리도 할 수 있다'는 가능성에 대한 믿음이었다. 그런데 패배 의식은 이런 가능성을 잠재운다. 공포를 불러오고 의지와 행동을 위축시키기 때문이다.

지금 불황의 단면들이 곳곳에서 보이는데 어떤 이는 공황 조짐까지 보인다고 한다. 그러나 경제가 어렵다는 이유만으로 공황은 오지 않는다는 것이 나의 생각이다. 우리가 진정으로 무서워해야 할 것은 패배 의식에 사로잡히는 일이다. 경제적 공황은 얼마든지 극복할 수 있지만 심리적 공황은 한번 빠지면 쉽게 벗어날 수 없다.

그런 점에서 럭비 정신은 시사하는 바가 크다. 럭비는 한번 시작하면 눈비가 와도 중지하지 않고 계속한다. 걷기조차 힘든 진흙탕에서 온몸으로 부딪치고 뛴다. 오직 전진이라는 팀의 목표를 향해 격렬한 태클과 공격을 반복하면서 하나로 뭉친다. 그래서인지 럭비선수들은 학교를 졸업하고 나서도 럭비팀으로 모이기만 하면 사회적인 지위에 관계없이 모두 하나가 된다고 한다.

악천후를 이겨내는 불굴의 투지, 하나로 뭉치는 단결력, 태클을 뚫고 나가는 강인한 정신력, 이것이 럭비에 담긴 정신이다. 물론 야구, 골프 등의 운동에도 저마다 소중한 룰과 정신이 있다.

이 시점에 우리에게 가장 필요한 것은 몸을 던져서라도 난관을 돌파하겠다는 럭비 정신으로 정신적 패배주의를 극복하는 일이다. 이런 정신이 한 사회의 정신적 인프라로 자리 잡을 때 그 사회에는 위기를 이겨내는 저력이 생긴다. 어느 국가, 사회, 기업을 막론하고 진정한 힘은 사람에게서 나오며 그 힘은 밖에 있는 것이 아니라 각 사람들의 마음속에 있는 것이다.

제**2**부

반도체 CEO들로부터
듣는
이건희 리더십

이윤우

"이건희 회장은 진정한 게임 체인저였다"

반도체 전쟁을
이끈 기술 총사령관

　이윤우 전 부회장은 김광호 전 부회장과 함께 한국 사람들의 머릿속으로만 존재했던 반도체를 산업으로 만드는 실행 플랜을 맡았던 시조始祖 격 CEO이라고 할 수 있다.

　삼성반도체 초기 시절 기흥 공장장(1987년)과 기흥 반도체연구소장(1989년)을 역임하며 생산과 연구를 모두 경험한 반도체업계에서 드문 전문 경영인이다.

　미국, 일본과의 반도체 전쟁을 현장에서 실질적으로 이끌었으며 이병철, 이건희 회장, 그리고 이재용 부회장까지 3대를 거치며 일했다.

　이윤우 전 부회장은 은퇴 이후는 물론 현업에 있을 때도 업무적인 이유 외에는 언론 노출이 적었다. 앞에 나서기보다는 묵묵하게 일하는 성격이

기흥 반도체 3공장 건설 과정을 호암과 이건희 회장에게 설명하고 있는 이윤우 전 부회장(왼쪽에서 첫 번째).

다. 지나온 이력에 비해 많이 알려지지 않았다는 게 삼성맨들의 전언이다.

　부천 공장 시절부터 그와 함께 일했던 임형규 전 사장은 이 전 부회장을 이렇게 말한다.

"김광호 전 부회장과 함께 삼성반도체의 원년 멤버입니다. 김 전 부회장은 TV를 만들다가 갑자기 반도체로 가서 운명이 바뀐 거였다면 이 전 부회장은 처음부터 반도체 업무를 자원해 초창기 생산 라인에 투입돼 생산과장, 품질관리실장을 지낸 원조 반도체 맨이라는 점입니다.

사실 그때는 뭘 해도 최초이던 시절이었죠. 슈링크Shrink(동일한 공간에 더 많은 소자를 축적해 집적도를 높이는 것)라는 것도 제가 처음 했는데 과학원에서 배웠으니까 그런 걸 해볼 생각을 하게 된 거지요. 반도체의 세밀한 기술이나 공정에 대해 다른 사람들은 아무도 못 알아듣는데 유일하게 이 전 부회장만 이해를 했습니다.

반도체 오리지널 기술에 대한 이해가 굉장히 좋았고 사업에 대해서도 감이 좋고 열린 시각을 가진 분이었습니다. 윗사람인데도 한 번도 답답함을 느낀 적이 없었습니다. 어떤 걸 해보겠다고 아이디어를 내거나 이야기를 하면 금방 이해하고 밀어주셨어요. 워낙 공장 경험이 많으니 현장에 대한 이해도가 매우 깊은 분이었습니다.

현장에서 일어나는 예측 불가능한 일들이 한두 가지가 아닌데 위에서 믿어주고 알아준다는 게 얼마나 중요한 일인지 겪어보지 않으면 잘 모를 겁니다. 동료나 주변 사람들이 이해를 못 할 때 윗사람이 문제와 해결책을 이해하고 응원을 해주면 얼마나 큰 힘이 되겠어요.

이 전 부회장 삶 자체가 불가능을 가능으로 만든 불굴의 의지가 있는 분이
니까 직원들의 신뢰도 높았습니다."

임 전 사장은 "이 전 부회장은 삼성반도체 초기 기술 총사령관이나 마찬
가지였다"고 했다.

"호암이 반도체 사업 진출을 선언하고 나서 회사에서 반도체를 제일 잘 아
는 사람이 이윤우라고 생각했던 것 같습니다. 미국 연구소 청사진을 짜는
일에서부터 기흥 공장 짓는 일 모두를 맡겼으니까요. 1983년 64K D램 자
체 개발을 이끌면서 한국을 반도체 개발 국가로 세계 무대에 등극시킨 주역
입니다. 이듬해 3월 256K D램 개발 중책도 이윤우 VLSI 기술 담당 이사가
이끄는 개발팀에 맡기게 됩니다."

이 전 부회장 팀은 개발 착수 7개월 만인 1984년 10월 양산품을 만들
어내는 데 성공한다.

1985년 6월 기흥 공장장으로 승진한 이 전 부회장은 마이크론의 특허
침해 제소, 일본의 무차별 덤핑 공세, 반도체 경기 침체 등 격동의 시련을
극복하며 삼성반도체 신화의 역사를 쓰게 된다. 256K에 이어 1M 양산에
성공했고 기흥의 3라인, 4라인 주축 공장들이 그의 주도하에 만들어진다.

1990년대 이후에는 반도체를 총괄하는 경영자로 삼성을 이끈다.
1992년 메모리 사업 총괄 부사장, 1993년엔 반도체 총괄 대표이사 부사
장에 오르며 최고 책임자가 된다. 그해 삼성전자는 메모리에서 세계시장

점유율 1위를 기록하는 기염을 통한다.

　이 전 부회장과의 대화는 앞서 삼성반도체 초기 역사에서도 소개된 바 있다. 여기에서는 삼성과의 인연부터 이건희 회장에 대한 추억까지 남은 이야기를 싣는다.

우리도 신이 될 수 있구나

　삼성의 초기 반도체 역사와 이건희 회장의 업적에 대한 질문으로 대화를 시작했지만 이윤우 전 부회장은 먼저 전제할 것이 있다면서 이렇게 말머리를 꺼냈다.

"이건희 회장은 단지 반도체 사업을 성공시켰다 정도로 의미 부여를 해서는 안 됩니다. 저는 세 가지 측면에서 업적을 봅니다. 첫째, 게임의 룰을 완전히 바꾼, 즉 이전과는 완전히 다른 판을 만들었다는 점에서 '진정한 게임 체인저'였다고 생각합니다. 둘째, 단순한 '혁신' 정도가 아니라 트랜스포메이션, 다시 말해 굼벵이를 나비로 만들 정도로 이전에는 없던 형태의 진화와 혁신을 이룬 기업인이었다는 것입니다. 셋째, 내수 시장만 바라보던 전 산업의 지형도를 명실상부하게 글로벌 스탠더드로 확장한 뒤 우리도 세계 1등이 될 수 있음을 행동으로 보여줬습니다.

저는 인텔 창업자 앤디 그로브를 책으로 공부한 사람입니다. 삼성이 인텔과 '맞짱'을 뜨고 더 나아가 인텔을 이길 수 있다는 생각 자체를 할 수도, 해본 적도 없었습니다. 반도체업계에서 인텔은 거의 신神이나 다름없었으니까요.

그런데 이건희 회장 덕분에 아, 인텔도 신이 아니구나, 우리도 신이 될 수 있구나 하는 자신감을 갖게 됐습니다. 지금 한국에서 유니콘 기업들이 나오는 것도 그런 정신이 있었기에 가능했던 것 아닐까요. 이건희 회장 전에는 국내 시장만 보고 싸우는 거였지만 이후는 기업인들의 시선이 글로벌 컴퍼니가 되자는 쪽으로 확장됐으니까요.

호암께서 '반도체는 산업의 쌀'이라는 걸 깨닫기까지 시간이 좀 걸렸는데 이 과정에서 이건희 회장의 역할이 컸다고 할 수 있습니다. 1983년 역사적인 '도쿄 선언'을 하면서 그룹의 존망을 걸고 사업을 시작했지만 호암은 수천억 적자 나는 것만 보고 돌아가셨습니다. 이걸 키운 분이 바로 이 회장이지요."

이윤우 전 부회장이 삼성에 입사한 것은 1968년으로 삼성물산 그룹 공채를 통해서다. 호암이 막 전자 사업을 해야겠다고 한 때였다.

"서울대 전자공학과를 다녔는데 동급생이 20여 명밖에 안 됐습니다. 어느 날 삼성에서 사람을 뽑는데 관심 있는 이들은 면접을 보라는 소식을 듣고 저도 지원했습니다.

당시 면접 자리에 호암이 있었다는 것을 나중에 들었습니다. 저는 호암을 본 적이 없으니 당연히 기억에 없고요. 질문은 하지 않으셨던 것 같고 학생들이 말하는 태도나 인상을 본 것 같았습니다. 1969년 졸업이 예정돼 있었는데 이미 그 전해 봄 채용이 결정돼 여름방학 때부터 삼성의 중요 사업장을 돌며 연수한 뒤 졸업 직전인 1968년 11월에 입사했습니다. 당시에는 '삼성전자'라는 회사가 아예 없던 시절이어서 물산 전자사업부 기획팀으로 들어갔습니다. 호암이 막 전자 사업을 시작한 때였지요.

호암은 거의 매일 회의를 주재했습니다. 잘 알려졌다시피 호암이 도쿄를 자주 오가면서 일본의 선진 기술을 배우려고 애를 많이 썼는데 결국 NEC와 산요 두 회사와 합작회사를 만들게 됩니다. 제가 그 사업 계획을 짰습니다."

— 사업 계획이란 게?

"투자는 어떻게 하고, 사람은 어떻게 채용하고, 매출 계획은 어떻고 이런 거죠. 그게 굉장히 복잡합니다. 일일이 원가 계산도 해야 하고 재무제표도 만들어야 하고. 이게 다 숫자 아니겠습니까. 그때는 전자계산기가 없어 주판을 썼습니다.

손으로 돌리는 '타이거'라는 기계식 전자계산기가 있긴 했는데 한 대밖에 없어서 선배들이 다 퇴근한 밤이 돼서야 신참들 차지가 됐습니다. 프린터도 없었기 때문에 보고서를 전부 손으로 작성하던 시절이었습니다.

다음 날 아침 보고할 내용을 손으로 모두 적어 전날 저녁 전담 필경사한테 보냈습니다. 그분이 밤을 새우다시피 해서 아주 얇은 종이인 청사진에 써서 보내온 걸 받아 다음 날 아침 일찍 등사기로 밀어 보고서를 만들어 회의를 했습니다. 그야말로 호랑이 담배 피던 시절이었다고나 할까요(웃음).

제가 회의 때 선대 회장님 앞에서 보고서를 처음부터 끝까지 읽는 담당자였습니다. 회장님이 죽 다 들으시고 '이건 이렇게, 저건 저렇게 바꿔라' 지시하면 그걸 토대로 수정하는 일을 반복했습니다."

반도체에 꽂힌 청년

— 어떻게 반도체 개발에 참여하게 됐나요.

"사실 대학 다닐 때부터 반도체에 꽂혔습니다. 1965년인가로 기억하는데요, 영문 잡지 〈타임〉을 보는데 커버스토리가 '반도체 IC가 개발됐다'는 기사였어요. '바로 저거'라는 감이 확 왔습니다. 그때부터 '꼭 언젠가는 반도체 개발하는 일을 하겠다'는 생각을 갖고 있었습니다.

삼성에 들어간 이유도 전자 사업을 한다고 했기 때문이고요, 결국엔 반도체 사업을 하게 될 것이라고 생각했습니다. 삼성NEC가 출범했을 때 '나를 보내달라'고 손을 들었습니다. 당시 NEC에서는 진공관을 만들고 있었는데 진공관 다음에는 반도체로 갈 수밖에 없다는 확신이 들었죠. 실제로 NEC 본사는 막 반도체 사업을 시작하고 있었고요.

그렇게 해서 경기 과천 허허벌판에 합작 공장을 짓게 됩니다. 그때만 해도 '반도체'가 뭔지 심지어 삼성NEC 안에서도 아는 사람이 없었어요. 저는 기회만 되면 '우리도 반도체를 만들어야 한다'고 주장했고 일본 NEC로부터 기술을 배워 와야 한다고 했습니다.

제 주장이 받아들여져 '그럼, 가장 기본이 되는 공정인 웨이퍼를 만드는 기술을 NEC에서 배워오라'는 지시가 떨어졌습니다. 절대 핵심 기술을 줄 수 없다는 NEC를 겨우 설득해 연수생들을 데리고 일본 NEC로 직접 날아갔습니다.

그런데 갑자기 오일쇼크가 터진 겁니다. NEC로 몰려오던 주문이 딱 끊기면서 일본 사람들 일거리가 사라졌습니다. 연수생들은 오죽했겠어요. 결국 운동장에서 풀 뽑고 돌 줍다가 귀국할 수밖에 없었습니다.

미래가 참 암울했던 상황이었죠. 내 인생도 이렇게 별 볼 일 없이 끝나나 보다 맥이 탁 풀려 있는데 기적 같은 소식을 듣게 됩니다. 삼성이 한국반도체라는 회사를 인수해서 반도체 사업을 본격적으로 한다는 거 아닙니까."

이 전 부회장은 "당장 보내달라"고 떼를 썼다고 한다. 사표를 쓰겠다고 일주일 무단결근까지 해서 겨우 승낙을 받아냈다.

"바로 부천 공장으로 발령받아 본격적으로 반도체와 인연을 맺게 됩니다. 1976년입니다. 다들 저를 이해할 수 없다는 반응이었죠. 잘나갈 수 있는 커리어를 포기하고 남들이 아무도 눈여겨보지 않던 반도체라는 분야에 꽂혀 뛰어 들어갔으니 말입니다. 그때부터 반도체와의 끝없는 전쟁을 벌이게 된 거죠."

— 반도체 어떤 점이 그렇게 매력적이었나요.

"섬세한 반도체 생산 과정은 한마디로 예측 불가능의 연속입니다. 미세한 온도 차 때문에 품질이 엉망이 되기도 하고 어떤 땐 밤에만 생산이 제대로 되고 낮에는 불량이 쏟아지는 이해할 수 없는 일도 속출합니다. 하지만 전자라는 놈들이 규소(실리콘)판 위에 지도를 그리며 돌아다니면서 우리가 원하는 기능을 수행한다는 게 너무 신기했습니다."

반도체 사업은 외줄 타기

이 전 부회장은 호암의 '도쿄 선언' 이후 삼성반도체통신 이사와 기흥 공장장, 기흥 반도체연구소장을 맡게 된다. 오늘날 '기흥밸리'를 만든 산증인이다.

"신사유람단 격으로 미국 실리콘밸리에 파견돼 초기 사업 계획서를 썼고 이후 곧바로 기흥에 VLSI 공장을 세우게 되면서 공장 설립을 총괄하게 됩니다. 반도체 공장은 24시간 돌아가야 하니까 집에도 못 가고 거의 회사에서 살다시피 했죠. 당시에는 기술이 워낙 없다 보니 만들었다 하면 불량품만 나와서 고생 많이 했습니다. 제가 기흥을 맡고 부천 공장은 김광호 전 회장이 맡았습니다."

—삼성반도체 역사를 보면 직원들의 사명감이 큰 동력이었다는 느낌이 듭니다.

"처음엔 뒤쫓아가는 게 너무 어려워서 고생을 많이 했는데 1M D램을 개발하고 나니 자신감이 생겼습니다. 우리도 일본을 이겨볼 수 있겠구나 하는 생각이 들기 시작한 거죠. 그러다 64M D램(1992년)을 개발하고 나니까 이제는 세계 1등이 될 수 있겠다는 생각이 들었어요.

1994년 256M D램을 세계 최초로 개발해 막상 1등이 되고 나니 기쁜 것은 잠시였습니다. 1980년대 전체 메모리 시장에서 80%가량 점유했던 일본 반도체업계도 NEC, 히타치, 도시바 순으로 1등이 계속 바뀌지 않았습니까. 우리도 언제 빼앗길지 모른다는 위기감이 늘 있었습니다.

그러니 직장 생활 내내 긴장의 연속이죠. '아, 이제 됐다' 진심으로 안도한 적이 없었어요. 반도체 사업이라는 건 중간에 쉴 수도 없고 힘들어도 계속 페달을 밟고 갈 수밖에 없는 일입니다. 외줄이나 자전거 타기에 비유되는 것은 그 때문입니다."

그에 따르면 이건희 회장은 취임 초부터 반도체 사업을 챙겼다고 했다.

"취임 첫 회의가 지금도 생생한데 회장님이 반도체업에 대한 이해가 상당히 깊어 놀랐습니다. 정확하게 1987년 12월 30일이었습니다. 반도체 투자에 대해 매우 본질적인 말씀을 하셨습니다."

— 뭐라고 하셨지요.

"반도체는 타이밍 사업이다. 일정한 시기에 집중 투자를 해야 한다. 무슨 월부 식으로 투자한다고 생각하는 사람들이 있는데 절대 안 된다. 어떤 순간에도 타이밍을 놓치지 말고 집중 투자를 해야 성공한다. 이걸 꼭 머릿속에 새기라'고 하셨어요.

다음으로 말씀하신 것이 반도체 사업이라는 것은 하드웨어적인 면이 있지만 소프트웨어적으로 운영이 돼야 한다는 거였습니다. 공정이 디테일하고 복잡하기 때문에 불량이 났을 때 누구 잘못인지 모를 경우가 많고, 혹여 누가 나쁜 마음이라도 먹으면 라인에서 무슨 일이 일어날지 모르기 때문에 개발, 생산, 관리 면에서 직원 모두가 한마음이 돼야 한다고도 하셨죠. 외부 업체들이 생산 라인에 들어오지 않게 하라고도 하셨어요. 노하우가 유출될 수 있다는 거죠.

그날 회의에 참석했던 삼성의 최고경영자들은 모직을 포함해서 반도체와는 전혀 관계없는 곳에서 일하시는 분들이 많았기 때문에 반도체라는 말을 처음 들어본 분들이 대다수였을 겁니다. 그런데 취임 첫 회의에서부터 반도체업을 매우 오랫동안 해본 사람처럼 말씀하셨으니 다들 내심 놀라는 분위기였습니다."

끝이 없는 '기술'과 '인재' 확보

이윤우 전 부회장은 "회장이 그때부터 제일 강조한 키워드가 '인재'와 '기술'이었다"고 한다.

"기술, 기술자, 기술력이란 단어를 귀에 못이 박히도록 들었습니다. 사장보다 월급 많이 받는 천재 기술자들을 뽑아오라고 하셨죠. 나중에는 CEO 평가 항목에 S급 인재를 몇 명 데리고 왔는지를 넣었을 정도였으니까요. 기술자와 기술에 대해서는 '욕심'이라는 말로밖에 표현할 수 없을 정도로 집요하게 강조하셨습니다.

저는 1980년대 중반부터 경영을 맡았는데 회장께서 하도 '인재, 인재' 하셔서 사람들을 밖에서 스카우트하다 보니 사장인 저보다 월급을 더 받는 박사급 기술자들을 많이 모셔왔습니다. 당시만 해도 스톡옵션이 없는 때여서 이런 분들을 영입하려면 연봉을 많이 드릴 수밖에 없었어요."

— 욕심 이야기가 나와서 말인데요, 회장께서 취임한 이듬해인 1988년에 1M 값이 폭등하면서 그전까지 쌓여 있던 누적 적자를 모두 해소하고도 수천억 원

이익을 냈는데 전혀 만족하지 않으셨다고요.

"만족하지 않았다기보다 더 앞을 내다보셨죠. 1994년도에 회장님으로부터 직접 들은 이야기가 있습니다. 1988년과 1989년에 반도체에서 몇천억 이익이 나서 다들 기뻐할 때 당신께서는 '앞으로 1조 원 이익을 내라'고 했더니 임원들이 놀라서 '1조 원 이익이라뇨, 1조 원은 매출 내기도 어렵습니다' 했다는 거죠.

1988년은 삼성이 반도체 때문에 망할지 모른다는 위기감을 뚫고 처음으로 흑자를 낸 거였는데 회장님은 오히려 실현 불가능한 목표치를 제시한 겁니다.

그런데 불과 6년 만인 1994년에 조 단위 이익을 냅니다. 그러면서 계속 공격 경영을 밀어붙이시죠. (수첩을 꺼내 들며) 제 기록에 따르면 1994년 4월 29일 '새로운 반도체 단지를 만들라'고 하시면서 '천안이나 대전에 200만 평 정도를 확보하라'는 말씀도 하셨습니다.

회장님은 이렇게 사업이 잘될 때도 계속 다음 단계, 다음 단계를 제시하고 주문하셨어요. 거듭 말씀드리지만 기술과 인재 확보에 대한 강조는 끝이 없으셨고요."

삼성이 잘되는 것이
애국하는 길

이윤우 전 부회장은 "1994년에 1조, 1995년에 3조 가까운 경이로운 이익을 낼 때 회장께서 하신 말씀이 기억난다"며 이렇게 말했다.

"1995년 6월 22일이니까 반도체가 한창 잘나갈 때였죠. 그때 이런 이야기를 하셨어요. '반도체가 잘되고 하니까 외부에서 시기, 질투가 많다. 내가 돈을 무척 많이 번 것처럼 이야기들을 하는데 전자 주식은 12% 갖고 있다. 이걸 팔지 않는 한 내게 개인적으로 돌아오는 건 없다. 월급도 미국 중견 기업 사장이나 CEO들보다 적다. 반도체에서 버는 돈이 다 내 돈이라고 생각하는 사람들이 있는데 나한테 돌아오는 건 오로지 명예뿐이다. 나는 지금도 돈이 많이 들어오면 들어올수록 걱정이 많다. 이 명예를 어떻게 지킬 것이

냐에 대한 걱정으로 잠이 안 온다.'

회장님은 삼성이 잘되는 것이야말로 나라가 잘되는 것이라고 굳게 믿고 계셨습니다. 그것이 잘 안 될까 싶어 밤잠을 못 이룬다고 하셨습니다. 반도체 사업은 삼성만의 미래를 위한 것이 아니라 애국이라는 생각을 기본적으로 깔고 계셔서 항상 말씀하실 때도 나라 전체 차원에서 말씀을 하셨지 당신 자신의 이익이나 삼성만의 이익 같은 좁은 틀로 이야기하지 않으셨습니다."

투자를 계속했던 게 1등 비결

— 그렇게 잘되다가 1996년에 반도체 경기가 급격히 꺾이고 이듬해에는 IMF까지 닥치는데 1993년 신경영 선언으로 예방주사를 미리 맞은 덕분에 위기를 잘 넘겼다는 평가들을 합니다.

"반도체라는 게 어려웠던 때는 어려웠던 때로, 좋았던 때는 좋았던 때로 항상 힘들었는데 역시 가장 힘들었던 때는 1997년 IMF 때였지 않았나 싶습니다. 삼성전자를 다 팔아도 부채를 감당할 수 없다는 평가가 나왔거든요. 자산이 부채보다 더 적었으니 큰일이 난 거였죠.

중요한 것이 캐시 플로 아닙니까. 현찰이 돌아야 하는데 없으니까 삼성 사장단들이 미국 인텔, IBM, HP를 찾아다니며 투자해달라고 했죠. 그런데 아무도 투자를 안 해요. 아주 냉정하더라고요. 결국 삼성반도체 원조 격이자 회장님께서 사비를 털어 산 부천 공장을 팔아야 했습니다."

— 훗날 그 일을 매우 서운해했다는 말씀을 들었습니다.

"사실 부천 공장 생산 라인은 이미 기흥 1공장으로 옮겨가 있던 상태였기 때문에 그 자체는 의미 있는 게 아니었습니다. 하지만 삼성반도체가 태동한 곳이니 성지聖地나 다름없었죠. 저희로서도 고민이 많았습니다. 회장께 '팔자'고 말씀드리는 것도 조심스러웠고요. 그런데 보고를 드리니까 일말의 주저나 망설임도 없이 '그렇게 하라'고 하셨어요.

신경영 선언이 예방주사적인 성격을 갖고 있는 거 아니냐고 하셨는데 그런 측면이 있습니다. 사실 신경영 때 회장님의 진정한 뜻을 읽은 임직원들은 별로 없었습니다. '삼성이 지금도 잘하고 있는데 뭘 더 잘하라는 거지?' 이런 생각을 한 사람들이 많지 않았나 싶어요.

그럼에도 불구하고 변화와 위기를 강조하시니 나름대로 실천을 해왔습니다. 그러다 IMF가 닥쳐서야 '아, 회장님 말씀이 이거였구나, 국내가 아닌 글로벌 무대에서, 그것도 초일류가 되지 않으면 안 되겠구나, 계속 싸구려 물건만 만들고 있으면 한순간에 훅 갈 수 있겠구나' 하는 걸 뼈저리게 느낀 거죠. 1997년에 삼성전자가 뼈를 깎는 대대적인 구조조정에 착수하게 되는 동력도 거기서 비롯되게 됩니다.

그 어렵던 시절에도 반도체 투자는 계속했습니다. 반도체는 거듭 말하지만 타이밍과 투자 사업이어서 남보다 앞서서 투자를 해서 넥스트 제너레이션 제품을 내지 않으면 완전히 뒤처지기 때문에 투자를 멈출 수가 없습니다.

삼성반도체가 오늘날 기가(G) 시대 리더십을 갖게 된 배경이 바로 그런 지속적 투자 덕분입니다. 그 어려울 때에도 새로운 공장을 짓고 한 것이 1등을 하게 된 비결이 된 거죠. 순전히 회장님의 철학에 따른 것이었지요. 참으로 다행이었다는 생각을 하고 있습니다."

— 4공장을 지을 때 웨이퍼 지름을 6인치로 할지, 8인치로 할지 하는 것도 굉장히 어려웠던 의사 결정 포인트였죠.

"6인치로 갈 때는 준비가 안 됐고 늦었었는데 8인치로 갈 때는 세계 최초였던 만큼 상당히 앞섰습니다. 작은 규모나마 가상 라인까지 만들어 실험해보는 시뮬레이션을 해볼 수가 있었으니까요.

그렇다 해도 굉장히 리스키risky한 투자였습니다. 6인치만 해도 모든 설비를 일본에서 갖고 왔는데 8인치는 세상에 없던 걸 새로 만드는 거라 충분히 시뮬레이션을 했다 해도 실제 양산 단계에서는 어떤 일이 벌어질지 모르는 거였으니까요.

하지만 회장님은 항상 새로운 기술을 도입하는 쪽으로 밀어주셨기 때문에 우리도 자신감을 갖고 밀어붙일 수 있었습니다. 이게 옳다, 저게 옳다 설왕설래하다가도 오너가 딱 결정을 해주니까 똘똘 뭉쳐서 나갈 수 있게 되는 거죠."

메모리와 비메모리를 50 대 50으로

— 지금 반도체업계의 화두는 비메모리, 즉 시스템 반도체 사업이라고 할 수 있습니다. 회장께서는 1993년부터 이 분야에 대해 강조를 많이 하셨던 걸로 알고 있습니다.

"그렇습니다. 이익은 나지 않더라도 미래 전략 사업으로 언젠가는 갖고 갈 것이라면서 일찍이 꾸준한 관심과 투자를 이야기하셨습니다. 항상 메모리와 비메모리 사업을 50 대 50 비중으로 말씀하셨으니까요. 사실 삼성반도체의 전신이라 할 수 있는 한국반도체도 시계 칩에서 출발했으니 시스템 반도체가 삼성반도체의 시작이라고도 할 수 있지요.

1993년에 6라인을 건설할 때는 '나중에 비메모리 디바이스도 들어올 수 있게 설계하라'고 하셨어요. 메모리가 겨우 안정화되는 단계였는데 더 멀리 내다보신 거죠.

사실 메모리 시장보다 비메모리 시장이 훨씬 크기 때문에 반도체 사업을 하려면 비메모리를 키우는 건 절대적인 명제나 다름없었죠. 하지만 D램이 워낙 바쁘고 비메모리는 기술이 너무 어려우니까 한동안 덤비지 못한 거죠. 회장님이 강조를 하셨어도 여력이 없었습니다.

알다시피 시스템 반도체라는 게 두 가지 종류가 있지 않습니까. 인텔의 CPU나 퀄컴의 통신 칩처럼 시스템에 들어갈 응용 프로그램을 짜서 만드는 반도체가 있고 시계나 세탁기, TV 등에 들어가는 칩이 있죠.

우리도 인텔이나 퀄컴에서 하는 걸 만들면 너무 좋겠지만 이미 두 회사가 엄청난 특허와 노하우를 갖고 있어서 따라갈 형편이 못 됐고 경쟁력이 없었죠. 세탁기 칩이나 TV 칩은 양이 많지 않았고요. 그러다 보니 D램에 주력하게 된 겁니다.

여기서 짚고 싶은 회사가 바로 대만의 TSMC예요. 창업자인 모리스 창이란 사람이 시스템 반도체 칩을 설계하는 회사들을 가만히 보니까 다들 공장 규모가 작더라는 거죠. 반도체 공장이란 게 돈이 좀 많이 듭니까. '당신들은 설계만 해라, 우리가 칩을 만들어주겠다'는 새로운 비즈니스 모델을 만들어낸 게 TSMC 모델이죠. 이게 바로 파운드리 사업입니다.

파운드리라는 개념은 나중에 나온 거긴 하지만 삼성도 '아, 이건 우리도 할 수 있겠다' 해서 뛰어들었고 지금 인텔도 하겠다고 나서지 않았습니까.

파운드리 사업은 공정만 잘하면 되니까 수주해서 받아오면 되는 구조입니다. TSMC가 세계 1등이 됐고 삼성이 캐치업하는 상황이죠. 삼성의 경쟁력은 기술입니다. 칩을 작게 만들수록 고객들에게 이익이니까 요즘 3나노 이런 걸 만들어주는 거죠. 이 부분에서 TSMC가 좀 늦으니까 삼성이 박차를 가한 거고요.

어떻든 시스템 반도체는 업의 개념이 메모리와는 완전히 다릅니다. 회장님은 '그렇기 때문에 분리해서 생각을 해야 한다'고 하셨습니다. 즉 메모리처럼 대량생산이라든가 집중 관리를 할 수 있는 그런 게 아니고 그야말로 고객 중심 분야라는 거였죠.

물론 항상 어려움을 겪고 해서 회장님이 말씀하신 뜻만큼은 못 했지만, 그래도 삼성이 지금 시스템 반도체에서 이렇게 많이 올라올 수 있었던 건 회장님이 독려를 많이 하셨기 때문이라고 생각합니다. 그렇지 않았다면 사업 자체가 없어졌을지도 모를 일이었다고 생각하고 있습니다."

일본의 몰락을
예감하다

일본과의 반도체 전쟁을 승리로 이끈 수장 격인 이윤우 전 부회장에게 "일본이 삼성에 패한 것이 결국 스피드 경쟁에서 진 것 아닌가?" 묻자 그는 두 가지 에피소드를 전했다. 이건희 회장이 일본의 경쟁력에 대해 일찍부터 의심을 갖고 있었다는 것이다. 먼저 신경영 선언이 한창이던 시절 도시바 공장에 현장 견학 갔을 때 일이다.

"1993년 7월 12일 도시바 욧카이치四日市 공장에 들른 적이 있었습니다. 회
장님하고만 단둘이 갔는데 공장 안까지 다 보여주는 파격적인 대접을 받았
죠. 그때 회장님이 도시바 사람들에게 한 질문이 인상적이었습니다."
— 뭐였지요?

"삼성은 기흥 단지에 연구소와 공장이 다 모여 있는데 도시바 공장들은 도쿄, 오사카, 규슈로 흩어져 있는 이유가 뭐냐는 거였죠. 도시바 쪽 대답이 '땅이 넓어서이기도 하지만 무엇보다 지진 위험 때문에 모여 있으면 위험하다'는 거였습니다. 당시 회장님은 신경영 선언 때 '복합화'를 들고나올 정도로 모든 걸 모아야 한다고 주장하고 계셨어요. 그때 회장님은 일본의 그런 점이 향후 경쟁력을 갉아먹는 구조가 될 것이라고 생각하셨던 것 같아요. 1공장, 2공장, 3공장 간에 기술 교류가 돼야 하는데 공장이 떨어져 있으면 문제가 생겼을 때 빠른 시간 내에 해결할 수가 없겠죠. 또 도쿄에서 비행기를 타고 가야 할 정도로 먼 지역에 있다 보니 도쿄대 박사 출신 같은 고급 인재들을 데려오기 어렵다는 말도 일본 사람들 스스로가 하더라고요. 실제로 나중에 따져보니 우리가 일본보다 박사 인력이 20~30배가 많았습니다. 삼성이 일본을 따라잡을 수 있었던 것도 이렇게 고급 인력이 많았기 때문이라고 할 수 있습니다."

이 전 부회장은 이건희 회장이 도시바 공장을 보고 돌아오는 길에 이런 말을 했다고 기억하고 있었다.

"100억 원 손해 봐도 좋으니 내일부터 당장 우리 제품 가격을 일본 것보다 무조건 비싸게 팔아라' 하셨어요. 또 16M, 64M 공장을 한국에만 짓지 말고 싱가포르, 아일랜드에도 짓자고 하셨고요. 그래야 압도적인 세계 1등을 할 수 있다는 거였죠. 도시바 공장을 보고 뭔가 더 자신감을 얻으셨던 것 같아요."

반도체의 자신감에서 탄생한 신경영 선언

두 번째 에피소드는 그로부터 8년 뒤인 2001년 도시바의 플래시 메모리 합작 제안을 거절한 일이다.

"그해 8월 29일이었어요. 도시바 쪽에서 D램하고 플래시 메모리 기술을 다 줄 테니 함께 개발하자는 제안을 했어요."

— 후발 업체였던 삼성에 선발 주자가 그런 제안을 했다니 놀랄 만한 일이었네요. 결론은요?

"노No였죠. 회장 말씀인즉슨 '일본은 이미 5년 전에 메모리를 다 팔았어야 했다. 너무 늦었다'는 거였습니다."

— 그렇게 말씀하신 뜻은 뭐였을까요.

"그때만 해도 도시바는 메모리 분야에서 세계 최고 아니었습니까. 특히 플래시 메모리는 제일 먼저 개발했기 때문에 특허도 제일 많이 갖고 있었고요. 삼성과는 좋은 관계여서 특허도 좋은 조건으로 쓰고 있었습니다. 그런 도시바가 기술을 다 가지고 가라는 파격적인 제안을 한 건데 일언지하에 거절한 거죠.

당시 회장님께서 하신 말씀이 있었어요. '일본은 이미 구조적으로 반도체가 안 되게 돼 있다. 그러니 같이 협업을 하거나 기술을 살 필요 없다'는 겁니다. 여기에는 삼성도 이제 세계적인 수준까지 왔는데 이제 와서 합작을 하거나 기술을 사오는 게 무슨 의미가 있겠나, 이런 자신감이 있었던 것 같아요. 결국 얼마 후 삼성은 도시바를 이김으로써 회장님 말씀은 현실이 됐지요. 어떻든 회장님은 그렇게 일찍부터 일본을 꿰뚫어보고 계셨습니다. 저희들은 나중에서야 회장님 판단이 맞았다는 걸 깨달았죠."

이 전 부회장은 회장의 신경영 선언도 사실은 반도체의 성공 체험에서 비롯된 자신감에서 나온 것이라는 말도 했다.

"저도 프랑크푸르트 캠핀스키 호텔에서 있었던 신경영 선언 현장에 있었습니다만 그 선언의 배경을 '자신감'이라고 해석하고 있습니다. 반도체를 통해 우리도 할 수 있다는 걸 확인한 것이 바탕이 된 거죠. 반도체처럼 어려운 것도 해내는데 다른 것들을 못 해낼 이유가 없다, 이렇게 보신 것 같습니다."

혁신의 산실 '수요공정회의'를 만들다

이 전 부회장은 삼성반도체 혁신의 산실이라고 할 수 있는 '수요공정회의'를 만들고 이끈 주역이기도 하다.

반도체 성공은 제품 개발도 개발이지만 공정 기술에서의 혁신도 매우 중요하다. 공정은 요리에 비유하면 '레시피'라고 할 수 있다. 재료를 어떻게 조리할지 결정하는 요리 공정에 따라 음식 맛이 천차만별이듯 반도체도 마찬가지다.

더구나 반도체는 원자가 지배하는 눈에 보이지 않는 세계를 다룬다. 복잡하디 복잡한 공정 과정에서 남들보다 차별화한 프로세스로 효율을 높

1996년 11월 4일 1G D램 웨이퍼를 들고 있는 이윤우 전 부회장(왼쪽). 이 전 부회장은 삼성이 1992년 D램 첫 세계 1위를 달성한 이후 1994년 256M D램, 1996년 1G D램을 세계 최초로 개발하는 반도체 전쟁을 진두지휘한 기술 총사령관이었다.

일 수 있다면 그것 자체가 막강한 경쟁력이 된다.

이 전 부회장은 기흥 공장장 시절부터 실무진과 모든 문제를 토의하면서 해결책을 찾아내는 야전형 리더십으로 유명한데, 연구소장이 되면서 매주 수요일마다 저녁 7시 '수요공정회의'로 불리는 난상 토론을 통해 반도체 공정에 대해 연구와 토론의 장을 마련했다. 7.4제(7시 출근, 4시 퇴근)가 시행되는 시기에는 밖에서 문을 잠그고 했을 정도였다고 한다.

수요공정회의는 차차 오후 근무 시간으로 옮겨졌고 주제도 공정 기술만 국한되지 않고 기술 개발 전반으로 확대되면서 무려 20년간이나 지속됐다. 이 전 부회장 말이다.

"반도체 개발은 첫 번째 단계가 '설계', 즉 디자인이 있고 두 번째 단계가 '공정', 즉 프로세스라는 것이 있습니다. 설계와 공정은 분리되는 게 아니라 일치가 돼야 제대로 된 제품이 나옵니다. 담당자들 사이에 벽이 있으면 안 되는 거죠. 연구소장으로 부임해 가보니 부서 간에 말을 안 했어요.

설상가상으로 문제가 터지면 무조건 상대방 책임이라고 미루고 싸우는데 보통 싸움이 아니라 아주 격렬하게 했습니다. 이런 분위기에서 아무리 연구 개발을 잘하면 뭡합니까. 공장에서 물건이 안 나오는데요.

왜 물건이 나오지 않느냐 따지면 한쪽에서는 개발을 못 해 그렇다 하고 또 다른 한쪽에서는 설계가 잘못돼서 그렇다 하고 또 다른 한쪽에서는 공정이 잘못됐다면서 서로 남 탓만 하고 있었어요.

이래서는 안 되겠다 싶어서 시작한 게 '수요공정회의'입니다. 매주 수요일에는 무조건, 시간제한 없이 연구원이든, 공장 근로자든, 엔지니어든, 간부든, 연구소장이든 다 모여서 불꽃 튀는 대화를 시작한 거죠. 그야말로 계급장 떼고 말이죠.

주제를 하나씩 정했는데 발표도 그 주제에 깊이 관여한 실무자들에게 시켰죠. 20여 년간 한 주도 빠짐없이 했습니다. 그러면서 부서 간에 벽이 허물어지면서 문제를 함께, 공동으로 해결해야 한다는 문제의식, 공동체의식이 생겼습니다. 그게 오늘날 삼성의 수평적인 반도체 조직 문화를 만들지 않았나 그런 생각이 듭니다."

무려 20년간 지속했던 수요공정회의가 삼성전자 반도체 사업의 경쟁력을 몇 단계 점프업시켰다는 데에 많은 사람이 동의한다. 이문용 전 부사장 말이다.

"수요공정회의가 끼친 영향은 실로 막대합니다. 기술 개발의 모멘텀이 됐으니까요. 자동차를 예로 들어 말한다면 쇳물을 녹이는 공장 근로자들에서부터 제품 디자이너까지 모두 한자리에 모여 연구하고 현장의 애로 사항을 격의 없이 토론하는 그야말로 혁신의 현장이었습니다. 반도체를 이루는 각 단위 공정 기술들이 모두 한 테이블에 올려져 논의가 됐으니까요.

반도체 공정은 변수가 너무 많아 복잡하지 않습니까. 문제가 발생할 경우 원인을 콕 집어 찾아내면 좋은데 이게 어려우니까 모든 요소들과 공정들을 일일이 다 검색해야 합니다. 보통 시간과 인력이 들어가는 일이 아니잖아요. 함께 모여 난상 토론을 하다 보면 문제와 해결책이 보이고 각자 전체 공정에 대해 깊이 이해하고 경험을 쌓을 수 있었습니다.

요즘 다들 소통 소통하는데 수요공정회의는 공유와 토론이라는 기업 문화를 정착시켰고 우리도 세계 1등이 될 수 있다는 반도체 사업부의 자신감을 그룹 전체로 번지게 만든 혁신의 산실이었습니다."

심금을 울리는 인간미

이윤우 전 부회장은 이건희 회장의 인간미를 추억하기도 했다.

"회장님을 개인적으로 가까이 뵐 때는 주로 해외 사장단 회의에서였습니다. 1996년엔 미국 샌디에이고, 1997년에는 헝가리 부다페스트, 2000년에는 미국 텍사스 오스틴과 일본 오키나와에서였습니다."

그중에서도 오스틴에서의 만남이 제일 기억에 남는다고 했다.

"당신이 지금 항암 치료를 받고 계신데 의사가 운동을 열심히 해야 된다고 했대요. 그런데 방사능 치료를 받으면 식욕도 의욕도 없어진다고 하셨어요. 머릿속은 반도체 생각으로 가득하고, 특히 부천 공장 생각도 많이 난다고 하셨어요. 오스틴 공장도 당신이 짓자고 해서 한 거라 감회가 새롭다고 하셨습니다. 그때 처음 오신 거였어요.
당신이 암 투병 중임에도 저희들에게 '스트레스는 몸에 안 좋으니까 다들 스트레스 받지 않도록 하라'는 말씀도 하셨는데 굉장히 인간적으로 들렸습니다. 또 '치과 치료를 제대로 안 받는 경우가 많은데 치과를 만들어줄 테니 임원들은 거기서 치료를 해라' 이런 말씀도 하셨어요. 회장님이 평소엔 참 어렵고 그랬지만 이렇게 심금을 울리는 인간미가 있었던 분이셨어요."

— 회장님의 통찰력이나 미래를 예측하는 선견지명에 대해 놀라셨던 기억이나 생각나는 대목이 있으신가요?

"1M 개발팀을 만들겠다고 하면 4M, 64M, 1G 팀까지 동시에 만들어 가동시키라고 하셨죠. 지금 1M도 급한데 하는 마음이 들었지만 회장님 지시 사항이니 따를 수밖에요. 그런데 그게 초격차를 이루는 결정적 역할을 했어요. 앞서도 말했지만 일본이 한창 잘나갈 때 앞으로 힘들어질 것이라는 통찰도 앞날을 내다보신 거 아닙니까."

— 마지막으로 삼성반도체가 성공할 수 있었던 요인을 무엇으로 보세요.

"가장 중요한 것은 오너의 엔터프라이즈십, 즉 불가능한 사업에 도전해서 기어코 성공시키고야 말겠다는 기업가 정신이라고 생각합니다. 다음으로는 그걸 집행하고 실행했던 현장 경영진과 기술자의 노력과 헌신이죠. 이 둘이 합쳐져 오늘날의 삼성을 만들었다고 생각합니다."

독특한 논리의
이건희 복합화

앞서 도시바 공장 시찰 때 이 전 부회장이 언급한 이건희 회장의 '복합화'는 신경영 선언 때 내세운 독특한 논리였다. 지금은 많이 쓰는 단어이지만 그때만 해도 생소한 개념이었다. 이 회장은 한국이 선진국을 빨리 따라잡으려면 여러 가지 조건들을 하나로 뭉친 형태가 필요하다며 '복합화' 철학을 강조했다.

예를 들어 "좋은 제품을 만들어내려면 모든 분야 담당자들이 수시로 한 자리에 모여야 한다"거나 "점심 식사를 하든, 슈퍼를 가든 한번 움직이면 몇십 분에서 최대 1시간 이내로 끝내야 한다"는 거였다.

또 "한 빌딩에 기획, 디자인, 설계, 판매 각 담당자들이 모두 입주하도록 하라. 100층이든 80층이든 건물을 올리고 24시간 사용할 수 있는 회의실을 만들어 필요할 경우 40초 안에 회의실로 모일 수 있게 하라"고도 했다.

회장이 주창했던 '복합화' 개념은 이후 복합빌딩, 복합병원, 복합공장, 사람의 복합화, 도시의 복합화 등 다양한 영역으로 확장됐다.

"지금 수원 삼성전자를 보자. 서울 강북에서 1,000명, 강남에서 1,000명, 수원 근교에서 몇만 몇천 명, 이 사람들이 아침에 한 시간 반은 버스로 털털거리면서 출근한다. 여기에 한 공장에서 다른 공장으로 가려면 적어도 10분에서 15분은 걸린다. 공장 몇 개 돌면 몇 시간이 버려진다. 이렇게 따지면 실제 일하는 시간은 서너 시간뿐이다. 이런 불합리한 일이 어디 있는가. 공장을 전부 하나로 합쳐 지어라."

30년 전의 혁신적인 발상

위에서 소개한 육성처럼 이건희 회장은 물류에 대한 관심이 많았다. 물동량에도 관심이 많았지만 인동량人動量에도 관심이 많았다. 직장인들이 교통난 때문에 출퇴근 시간에 쓰이는 시간도 아까워했다. 비대면 시대가 본격적으로 도래한 지금은 약간 시대 차가 느껴지긴 하지만 30년 전에 이런 생각을 했다는 것이 놀랍다. '교통난과 7시 출근'이란 글이다.

이제 우리나라의 교통 문제는 세계적으로 유명한 얘깃거리가 되었다. 특히 서울을 비롯한 대도시의 교통 사정은 체증이니 지옥이니 하는 말로는 부족할 정도다. 아침에 상쾌한 기분으로 집을 나왔던 사람도 갖은 고생을 하며 직장에 도착하고 나면 몸과 마음이 지친 상태가 되니 일에 능률이 오를 리 만무하다. 삼성이 몇 년 전부터 출근 시간을 아침 7시로 바꾼 이유 중의 하나가 여기에 있다.

개개인의 생산성도 문제지만 기업을 하는 사람의 입장에서는 운송이나 물류도 큰 문제다. 고속도로나 산업도로는 항상 막히고 항만 시설도 부족하거나 상태가 좋지 않다. 물류비, 운송비 부담이 커지는 것은 당연하고 심지어 길이 막히는 바람에 바이어와 벌인 상담을 망치거나 제품 선적을 제때에 못해 수출 납기를 못 맞추는 경우까지 있다고 한다.

이런 실정이니 우리나라가 객관적인 기업 경영 여건 평가에서 낮은 순위에 머무는 것은 당연하지 않을까?

도로, 항만, 공항과 같은 사회간접자본은 원칙적으로 정부에서 담당해야 할 일이다. 그러나 정부를 탓한다고 갑자기 교통 여건이 좋아지지는 않는다. 따라서 기업 경영자들은 나름대로 교통 문제를 극복할 수 있는 방안을 끊임없이 모색해야 한다.

세계 최고 화물 운송 기업인 페덱스가 성공한 배경에는 창업자가 대학 시절에 생각한 '거점 중심 운송 방식'과 '세계 전 지역 다음 날 아침 배달'이라는 혁신적인 발상이 있었다. 당시에는 모두 허무맹랑하다고 비웃었지만 이런 창의적인 발상이 세계 최고의 기업을 일군 것이다.

우리 경영자들도 교통 사정을 탓하기 전에 먼저 자기 회사 물류 문제를 원점에서 혁신적으로 검토해보아야 한다. 반드시 실물이 움직이지 않으면 안 되는가, 공동 집배송은 불가능한가, 효율적인 물류를 위해서는 어떤 정보

시스템이 뒷받침되어야 하는가, 여러 가지를 생각해보면 해결의 실마리를 찾을 수 있다.

우리나라 교통 인프라 여건에서 물동량도 문제지만 인동량도 큰 문제다. 월요일 아침이면 교통 체증이 더욱 심해지는 까닭은 기업이나 관공서들의 회의 때문이라고 한다. 회의를 한다고 무조건 다 모여야 하는 건지, 회의는 꼭 아침에 해야 하는지, 정보 시스템을 통해 해결할 수는 없는지, 그냥 얼굴만 내밀려고 참석하는 회의는 없는지에 대해 다시 한번 생각해볼 필요가 있다.

다양한 방식의 복합화

1993년 6월 독일 프랑크푸르트 선언에서는 다양한 방식의 복합화를 주장했다. 이건희 회장의 신경영 어록을 수록한 《마누라, 자식 빼고 다 바꿔라》에 소개된 육성을 재인용한다.

① 병원을 지어라

"인간의 불안 중 가장 큰 게 '갑자기 죽으면 어쩌나' 하는 것이다. 이걸 회사가 조직적으로 관리하겠다. 병원을 짓는 것이다. 강남·일원동에 (삼성)생명이 짓고 있는데 이것을 강북, 인천(수원·안양), 용인, 대전에도 지어라. 대구 제일모직 공장을 구미로 옮기고 거기에도 지어라. 한국 병원들의 문제점은 한 사람이 입원하면 30~40명이 오는 것이다. 며느리, 사위까지 온다.

입원 환자들만 전문적으로 관리하면 된다. 현재 입원실 환자용 화장실은 한 개인데 외부 손님용은 다섯 개다. 나는 이걸 개인 이기심 때문이라고 본다. 병원 크게 지어서 병실, 슈퍼, 간호학교, 주차장, 수영장, 공부방, 양로원까지 다 넣고, 초·중·고교와 유아원까지 넣으면 이게 바로 복합화다.

주부들이 만나면 남편 흉이나 보는데 문화생활 하게 만들자. 복합화하면 서로가 선생이 되고 책 보고 공부하게 된다. 복합 타운 제대로 만들면 삼성 정신, 삼성 노하우가 생긴다. 이것만 보급하는 일을 일거리(비즈니스)로 만들면 일거리가 천지다. 이사급, 과장급 이상 평생직장 보장할 수 있다. 100% 자신한다. 약속한다. 나는 약속을 생명보다 중시한다. 대한민국 4,000만에는 자신 못 하지만 삼성맨들에게는 자신한다."

② 슈퍼도 지어라

"병원만 해서는 수지 안 맞는다. 슈퍼마켓을 지어라. 슈퍼가 뭐냐. 생산과 소비를 잇는 것이다. 농민, 소비자, 삼성, 더 나아가 인류를 위한 것이다. 피해자는 중간에서 마진 거저먹겠다는 사람뿐이다. 이런 사람은 피해 봐도 된다. 메이커에서 직접 가져와서 바로 소비자한테 전해주는 대형 슈퍼를 만들고 주차 시설을 편리하게 만들어라. 슈퍼에 종사하는 사람들도 전부 단지 내에 살게 하자. 그렇게 하면 80% 내지 90%는 밖에 안 나가도 된다. 모든 걸 다 15분 거리 안에서 해결하는 하나의 타운이 된다."

③ 호텔도 넣고 레저 시설도 넣어라

"호텔에 레저 시설도 넣고 어린이 동산도 넣어라. 학교도 넣고, 좋고 편리한 백화점도 넣어라. 호텔, 백화점에 유익하고 값이 싼 건전한 상품을 갖다 넣는 게 바로 구매의 예술화다."

④ 농사도 지어라

"슈퍼, 백화점에서 문제는 농산물이다. 벼농사를 보자. 10만~50만 평으로 대형화시켜야 한다. 농기구 임대 회사, 농업 대행 회사도 생각해봐라. 씨 뿌리고 수확까지 자동화한다. 농민들에게는 이전보다 10% 이상 이익 보장해 줘라. 땅 빌려준 농민에게도 10% 이상 이익이 보장될 거다. 농기계는 비실대는 회사, 중장비에 흡수시켜 만들어라. 비료 주지 말고 양돈 단지 만들어 퇴비로 써라. 5~15년은 걸리겠지만 땅 좋아지고 생산성 좋아진다. 삼성은 농기계 팔고, 유통센터 조달하고. 이 원리를 야채류, 공산품, 치약까지 적용시켜라."

⑤ 빌딩도 복합화해라

"요즘에는 분속 600m짜리 엘리베이터가 있다. 대형 빌딩에 설치하면 100층까지 40초면 간다. 전력은 자가발전, 이게 열병합이다. 가스든 전력이든, 엘리베이터에 쓰고 남는 것은 에어컨, 실내 테니스장에 써라. 이런 게 10~20년 뒤 쌓이면 얼마나 크겠는가."

⑥ 교육도 복합화해라

"건강 문제 다음으로 고민이 자식 교육이다. 해외 유명 학교들은 다 기숙사 생활이다. 기숙사를 만들어 삼성인 양성을 하자. 자기 생각 플러스알파로 더 잘 키워줄 텐데 왜 따로 과외 공부시키겠는가. '삼성맨' 교육받은 사람은

이제는 모두 고인이 된 이건희 회장과 엘리자베스 2세 영국 여왕이 1995년 10월 13일 영국 윈야드 삼성전자 복합단지 준공식에서 함께한 모습. 당시 여왕은 축사까지 했는데 외국 기업 행사에서 이례적인 일이라 화제가 됐다.

엘리자베스 여왕과 윈야드 전자레인지 공장을 둘러보는 모습. 삼성전자는 2006년부터 영국 왕실에 TV 등 가전제품을 공급하고 있다. 2022년 5월엔 왕실의 제품 및 서비스 평가 인증 중 가장 높은 등급인 '퀸 로열 워런트' 인증을 받기도 했다.

면접 볼 필요도 없게 만드는 게 복합화다."

⑦ 도시의 복합화

"독일 도시를 봐라. 어디든지 주거지역, 상업지역, 공업지역, 교육지역을 만들어 한 도시를 만든다. 프랑크푸르트, 뒤셀도르프, 뮌헨, 함부르크를 고속도로로 연결시키니 이 나라 국민들은 하루 종일 걸리는 지역을 2시간 만에 간다. 경쟁력이 안 올라가겠나.

서울은 전부 흩어져 있다. 커피 한잔 마시려면 20분, 학교 가려면 1시간, 회사 가려면 1시간 30분 하는 식으로 자꾸 헝클어지는데 이게 무슨 도시인가. 모든 게 체계적으로 돌아가는 '살아 있는 도시'를 만들어야 한다. 공장도 고급 공장, 첨단 공장을 들어오게 하고 연구소도 다 모으자. 늘 평면적으로 하다 보니 조잡하게 된다."

⑧ 해외 복합화

"구라파에 생산 기지를 복합화하자. 포르투갈, 스페인, 프랑스, 이탈리아 옆에 유고와 그리스, 그 옆에 터키까지 생각해봐라. 비행장이 있고 바닷가가 있고 공사하기 쉬운 암벽을 찾아서 200만 내지 300만 평 땅을 사서 한 3만 명을 고용하되 1만 5,000명은 현지인으로, 나머지 1만 5,000명은 어느 나라 사람을 데려오든 간섭하지 말라는 조건을 내걸어라. 대신 세금도 내고 학교도 다 만들어줄 테니 비행장 쓰도록 해달라고 하고, 조선소를 만들어줄 테니 항만 좀 쓰게 해달라고 해봐라. 그럼 안 되겠나."

"대만의 경쟁 상대는
일본이 아니라 한국"

이윤우 전 부회장의 파운드리 사업에 대한 언급은 매우 쉬우면서도 간단명료하게 업계 생태계를 전하는 말이다. 이참에 조금 더 자세히 파운드리 사업이 무엇인지를 짚고 넘어가보자.

'파운드리Foundry'라는 단어를 영어 사전에서 찾아보면 '금속이나 유리를 녹여서 만든 주조 공장'이란 설명이 나온다. 즉 생산 공장을 지칭하는 것이다. 이것이 반도체 분야에서 '위탁 생산'을 일컫는 말로 보통명사가 된 것이라고 할 수 있겠다.

흔히 '위탁 생산'이라고 하면 주문자 위탁 생산인 OEMOriginal Equipment Manufacturer이나 생산 대행인 CMOContract Manufacturing Organization를 떠올릴 수 있는데 OEM은 주로 의류, 전자 분야 등에서 CMO는 바이오, 제약 분야에서의 위탁 생산이라고 보면 된다. 파운드리는 반도체로 국한하는 위탁 생산이다.

파운드리 사업은 이 전 부회장 말대로 대만의 기업가 모리스 창이 만든 새로운 비즈니스 모델이다. 모리스 창은 창업 30여 년 만에 TSMC를 세계 최고·최대 파운드리 기업으로 키워 한때 아시아의 네 마리 용으로 불렸다가 침체에 빠졌던 대만 경제와 국격을 일거에 끌어올린 영웅적 기업인이다.

2020년 대만이 30년 만에 처음으로 중국의 경제성장률을 앞지른 일등 공신도 TSMC의 선전 덕분이었다. TSMC 매출은 대만 국내총생산의 15%를 차지하고 있다.

모리스 창과 TSMC

'대만 반도체의 아버지' 모리스 창의 본명은 장중머우張忠謀다. 중국 저장성에서 태어나 열여덟 나이인 1949년 미국 유학길에 올라 36년간 미국 땅에서 미국 이름 모리스 창으로 살았다.

MIT에서 기계공학을 전공하고 텍사스 인스트루먼트에 입사해 반도체 부사장, 그룹 전체 부사장을 역임하며 샐러리맨으로서의 성공 가도를 달렸다. 회사에 다니면서 스탠퍼드대 박사 학위도 땄다. 이후 제너럴 인스트루먼트 최고운영책임자COO로 옮겨 연구개발을 담당했다.

실리콘밸리에서 한창 잘나가던 50대 중반의 그를 대만 정부가 조국을 위해 일해달라고 부른다. 1985년이었다. 그에게 맡겨진 자리는 대만 산업기술연구원ITRI 원장. 모리스 창은 미국에서 쌓은 커리어를 모두 버리고 조국으로 달려간다. 그리고 남들이 다 은퇴를 생각하는 56세 나이인 1987년에 TSMC를 창업한 것이다.

1987년이면 호암이 도쿄 선언을 한 지 4년째 되는 해다. 그해 말 호암이 별세하고 이듬해 이건희 회장이 취임한다. 한국에서는 대를 이은 위대한 경영자가 반도체 굴기를 준비하고 있었고, 대만에서는 또 다른 반도체 영웅이 용틀임을 시작한 것이다.

'설계도만 주면 만들어주겠다'는 모리스 창의 아이디어는 철저한 현장 경험에서 비롯됐다. 미국에 있을 때 뛰어난 반도체 연구원들이 첨단 설계 기술과 아이디어가 있는데도 막대한 돈이 들어가는 공장 지을 돈이 없어 주저앉는 현실에 주목한 것이었다.

또 점차 반도체 공정이 미세해지고 복잡해지면서 공장 건설에 들어가는 돈은 기하급수적으로 커지는데 시장 자체는 거기에 비례해 커지지 않아 어려움을 겪는 회사들이 많아지고 있다는 것에도 주목했다. 실제로 엔지니어들과 반도체 설계도만 남기고 제조 설비는 팔아버리는 회사들이 나오고 있었다.

반도체 종주국 미국은 거의 모든 원천 기술과 소프트웨어를 장악하고 있다는 점에서 반도체 패권 국가다. 2000년대 이전까지만 해도 세계 반도체 생산을 주도해 전 세계 반도체의 약 40%가 미국에서 만들어졌다. 그러나 2000년대 이후가 되면서 비용 절감을 위해 자국 내에서는 제품 설계만 하고 생산은 해외에 맡기기 시작했다. 설계와 제조를 분리한 것이다.

흔히 반도체 회사라고 하면 설계와 생산을 다 같이 하는 게 당연시됐다. 이런 회사들을 'IDMIntegrated Device Manufacturer', 즉 모든 걸 다 한다는 의미에서 '종합 업체'라고 하는데 삼성전자와 SK하이닉스가 대표적이다. 이들과 구별해 TSMC는 설계는 아예 하지 않고 생산만 한다는 의미로 '퓨어 플레이 파운드리Pure Play Foundry'라고도 불린다.

모리스 창의 아이디어가 초기부터 환영받은 것은 아니었다. 그는 인텔, 미쓰비시, 도시바 등 유수의 반도체 회사들에 투자를 해달라는 메일을 보냈지만 거절당한다. 유일하게 네덜란드 회사 필립스만 관심을 보였다.

초기 TSMC는 자본금 절반은 대만 정부가 투자하고 필립스가 4분의 1 약간 넘게 투자하는 공기업으로 출발했다. 지금은 거의 민영화가 됐지만 아직도 7%가량의 지분은 대만 행정원이 갖고 있다고 한다.

한동안은 대기업들이 자체적으로 생산하지 못하는 주문을 넘겨받아 생산하는 하청에 불과했지만 1990년부터 IT가 발전하고 PC, 모바일 산업이 고도화하면서 애플, 퀄컴 등의 모바일 애플리케이션AP 주문을 따내며 크게 성장했다. 또 엔비디아, ATI 등이 발주한 그래픽 처리 장치GPU 생산도 도약의 발판이 된다.

2022년 상반기 기준 세계 파운드리 시장에서 TSMC는 점유율 54%로 압도적 1위다. 세계 2위부터 5위까지 합친 것보다도 높다.

삼성전자 점유율은 17%로 세계 2위이며 매출액 면에서는 TSMC의 3분의 1 수준이다. 인력 규모도 TSMC가 6만 5,152명인 데 비해 삼성전자 파운드리 사업부 소속은 2만 명 수준으로 역시 3분의 1 규모다.

영업이익 면에서는 TSMC는 6조 원대로 세계 1위, 인텔이 4조 원, 삼성전자가 3조 원대다. 2년 전에는 삼성전자 시가 총액이 TSMC보다 높았지만 불과 2년 만에 150조 원에 가까운 격차로 역전됐다.

대만 제1의 강군, TSMC

현재 TSMC의 주요 고객은 애플, 퀄컴, 미디어텍, 엔비디아, 브로드컴, 자일링스, 텍사스 인스트루먼트 등이다. 중국이 만약 대만을 공격해 TSMC 공장을 멈추게 한다면 가장 먼저 미국을 비롯한 전 세계 IT 제품 공급 체인이 끊어진다.

미국의 F-35 스텔스 전투기를 비롯한 세계 각국 각종 첨단 무기에 들어가는 군용 반도체 상당 부분이 TSMC에서 만드는 것으로 알려져 있다.

따라서 미국 입장에서 TSMC의 안위는 '남의 일이 아닌 내 일'이다. 대만 제1의 강군强軍이 TSMC라는 말까지 나오는 이유다. TSMC와의 연결이 끊기면 미국의 국방 전자 산업이 최소 5년 이상 후퇴할 것이란 말도 있다. TSMC는 대만의 '실리콘 방패'나 다름없으니 대만해협 평화 발전에 중요한 역할을 하고 있는 것이다.

최근 낸시 펠로시 미국 하원의장이 대만을 방문한 것은 미국이 생각하는 대만의 안보적 가치를 상징적으로 보여준 사건이라고 할 수 있다. 국제 정치를 이끌어가는 힘이 군사력보다 기술력이라는 것을 단적으로 증명해주는 것이 바로 TSMC 사례다.

결벽에 가까울 정도의 신뢰

파운드리 모델이 자리를 잡으면서 공장 없이 설계만 전문으로 하는 '팹리스Fabless' 기업들이 등장하게 된 것도 TSMC의 공이라 할 수 있다. 엔비디아 대표 젠슨 황은 "모리스 창을 만나지 않았다면 엔비디아는 이렇게 성장하지 못했다"고 말했다.

'팹리스' 할 때 'Fab'은 'Fabrication facility'의 준말로 사전적으로는 제조 시설, 제조 공장이란 말이다. 반도체업계에서는 웨이퍼를 만드는 공장을 뜻한다. 이게 없는 기업을 줄여서 '팹리스'라고 부르는 것이다. 퀄컴, 엔비디아 같은 기업들이 미국 굴지의 팹리스들이다.

TSMC 성공의 제1 비결은 결벽에 가까울 정도의 신뢰였다. 반도체 설계 분야에서 가장 중요한 것은 보안이다. 설계도를 파운드리 회사에 보냈다가 유출될 경우 해당 기업은 치명적 위험에 빠져 문을 닫아야 할지 모른다. 책《TSMC 반도체 제국》에 나오는 대목이다.

웨이퍼 파운드리가 넘어야 하는 가장 큰 난관은 인성人性이다. 1,000개에 육박하는 기업이 치열하게 경쟁하는 설계 분야에서 기밀 유지는 기업의 생사가 달린 일이다. 특급 기밀이 담긴 설계도를 웨이퍼 파운드리 팹에 보내 생산하는 과정에서 기밀이 샐 우려가 가장 컸다.

A라는 기업 제품의 기밀을 경쟁자인 B기업의 손에 넘어가지 않게 하려면 어떻게 해야 할까? 이런 생산 구도에서 파운드리업체가 어느 날 설계도를 훔쳐 경쟁자로 변하지 않는다고 누가 보장하겠는가.

모리스 창 이전에는 파운드리는 불가능한 미션으로 여겨졌다. 그러나 모리스 창은 이러한 불가능을 가능으로 만들었으며 결벽에 가까운 성실한 관리로 고객을 설득하여 공업연구원 구석의 작은 생산 라인에 불과하던 TSMC를 세계적 기업으로 일구었다.

실제로 모리스 창이 내건 모토는 '고객과 경쟁하지 않는다'는 거였다. 항상 가볍게 약속하지 않았고 일단 수주하면 손실이 나도 감수했다. TSMC가 설계를 아예 하지 않는다는 게 고객사들에게 신뢰를 줬다.

TSMC가 생산한 웨이퍼를 절개해보면 1인치마다 성실성integrity이 새겨져 있다. 직원들은 근무 시간에 카메라가 달린 휴대폰과 USB 메모리 장치를 휴대할 수 없으며 회사의 서류를 개인 메일함으로 보내는 것도 금지돼 있다. 규정을 어길 경우 4회 적발 시 모리스 창에게 보고된다. 직원들은 화장실에 갈 때도 카드를 찍어야 한다.

이런 철저한 운영 방식으로 세계적 그래픽 처리 장치 분야의 두 경쟁 기업 엔비디아와 AT&T, 휴대폰 칩의 최강자 퀄컴과 2인자 미디어텍, 무선 네트워크 칩의 전통 강호 브로드컴과 1위 기업 리얼텍 등 업계의 내로라하는 강자들이 자사의 첨단 제품 설계도를 TSMC에 안심하고 보내 발주하게 된 것이다.

이건희 회장과 모리스 창의 비사

호암과 이건희 회장도 저돌적이고 담대한 공격 경영으로 성공 신화를 썼지만 모리스 창도 마찬가지였다.

2008년 금융위기 여파로 전 세계 반도체 회사들이 투자를 줄일 때 유독 TSMC만 설비투자를 크게 늘렸다. 그전까지 전례 없는 규모인 3,000억 NTD를 투자하여 네 번째 초대형 웨이퍼 공장을 건설한 것이다. 2017년 에는 3나노 공장을, 2019년에는 5나노 공정의 신규 공장을 착공했다.

대만 정부의 지원도 전폭적이다. 2021년 가뭄이 들었을 때에는 하루 16만 톤의 물을 소비하는 TSMC에 농업용수를 제일 먼저 공급했다. 쌀보다 반도체를 먼저 지원한 것이다.

모리스 창은 은퇴를 앞둔 2017년 11월 직원 간담회에서 "1989년 삼성 이건희 회장과 조찬 미팅을 한 자리에서 입사를 권유받았지만 사양했었다"는 비사秘史를 공개했다. 그러면서 "(이건희 회장이 그런 제안을 한 이유에 대해) 대만이 자체 칩 기술을 발전시키거나 반도체 회사를 설립하는 것을 원치 않았기 때문이었던 것으로 보인다"고 했다.

대만 경제지와의 인터뷰 때는 "대만의 경쟁자는 일본이 아니라 한국이다. 한국에는 이건희 회장이 있었지만 히타치나 도시바, NEC에는 그런 인물이 없었다. 결국 반도체 산업의 성공은 훌륭한 리더와 인재"라고 했다.

2022년 5월 24일 삼성전자는 2030년까지 시스템 반도체 시장 1위로 가겠다는 청사진을 밝히며 향후 5년간 450조 원을 투자하겠다고 했다. TSMC를 이기겠다는 것이다. 이재용 부회장은 "목숨 걸고 하는 것"이라고 밝혔다.

LEE,KUN-HEE

SEMICONDUCTOR

LEADERSHIP

진대제

"회장과의 대화는
모든 게
배움이었다"

D램의 기술 프레임을 만들다

진대제 전 사장은 미국 스탠퍼드대를 졸업하고 IBM에서 일하다 1985년 미국 삼성반도체연구소에 입사한 뒤 1987년 귀국했다. 이후 4M, 16M D램 개발 책임자로 일했고 64M, 128M, 1G D램 등을 세계 최초로 개발하면서 '삼성 D램 신화'를 만든 주역 중의 주역이다.

이 과정에서 D램의 기술 프레임을 잡는 데 앞장섰다. 4M 개발 때 삼성 반도체의 운명을 가른 기술적 선택이었던 스택과 트렌치 갈림길에서 스택 방식을 성공시킨 것이 대표적이다.

저돌적이고 공격적인 추진력으로 비메모리 반도체에서도 다양한 시도를 하며 미래 성장의 토대를 닦았다는 평가를 받는다.

2000년 디지털 미디어 총괄 사장을 할 때에는 노트북, 대형 디지털 TV

1993년 16M D램 개발에 성공한 진대제 전 사장.

를 성공시켜 난공불락이었던 소니의 아성을 깨면서 삼성 브랜드가 소니를 따라잡는 기반을 마련했다. 정보통신부 장관도 지냈다.

삼성 입사는 도박이나 다름없었다

—어떻게 삼성과 인연이 됐나요.

"1983년 5월 스탠퍼드대에서 박사과정을 마치고 IBM의 두뇌라고 할 수 있는 왓슨 연구소에 입사했어요. 연구소 직원들이 2,500명가량 됐는데 박사 학위 소지자가 무려 800여 명이나 됐죠. 제 상사였던 로버트 데너드는 당대 반도체 소자 분야에서 세계 최고로 인정받는 사람이었는데 그 밑에서 공정 기술을 체험해보고 싶었습니다.

당시 연구소는 극비리에 엄청난 투자를 해가며 4M D램 개발에 한창이었어 요. 덕분에 버몬트주에 있는 IBM 반도체 공장도 자주 가보았습니다. 저는 그때부터 제 자신과의 굳은 약속이 하나 있었는데 세계 최고 반도체 기술을 제대로 섭렵했다고 판단되는 날, 한국으로 돌아가 반도체 산업을 일으켜보 겠다는 거였습니다.

1985년이 됐는데 유난히 경기가 나빠서 반도체업계도 구조조정이 한창이 었어요. 64K D램으로 기록적인 매출을 올린 모스테크Mostech도 256K D램 개발 실패로 그해 여름 거짓말처럼 문을 닫았고 다른 대부분 미국 회사들도 가격 급락으로 고전을 면치 못하고 있었죠.

삼성전자는 64K D램을 생산해서 팔고 있었는데 원가 1달러 30센트 제품 을 30센트라는 말도 안 되는 가격에 팔면서 적자 늪에 빠져 허덕이고 있었 고 한편에서는 256K D램을 개발하느라 정신이 없던 때였죠.

하지만 저는 그런 상황이 영원하리라고 생각하지 않았습니다. 미국 반도체 업계의 구조조정 과정을 지켜보면서 '아, 반도체 산업의 중심이 이제 미국 에서 일본으로 옮겨가고 있구나, 한국도 뒤따라가겠구나'라는 생각을 했습 니다. 삼성에 직접 의사를 타진했죠. 그랬더니 실리콘밸리 현지에 연구소가 있다며 적극적으로 영입 의사를 밝혔습니다.

그 좋은 IBM을 떠난다니 가족들은 모두 반대했습니다. 주변에서는 '이해할 수 없다'는 반응이었고, 더구나 삼성은 반도체에 돈을 쏟아붓는 이병철 회장 때문에 망할 수도 있다는 소문이 팽배해 있었습니다. 삼성을 택한 제게 사람들은 '일생일대 도박을 하는 것이나 다름없다'고들 했는데 사실 맞는 말이었죠."

— 처음엔 무슨 일을 했나요.

"4M D램 개발팀장을 맡았습니다. 정말 몇 사람 안 데리고 고군분투하며 밥 먹듯이 밤샘을 했지요. 그런데 점점 염증이 생겼습니다."

— 왜죠?

"한국 본사가 메이저 리그라면 미국 현지법인은 마이너처럼 느껴졌어요. 70%가 중국 사람들이었는데 이 사람들에 치여서 역량을 제대로 발휘하기 힘들었습니다. 어느 날, 큰맘 먹고 '한국 본사로 보내달라'고 했는데 받아들여지지 않았어요.

당시 삼성에 이어 현대도 반도체 사업을 시작해 미국에 연구소가 있었는데 때마침 제게 접선이 왔습니다. 현대에서는 '한국 본사에서 일할 수 있는 기회가 얼마든지 있다, 당장 경기도 이천에 있는 현대 본사 구경을 시켜줄 테니 서울로 가라'는 거 아닙니까. 그길로 삼성에 사표를 쓰고 잠적한 뒤 몰래 한국행 비행기를 탔죠.

서울에 도착한 바로 그날 정몽헌 회장과 저녁을 먹으며 정식으로 입사 제의를 받았습니다. 다음 날 현대반도체 공장을 둘러보며 256K D램 불량 난 것을 실험해보고 엔지니어들과 이야기를 하고 있는데 바로 그곳으로 김광호 부사장이 직접 전화를 걸어왔어요. 그러더니 '왜 지금 거기 있느냐'며 고래고래 고함을 치는 게 아니겠습니까. 그러면서 박용의 이사를 보낼 테니 일단 저녁에 만나자는 겁니다.

못 만날 이유는 없다 싶어서 만났는데 저녁 먹자고 만난 박 이사가 갑자기 차를 고속도로로 돌리더니 신라호텔로 가는 겁니다. 송세창 삼성반도체 사장님이 기다리고 계시더라고요. 당장 한국 본사로 발령을 내주는 것은 물론이고 임원 자리를 달라는 저의 제안까지 다 받아주겠다는 거였습니다. 그래서 다시 삼성으로 가게 된 거죠. 그렇게 해서 1987년 9월 4일 기흥 반도체 공장으로 출근을 하게 됩니다. 당시 기흥은 1공장, 2공장이 가동되고 있었고 사무동과 연구동만 덩그러니 서 있어 지금처럼 세계에서 가장 큰 반도체 단지의 위용과는 거리가 멀었습니다."

기술자는 아집이 있으면 안 된다

— 이건희 회장을 처음 만난 건 언제인가요.

"처음으로 얼굴을 뵌 것은 언제인지 기억이 확실치 않습니다. 하지만 처음으로 길게 대화를 나눈 기억은 선명합니다. 기흥 근무를 시작한 지 4개월 만인 1988년 1월 4M D램 개발에 성공하고 1년여 지난 뒤였습니다. 1989년 1월이었는데 비서를 통해 '내일 당장 대만으로 오라'고 하셨어요. 부리나케 비행기를 타고 날아갔지요. 저는 회장님이 왜 대만에 계시는지도 몰랐고 저를 왜 오라고 했는지도 몰랐어요.

도착한 다음 날 아침부터 회의에 참석하라는 지시를 받았습니다. 컴퓨터 회사 ACER(에이서), 파운드리 회사 TSMC에서 회의가 여러 개 있었는데 회장님과 며칠 동안 얘기도 많이 나누고 한 게 그때가 처음이었습니다.

도착 첫날 저녁, ACER 스탠시 회장하고 삼성 사람들이 같이하는 저녁 자리에 참석했습니다. 둥근 테이블들이 있었는데 회장님하고 스탠시 회장이 헤드 테이블에 앉고 저는 말단 임원이라(이사 대우) 헤드 테이블과는 10~20m 쯤 떨어져 앉아 있었어요.

한창 밥을 먹고 있는데 갑자기 회장님께서 저를 부르시더니 일어서라고 하셔서 일어났습니다. 회장님이 '저 진대제 박사가 IBM에서 왔고, 메모리를 하고…' 이렇게 제 소개를 해주시더니 '저 친구가 600만 불짜리 사나이에요' 이러는 거예요. 좌중에 웃음이 번졌지요.

그때 한참 유행하던 TV 시리즈 중에 〈600만 불의 사나이〉가 있었거든요. 그런 다음에 뭔가 설명을 붙이셨는데 거리가 멀어서 정확히 안 들렸어요. 어떻든 제가 한 600만 불쯤의 가치가 있다, 그런 취지의 말씀을 하신 거였는데 좀 송구스럽기도 했던 기억이 있어요."

다음 날 그는 회장과 일대일로 만나게 된다.

"TSMC와 회의를 마치고 나오는데 회장께서 제 쪽으로 걸어오시더니 다짜고짜 '도시바가 4M를 아직도 트렌치로 하고 있다는데 기술자들 아집 때문에 어려워지는 것 아니야?' 이렇게 물으시는 거예요. 1989년 1월이니까 삼성은 이미 스택으로 결정(88년 1월)이 나 있었을 때였어요.

제가 미국에서 트렌치를 하다가 기흥으로 온 뒤 스택으로 바꾼 사람이라 아마 직접 물어보신 거 같았어요. 그래서 이렇게 말씀드렸죠.

'회장님, 그럴 수도 있지만 기술자들이 기술의 문제점이나 미래에 일어날 일들을 다 몰라서 그럴 수도 있습니다. 트렌치가 정말 잘 안 될 것 같다는 확신이 들면 기술자적 양심으로 그걸 고집할 수는 없는 일이죠. 기술이라는 게 워낙 불확실성이 많다 보니까 하고 있던 것을 지속적으로 하려고 하는 일종의 관성이 생깁니다. 꼭 아집은 아닌 걸로 생각합니다.'

제 말에 고개를 끄덕끄덕하시더라고요. 저는 속으로 '아, 내가 만족할 만한 답을 드렸구나' 기분이 좋았는데 나중에 가만히 생각해보니까 그게 일종의 교육이었어요. 기술자는 아집이 있으면 안 된다는 말씀을 하시려던 거였다는 생각이 들었습니다.

회의가 끝나고 다들 호텔로 가려고 방향을 잡는데 회장님이 저를 다시 부르시더니 '진 박사, 이리와. 차에 타' 하시는 거 아닙니까. 그래서 얼떨결에 조수석에 탔어요. 회장님은 뒤에 앉으시고 옆에 비서실장인지 누가 앉았고요."

— 기억나는 대화라도 있었습니까.

"계속 뒤에서 뭔가를 물어보셨는데 지금 딱 기억나는 질문이 하나 있어요."

— 뭔가요.

"갑자기 '이런 벤츠 타봤어?' 하시는 거예요. 저는 '못 타봤습니다' 했지요. 그랬더니 '차 안을 한번 둘러봐라, 사람 손이 닿는 데에 금속으로 만든 게 있나, 없나' 하시는 거예요. 유심히 둘러봤는데 정말 하나도 보이지 않더라고요. 다 나무나 플라스틱 같은 걸로 싸여 있었어요. 제가 '없네요' 했더니 '바로 그런 거다' 이러시더라고요."

— 그게 무슨 말이었을까요.

"사용자를 위한 배려라는 거지요. 차 안에 사람 손이 닿는 부분을 금속으로 만들어놓으면 겨울이나 날씨가 추운 곳에 사는 사람들에게는 좋지 않은 느낌을 준다는 거죠. 이게 바로 사용자 마인드, 고객 마인드다 이러시는 거예요. 사실 그런 차를 탄다 하더라도 차 안의 모든 것을 일일이 꼼꼼하게 보지 않는 한, 또 본다고 해도 그런 걸 제대로 포착할 수 있을까요. 회장님과의 대화는 제 입장에서는 모든 게 교육이었어요."

남들은 보지 못하는
새로운 상상력을 경험하다

진대제 전 사장은 이건희 회장을 지근거리에서 보며 남들이 전혀 보지 못하는 레벨의 새로운 상상력을 경험한 적이 많았다고 한다. 그러면서 또 다른 몇 가지 사례를 전했다.

"1989년쯤이었던 거 같은데 '주상복합단지를 지어라' 그러시더라고요. 아파트 밑에 상가를 지으라는 거죠. 우리나라 주상복합이란 게 그렇게 해서 신대방동에 처음 만들어집니다. 아니 아파트면 아파트지 아파트 밑에 상가가 있는 게 어딨어? 처음엔 다들 이렇게 생각했는데 지금은 대세가 됐잖아요.

이런 식으로 처음엔 무슨 말씀인가 싶었던 것들이 나중에 보면 다 맞는 말

쏨이었던 게 많았어요. 1990년경에는 디자이너를 많이 데려오라고 하시면서 이탈리아 최고 디자이너는 당시 돈으로 100만 불(13억 원) 연봉을 주더라도 아깝다고 생각하지 말고 데려오라고 했습니다. 아니, 100만 불까지 주고 뭐 하러 데려오나? 이런 생각이 들었죠. 하지만 그런 디자인 경영이 삼성전자의 뛰어난 제품을 만든 거 아닙니까.

시대를 한 10년쯤 앞서가는 얘기를 하시는데 제가 수첩에 회장님 말씀하셨던 거 적어놓고 나중에 읽어보면 '아… 그때 이런 의미로 하신 거구나!' 할 때가 많았어요.

또 하나는 이것도 1990년 정도였던 거 같은데 '지역전문가라는 걸 내보내자' 그러시더라고요. 반도체에서 300명씩 보내라면서 말이죠. 저는 사람이 없어서 일을 못 해 죽겠는데 한가하게(?) 지역전문가를 보내라고 하니까 투덜댔었어요. 그때 참 여러 명 뺏겼지요.

그런데 그게 지금 다 삼성의 저력이 됐잖아요. 남들이 가지 않는 나라에 지역전문가로 나갔던 사람들이 나중에 다 법인장으로 파견됩니다. 가전제품이다 휴대폰이다 잘 팔리고 있는 게 다 그분들 덕분이잖아요. 정말 앞서가신 거죠. 보는 시각이 달랐어요."

깜짝 놀랄 정도로 다른 시야

진 전 사장은 "우리 같은 전문 경영인 입장에서는 도저히 상상할 수 없는 스케일을 보여준 적이 많았다"고 했다.

"제가 정보가전 쪽에서 일할 때인데 '1조 원 이익을 내면 건물을 새로 짓겠습니다' 했더니 '그러라'고 하셨어요. 공간이 많이 부족했거든요. 휴대폰 사업은 잘될 때였는데 가전 쪽은 사실 이익이 박하고 어렵잖아요. 건물이 오래돼서 공간도 많이 부족하고 여기저기서 먼지가 펄썩펄썩 떨어지는 상황이었거든요.

그런데 2002년 상반기에만 6,000억 이익을 냈어요. 연간으로 따지면 1조원 이익이 거의 다 된 거죠. 그래서 이참에 정말 건물을 새로 지어야겠다는 계획을 세웠습니다. 돈 많이 들이면 안 되니까 기존 6층짜리 건물 위로 3개 층을 올릴까, 아니면 작게라도 새로 지을까, 이 궁리 저 궁리를 했어요. 그러다 무선 쪽 연구동 건물인 27층 R3(삼성은 수원에 있는 연구 단지 내 건물들을 Research의 R을 따서 아라비아 숫자를 붙이고 있다) 건물 옆에 24층 정도로 짓자는 걸로 의견이 모아졌죠.

일단 윤종용 부회장께 보고를 드리고 빌딩 조감도를 갖고 함께 회장님께 갔죠. 조감도를 한참 보시더니 '이런 거 두 개 지라(지어라)' 이러시더라고요. 그렇게 해서 지어진 R4는 제가 삼성을 떠난 다음에 착공이 됐는데 2005년 9월 준공 당시 37층 건물로 연면적이 국내 최대였습니다.

우리 같은 전문 경영인들은 매사 길게 봐야 한 5년 정도 보고 일한다면 회장님은 한 50년쯤 내다보며 일하셨어요. 건물 하나 지으면 한 50년 가잖아요. 그때를 생각하면 당연히 건물이 커야겠지요. 다들 '크게 지어봐야 들어올 사람이 없는데' 하던 시절이었는데 지금 보면 정말 잘한 결정이었죠. 역시 회장님은 시야가 다르시구나, 정말 깜짝 놀랄 때가 많았습니다."

아, 저렇게 생각할 수도 있겠구나

"또 이런 일도 있었습니다. 미국 텍사스 인스트루먼트(TI)가 하도 특허료로 우리를 못 살게 하니까 10년간 특허료를 일시불로 주고는 잊어버리자 하고 협상을 한 게 1조 원, 빌리언 달러(10억 달러)를 주기로 했습니다. 아마 1994년쯤에 협상이 끝났던 거 같은데.

회장님한테 보고를 하러 갔어요. 너무 죄송한 거지요. 아무리 10년 치라고 하더라도 1조 원은 말이 안 되는 돈이잖아요. '죄송합니다. 앞으로 특허 많이 내고 잘하겠습니다' 하니까 고개를 끄덕끄덕하시면서 '그런 거지, 뭐…' 하시더라고요. 보고를 마치고 일어서 나가려고 하니까 하신다는 말씀이 '그 TI는 얼마 주면 사노?' 그러시는 거예요.

우린 특허료 1조 주고 너무 억울해서 죽고 싶을 정도였는데 'TI를 얼마 주면 사느냐'고 하시니 황당한 거죠. 아니 TI를 사버리겠다는 생각을 어떻게 합니까. 그때 당시 TI는 정말 하늘 같은 회사였는데 말이죠."

— 회장 말씀에 뭐라고 답하셨나요.

"그냥 '모르겠습니다' 했죠. 생각하는 것만으로도 너무 엄청나서 그게 무슨 소린지 우리로서는 가늠이 안 되는 거죠. 회장님은 그런 말씀들을 불쑥불쑥 하셨어요. 그런 얘기를 들으면서 우리는 배우는 거죠. 아, 저런 식으로 생각할 수도 있겠구나 하면서 말이죠."

진 전 사장이 언급한 TI와의 소송은 삼성이 초기 반도체 사업을 하던 시절 기술 없는 서러움을 톡톡히 맛보게 한 정말 뼈아픈 경험이었다.

1986년 2월 미국의 TI사는 일본의 8개 기업과 삼성이 자기네 회사 특허를 침해했다며 제소했다. TI는 1958년 세계 최초로 반도체 집적회로를 만든 '미국 반도체의 상징'이었다. 그러다 D램 분야에서 맹추격을 해온 일본 회사들에 밀려 고전을 하던 중 '특허 침해'라는 무기를 찾아낸 거였다.

　　처음에 TI의 주공격 대상은 일본이었지만 결과적으로 막대한 기술료를 지불한 회사는 삼성이었다. 일본 기업들은 '오히려 미국에 있는 일본 회사들 특허를 훔쳐 쓰고 있다'며 맞고소로 대응했다.

　　이후 TI는 일본 기업들과 기술을 서로 자유롭게 쓸 수 있는 '크로스 라이선스' 계약을 맺었다. 그런 협상 카드가 전혀 없었던 삼성은 막대한 기술료를 내야만 했다. 지금은 삼성이 기술 우위에 서서 외국 유수 기업과 크로스 라이선스 방식으로 특허료를 받고 있지만 초기 상황은 이렇게 힘들었다.

　　삼성은 훗날 낸드 플래시 메모리 개발 과정에서는 샌디스크와의 소송에 휘말린다. 삼성의 반도체 전쟁 역사는 또 다른 한편으로 특허와의 전쟁이었다고 할 정도로 엄청난 대가를 치렀다. 진 전 사장은 이 전쟁의 하나였던 TI와의 협상 과정에서 1조 원을 물어야 했다고 회상하고 있는 것이다.

앞서가는 리더에게서
생각하는 법을 배우다

진대제 전 사장은 "1994년 여름 빌 게이츠 회장을 만났을 때도 기억에 남는다"고 했다.

"빌 게이츠 회장이 한국에 왔는데 회장님과의 오찬 자리에 초대돼 저도 만났죠. 제가 회장님 바로 옆자리에 앉았는데 두 시간여 동안 대화가 계속 겉돌았습니다.

게이츠 회장은 앞으로는 전자지갑이라는 것이 나와서 현금을 가지고 다니는 일이 없어질 것이고 우리가 여러 개씩 가지고 다니는 신용카드도 전자지갑으로 통합될 것이라면서 열심히 설명을 했어요. 또 앞으로는 모든 병원 컴퓨터가 연결돼 진료 정보를 모든 병원들이 공유해 환자들이 불필요한 진료나 검사를 받지 않게 될 수 있다는 말도 했습니다.

지금이야 당연한 말처럼 들리지만 당시엔 인터넷도 없었고 더군다나 빌 게이츠 회장 말이니 다들 귀를 쫑긋 세워 듣고 있었습니다. 그런데 회장님은 별로 흥미를 보이지 않고 묵묵히 듣기만 하셨어요. 그렇게 서먹서먹한 분위기가 계속됐는데 식사가 거의 끝나갈 무렵 드디어 두 사람의 공동 관심 주제가 나왔습니다. 다름 아닌 자동차였습니다.

빌 게이츠 회장이 '고속도로에서 시속 240km로 운전을 해봤다'고 하자 회장님이 '나는 280km 이상 달려본 적이 있다'고 한 거죠. 유일하게 두 사람 간에 접점이 된 화제였어요.

게이츠 회장을 배웅하고 난 뒤 회장님이 이렇게 말했습니다. '저 빌 게이츠라는 사람이 MS(마이크로소프트)를 떠나면 주가가 얼마나 떨어질까, 한번 조사해보라.' 겉으로는 그저 듣고만 계신 것 같았는데 그의 비전이 MS를 끌고 가고 있다는 생각을 하셨구나 하는 걸 느끼게 하는 말씀이셨습니다.

언젠가는 기흥 공장에 직접 내려오셨을 때였어요. 제가 메모리 사업부장인가를 맡고 있을 때였는데 '앞으로는 특허 같은 게 중요해지니까 좋은 특허를 내는 직원들에 대해서는 매출에 비례하는 충분한 보상을 해주라'고 하셨습니다. 이 역시 지금은 너무 당연한 말처럼 들리지만 당시만 해도 직원들 특허료라는 게 한 100만 원 주면 많이 주는 거였어요. 그런 시절에 이미 특허에 대한 중요성을 언급하신 거죠.

1990년대 중반 16M, 64M 만들 때에는 '1G D램이 상용화돼서 대량으로 쓰이는 시대는 지금하고는 완전히 다른 세상이 될 것'이란 말씀도 하셨습니다. 구체적으로 뭐가 어떻게 바뀔지에 대한 말씀은 없으셨지만 지금 돌이켜보면 디지털 정보화 시대, 인터넷 시대에 대한 예견을 말씀한 거였습니다. 회장님을 만날 때마다 정말 많이 배웠습니다. 참으로 앞서가시는 분이셨습니다. 매일매일 출근해 일을 챙기고 그러시지는 않았지만 1년에 한두 번을 만나도 한마디 한마디 놀라운 말씀을 많이 하셔서 제게 생각하는 법을 참많이 가르쳐주셨습니다."

하고 싶은 것을 윗사람이 시켜주면 그게 최고

— 신경영 선언 때를 기억하십니까.

"당연하죠. 프랑크푸르트에 갔었습니다. 회장님이 강의를 직접 하신다니까 난리가 났죠. 그때는 제가 상무여서 서열이 끝쪽이었어요. 앞줄에 회장단, 대표이사, 사장단이 쫙 앉아 있는데 누군가가 '니 일루 와 앞자리 와서 앉아' 하시는 거 아닙니까. 회장님 눈에 딱 뜨이는 두 번째 줄 가운데 자리였습니다. 대표이사들 앉는 곳이었죠.

회장님이 강의하러 새벽 2시경에 나오셨어요. 그때까지 계속 녹음기를 통해 말씀을 듣고 있었습니다. 뭔가 화가 나신 듯 커피 잔을 잔 받침에 세게 내려놓는 쨍그랑 소리도 나고, 누군가에게 야단을 치는 생생한 목소리들이 담겨 있었습니다. 그러다가 직접 강의를 하러 나오신 거예요.

강의가 끝나고 갑자기 진행자가 마이크를 돌리더니 한마디씩 하라는 거 아닙니까. 제 자리에까지 왔는데 제가 말할 군번이 아니잖아요. 슬쩍 옆 사람한테 넘기려는데 회장님이 '진 박사도 한마디 해' 그러시는 거예요. 그래서 그 새벽에 비몽사몽간에 한마디 했던 것 같아요. 나름 특별 대접을 받은 거였죠."

— 뭐라고 하셨나요.

"그때는 다 품질에 대한 얘기였으니까, '품질은 현장의 작업자 손에서 나옵니다. 그러니 작업자들에게 교육을 잘 시켜야 합니다' 이런 비슷한 소리를 했어요. 회장님이 고개를 끄덕끄덕하셔서 얼른 마이크를 옆 사람에게 넘겼지요(웃음).

프랑크푸르트 회의를 마치고 베를린에서 신경영 선언 회의를 할 때도 따라오라고 해서 갔습니다. 그날도 참석자들에게 마이크를 쭉 돌리는데 그날만큼은 정말 안 하려고 했는데 회장님께서 또 '한마디 해라' 그러셔서 또 어쩔 수 없이 했습니다."

— 그때는 또 뭐라고 하셨나요.

"'(경상도 사투리로) 회장님요, 보통 땐 제가 회장님 뵈면 말씀도 거의 안 하시고, 또 말씀을 잘하시는 것 같지도 않고 그랬는데… 이번에 보니까 정말 신神이 오르신 거 같습니다. 말씀을 왜 이렇게 잘하세요?' 했더니 씩 웃으시더라고요. 그때는 정말 '신기神氣'가 느껴졌습니다. 보통 때는 그렇게 말씀을 잘 못하셨거든요. 그런데 그때는 정말 청산유수셨으니까요."

— 개인적으로 특별히 기억나는 에피소드가 있었나요.

"프랑크푸르트 캠핀스키 호텔에서 침실이 같은 층에 있었어요. 왔다 갔다하다가 어느 날 딱 마주쳤습니다. 절 보시더니 '촌놈이 출세했다' 이러시더라고(웃음). 제가 경남 의령이라 회장님과 고향이 같잖아요. 회장께서 갑자기 '의령에 전기가 언제 들어왔는지 알아?' 하시길래 '모르겠습니다' 하니까

'74년이야' 이러시는 거예요.

어느 날은 특별히 방으로 불러서 이런저런 얘기를 해주셨어요. 자료를 잔뜩 들고 들어가니까 '뭘 그렇게 많이 갖고 다니냐?'며 다정하게 말을 건네기도 하셨지요. 상당히 교육적인 얘기를 많이 해주셨어요.

이런 말씀을 하셨던 기억이 있습니다. '진 박사, 상청上請이 뭔 줄 알아?' 하 셔서 '하청이라는 건 있는데 상청은 뭔 줄 모르겠습니다' 했죠. 그랬더니 '상 청은 윗사람한테 얘기를 잘해서 윗사람이 자기 말을 듣고 자기에게 그 일을 하도록 해주는 것, 이걸 상청이라고 하는 거야. 그런 걸 잘해야 돼' 하시더라 고요.

그러니까 위아래 관계를 설정하는 것에 대한 교육이었는데 '아, 그런 게 있 구나!' 하고 느꼈어요. 내가 하고 싶은 것을 윗사람이 시켜주면 최고잖아요. 그렇게 윗사람을 만들어야 한다는 거예요. 아랫사람한테 일을 시킬 때는 85%만 마음에 들면 잘한 거로 생각하라는 말씀도 하셨어요.”

품질 경영을 실천하다

진 전 사장은 신경영 때 배운 그대로 품질 경영을 실천하려 했었다는 일 화도 전했다. 1994년에 16M D램 생산 라인을 중단시킨 것이다.

“이윤우 대표이사가 부사장, 제가 메모리 사업부장(전무) 할 때 이야기입니 다. 밤늦게까지 16M 품질 테스트를 했는데 불량률이 2%가량 나왔어요. 말이 안 되는 거였죠. 시간 관계상 윗분들과 일일이 상의하지는 못했지만 품질보증, 제품 기술, 설계 담당 및 생산 담당 임원들과 토의를 마친 후 제 권한으로 생산을 중단하고 모든 제품에 대해 출하 중지 명령을 내렸습니다. 전 세계 지점과 대리점에도 창고에 있는 제품을 모두 본사로 긴급 반환하라고 지시했습니다. 말이 쉬워 생산 중단, 출하 중지지 하루에 수백억 원의 매출을 포기하는 극약 처방을 내려버린 거였죠.

저는 엄청난 불똥이 튈 것을 예상했고 속으로 겁도 많이 났습니다. 하지만 1초라도 빨리 생산을 중단시키는 것이 손해를 최소화하는 길이라는 판단이셨지요. 회장님한테 당연히 보고가 됐겠지요. 비서실에서 매일 아침마다 전화를 했으니까요. 답답해 죽겠다면서 말이죠.

2002년 미국 라스베이거스 세계 최대 IT-가전 박람회 CES에서 삼성의 디지털 비전을 발표하는 진대제 전 사장.

하지만 신경영 때 회장님이 '라인에 문제가 있으면 스톱시켜라' 하지 않았느냐, 그래서 하는 거라고 밀어붙였습니다. 고지식하게 말이죠(웃음). 어떻든 제가 그렇게 용기를 낼 수 있었던 건 그것이 회장님의 평소 지론이었기 때문이었습니다."

믿고 맡기는
리더의 힘

진대제 전 사장 역시 이건희 회장이 전문 경영인을 믿고 맡기는 자율 경영, 위임 경영 스타일이었다고 회고한다.

"저는 메모리 반도체에서 비메모리 사업부인 시스템 LSI 쪽으로 옮겨가기 전부터 '앞으로 비메모리 쪽을 하지 않으면 안 된다'고 생각했습니다. 사실 우리 같은 메모리 회사는 인텔 같은 회사와는 일종의 주종 관계입니다. 인텔에서 스펙을 정하면 메모리는 따라갈 수밖에 없으니까요.
여기서 잠깐 컴퓨터를 동작시키는 구성 요소들을 가치 사슬적 측면에서 한 번 볼까요.
맨 위가 MS사의 윈도 같은 운영체제가 있고 그 아래에 지능을 담당하는 시스템 반도체인 '마이크로 프로세서(컴퓨터 중앙처리장치인 CPU의 핵심 기능을 통합한 IC)'가 있습니다. 그다음에 주변 기기를 제대로 동작시키는 제어용 칩이 있고 이 제어 칩의 데이터 저장 명령을 충실히 이행하는 게 메모리 반도체입니다. 즉 메모리 반도체는 가치 사슬에서 맨 아래에 있는 겁니다.

전 세계적으로 컴퓨터 운영체제는 MS 윈도가, 마이크로 프로세서는 인텔이 거의 독점하고 있는 반면 메모리업체들은 치열하게 경쟁할 뿐 아니라 여러 가지로 상위 사슬에 예속당하는 어려움이 있습니다.

저는 메모리 사업을 독자적으로 영위하기 위해서는 마이크로 프로세서 시장을 다변화시키고 시장 규모가 큰 이 사업에 뛰어들어야 한다고 생각했습니다. 인텔의 영향력에서 독립하자는 독립선언과도 같은 의미였지요.

삼성으로서는 전혀 해보지 않은 새로운 사업에 뛰어든다는 것 자체가 엄청난 도박이었습니다. 하지만 제 이야기를 전해 들은 회장님이 비서실장을 통해 '한 3,000억 까먹어도 좋다 캐라(좋다고 해라). 해보라 캐라' 그러셨다는 겁니다. 그렇게 회장님 허락이 떨어지면서 본격적으로 마이크로 프로세서 사업을 위한 준비에 착수할 수 있었습니다.

두꺼운 보고서를 만들어 사내 경영진에게 두 시간쯤 설명을 했는데 사업 내용이 메모리보다 기술적인 부분이 많다 보니 너무 어려워서 참석자들이 좀 곤혹스러워했던 기억이 있습니다.

어떻든 회장님이 '3,000억 까먹어도 좋다'고 하셔서 파트너를 열심히 찾았고, 그렇게 해서 찾은 파트너가 알파칩을 생산하고 있던 미국 'DEC Digital Equipment Corporation'였습니다.

1997년 5월 이 회사 CEO 밥 팔머가 서울에 와서 당시 윤종용 사장과 알파칩 기술도입 및 생산 판매 협상에 사인했습니다.

알파칩은 세계에서 가장 빠른 마이크로 프로세서였는데 생산은 1998년 초부터 합니다. 영화 〈타이타닉〉에서 빙하와 충돌한 배가 침몰해 엄청나게 많은 사람이 희생되는 장면이 나오죠? 그게 바로 500MHz 알파칩을 수백 개 사용한 그래픽 애니메이션으로 만든 겁니다.

알파칩 외에 에이식ASIC(주문형 반도체) 칩에 D램을 집어넣는 사업도 했습니다. 두 사업 모두 오늘날 삼성의 비메모리 사업의 시작이라고 할 수 있죠.

하지만 처음엔 고전했습니다. 삼성전자는 매출, 손익으로 사업부별 평가를 하잖아요. 그때가 또 하필 IMF 때였는데 비메모리는 15개 사업부 중에 꼴찌였습니다. 제가 1997년에 대표를 맡았는데 1996년만 해도 매출 7,000억에 1,500억 적자가 났더라고요.

부천 반도체 공장을 매각한 5,000억을 쌈짓돈으로 해서 기흥 공장 5라인에서 비메모리를 시작합니다. 결과적으로 잘한 일이 됐습니다. 그런데 이런 일도 제 선에서 다 결정했습니다.

나중에 회장님께서 부천 공장 판 거를 굉장히 아쉬워하셨어요. 2000년 2월에 회장님을 미국 텍사스 오스틴에서 뵀는데, 당신이 개인 사재를 털어 인수한 회사를 팔아먹으면 되냐는 식으로 말씀하시더라고요. 그만큼 부천에 대해 강한 애착이 있으셨죠. 뒤집어 생각하면 그렇게 아까운 걸 팔 때도 일일이 간섭하지 않으셨다는 거죠.

어떻든 그 부천 공장 판 돈을 쌈짓돈 삼아 비메모리 사업에 박차를 가한 겁니다. 제가 1999년 말에 디지털 미디어(DM) 가전사업 총괄로 갈 때 시스템 LSI 사업부를 보니까 1,300억 이익을 냈더라고요.

회장님은 신사업 같은 걸 할 때 지원을 잘해주셨어요. 제가 시스템 LSI 사업부장을 하면서 중앙연구소 소장도 겸직하겠다고 했더니 그것도 허락해주신 거 아닙니까. 전무후무한 일이었죠. 참 많이 배웠고 많이 도와주셨습니다."

기계와 대화를 하는 사람

"2000년에는 삼성전자가 10조쯤 이익이 났어요. 일본 7대 메이커 이익을 다 합친 것보다 더 많았습니다. 일본 경제신문인 〈닛케이 비즈니스〉에 커버스토리로 삼성이 다뤄졌을 정도였으니까요. 곤혹스러웠습니다. 잘나간다고 잘난 체하는 걸로 비칠까 봐서요.

그해 11월 회장님이 오키나와에 계셨는데 갑자기 전자 계열사 사장들을 모두 불러 모으셨어요. '큰일 났다' 생각했습니다. 잘한다고 까불면 회장님한테 늘 혼이 났으니까요. 일본 이겼다고 까불었다며 호된 야단을 맞는 줄 알았는데 다행히도 그런 얘긴 안 하시더라고요. 오히려 저녁도 아주 맛있는 걸 사주시고, 와인도 좋은 걸 사주셨어요. 회장님도 기분이 좋으셨는지 '수고했다. 잘했다' 하시더라고요."

그는 이 대목에서 이건희 회장이 '기계와 대화를 하는 사람이 아닌가' 느꼈던 에피소드가 있었다고 했다.

"2000년 11월 당시 시중에 나온 노트북 중에서 가장 두께가 얇은 '센스Q'를 처음 시장에 내놓았습니다. 당시만 해도 컴퓨터 사업이 미국 AST사 인수했다가 한 1~2조 까먹은 사업이었어요. 그러다 보니 하자는 사람이 없는 거예요. 삼성 컴퓨터가 시원치 않았잖아요. 제가 가전사업부를 총괄하는 'DM 총괄'로 가서 반도체에서 했던 혁신 DNA를 시도한 게 '센스Q' 개발부터입니다. 독일에서 대당 3,500달러씩 팔렸을 정도로 대성공을 거둡니다. 노트북 컴퓨터 중에는 제일 비싸게 판 거죠.

오키나와 갔을 때 옻칠을 싹 한 센스Q를 갖다 드렸더니 회장님이 그걸 들고 엄청 오래 생각을 하시는 거예요. 기계와 대화를 하는 게 아닌가 생각될 정도였어요. 하도 오랫동안 들여다보시며 반응이 없으셔서 슬그머니 나와버렸던 기억이 있습니다."

진 전 사장은 "회장께서 기계에 대한 이해가 워낙 깊었다"고도 했다.

"제가 사장이 되고 난 다음이니까 한 2000년쯤 됐던 거 같아요. 어느 날 갑자기 댁으로 오라고 해서 갔더니 카세트 라디오 (손을 크게 벌리며) 이만한 거 있잖아요. 테이프, CD 다 들어가고 라디오도 되는 걸 갖고 나오시더니 'CD를 돌려보라'는 거예요.

삼성 제품이긴 한데 생전 처음 보는 거였어요. 가만히 보니 버튼이 무지하게 복잡한 거예요. '이렇게 쓰기 어렵게 만들면 어떻게 하느냐'고 저를 막 혼내시는데… 무지하게 혼났어요. 잠시 후 다시 '돌려봐라!' 하시는데 이번에는 빨리 못 한다고 야단을 막 치시니까 당황이 돼서 더 안 되더라고요.

더구나 한 번도 써보지 않았던 제품이라 제가 계속 허우적대니까 쓸 줄도 모른다고 또 막 야단치시고. 그래서 '제가 안 만든 겁니다' 했더니 '지가 안 만든 거라도 삼성 거는 다 써보고 해봐야 될 거 아니야!' 하고 더 혼을 내시더라고요."

"스피커 플러스 마이너스 뒤집어놨어"

"신제품 전시회라는 걸 시작한 게 2000년이었는데 첫해는 삼성생명 지하 강당에서 했고 이듬해에는 수원에서 크게 했어요. 회장님이 전자 제품에 대해 아시는 게 정말 많으셨어요.

당시에 '소니를 이기자' 해서 프로젝션 TV를 만들어 소니보다 비싸게 팔기 시작했어요. 2000년 7월 디지털 신제품 전시회에서 프로젝션 TV를 회장님께 처음 보여드렸죠. 우리 눈에는 디자인도 기똥차게(?) 잘 나온 거 같아서 의기양양하게 서 있었는데 웬걸 '디자인이 마음에 안 든다'고 호통을 치시는 거예요.

회장님은 소니나 도시바 새 제품이 나오면 30m 떨어져서 보셔도 금방 어디가 새로워졌는지 다 아시는 분이거든요. 저는 우리 디자인이 훨씬 좋다고 생각했는데 잘못됐다고 야단 많이 맞았습니다.

디자인 못지않게 자신했던 게 부품 수를 대폭 줄였던 거였습니다. 그래서 자신 있게 케이스를 열어서 거의 속이 텅 비어 있는 우리 TV하고 부품으로 꽉 차 있는 소니 거를 비교하면서 '우리 것이 원가가 반밖에 안 듭니다. 그런데도 더 비싸게 팔고 있습니다' 이랬는데 그걸 딱 보시더니 '스파클링이 있네' 하시는 거 아닙니까."

— 스파클링이 뭔가요.

"픽셀이 반짝반짝하면 화면이 부드러운 느낌이 들지 않아 좋지 않아요. 그걸 전문 용어로 스파클링이라고 하는데 어떻게 그런 걸 다 아시더라고요. 오디오도 혼 많이 났습니다. 홈 시어터가 중요해질 때였는데 일본에서 제품을 많이 내고 해서 우리도 만들었어요. 회장님이 일본에서 바로 오시자마자 전시장으로 오셨는데 홈 시어터를 아주 혼내줄 작정으로 오신 것 같았어요. 우리가 만드는 오디오라는 게 좀 시원찮았지만 그래도 우리로서는 제일 비싼 걸 갖다 놓고 전원 스위치를 탁 켰죠. 회장님이 의자에 앉아서 들으시더니 하시는 말씀이 '스피커 플러스 마이너스 뒤집어놨어' 하시는 거예요. 플러스와 마이너스 극을 바꿔 끼웠다는 거죠. 진짜 바뀌어 끼워져 있더라고요. 저는 정말 모르겠던데 어떻게 그걸 아시는지 정말 깜짝 놀랐습니다. 아무튼 그것 때문에 또 된통 야단맞고.

신경영 때 말씀하신 것 중에 기억나는 것이 '치과가 몇 개 있는 줄 알아?' 물으셨던 건데요. 치과라고 하면 언뜻 이빨 빼고 고치는 게 다인 줄 알지만 분류해 들어가면 보철, 교정 등등 열네 개 분야가 있다고 하시더라고요. 우리가 이걸 압니까. 그러면서 전문성이 중요하다고 얘기하셨어요.

골프에서 슬라이스 나는 이유가 몇 종류가 있는 줄 아느냐는 질문도 받아봤어요. 100종류가 있다면서 하나하나 다 설명을 하시더라고요. 뭘 파고들어 가시는 게 그렇게 대단하셨습니다. 동물에 대해서는 또 얼마나 전문가셨는데요. 말(馬)은 몇 종류가 있고, 어떻게 키우고, 강아지는 또 어떻고… 우리는 그저 입을 떡 벌리고 듣고만 있는 거지요."

그는 "반도체로 혼난 것보다는 가전 쪽에 갔을 때 혼난 기억이 더 많다"
며 이런 이야기로 말을 맺었다.

"무슨 위기의식이 있으셨던 건지 불시에 전화를 자주 하시는 거예요. 회장
님 말씀이 경상도 사투리가 심해 알아듣기 어렵잖아요. 저는 그래도 고향이
같은 의령이라 비교적 잘 알아듣는 편이었는데 다른 사람들은 애로가 많았
어요.

어느 날은 갑자기 히타치가 미니 디스크Mini Disc로 만든 캠코더 얘기를 하셨
어요. 우리 캠코더는 8mm 카세트테이프를 썼는데 미니 디스크를 쓰니까
크기도 작아지고 기록 시간도 길어졌다면서요. 전기가 많이 먹는 단점이 있
었지만요.

회장님이 갑자기 전화로 '미니 디스크 갖고 만든 캠코더 봤냐'고 하시는데
'아직 못 봤습니다' 하니까 '그것도 못 보고 뭐했느냐'고 막 뭐라 그러시더라
고요. 그게 시장에서 잘 안 팔리긴 했는데 어쨌든 그런 신제품을 어디서 한
번 보고 오시면 불시에 호통을 치셨어요. 그러면 또 우리는 놀라서 더 열심
히 하고 그랬습니다.

어느 날은 또 디지털카메라를 제대로 못 만든다고 야단을 치셨어요. 캠코
더 사업부, 디지털카메라 사업부 두 개가 다 제 밑에 있었는데 둘 다 적자였
어요. 디지털카메라를 제대로 만들려면 렌즈 기술이 좋아야 했는데 당시 우
리 기술로는 역부족이어서 디카보다는 캠코더에 집중해 러시아, 중국에 많

이 팔고 있었습니다. 그러던 어느 날 일본에서 일제 디카를 보시고 왜 우리는 이렇게 못 만드느냐고 그러신 거죠. 저로서는 방법이 없으니 난감했지만 '디카는 시간이 흐르면 없어질 겁니다' 말씀드렸어요. 이미 좋은 휴대폰에는 카메라가 들어가기 시작할 때여서 카메라와 휴대폰 두 개를 다 가질 필요가 없는 날이 올 것 같더라고요.

그래서 저는 '카메라는 조만간 휴대폰에 들어갈 것이고, 아주 비싼 좋은 카메라만 살아남을 것 같습니다. 니콘이 잘 팔릴 것 같은데 삼성은 좀 어정쩡합니다. 그래서 저는 캠코더만 주로 하고 있습니다' 했는데 사실 좀 앞서간 이야기였죠. 예측한 방향으로 가긴 갔는데 시기가 당장 오지는 않았으니까요."

LEE,KUN-HEE

SEMICONDUCTOR

LEADERSHIP

임형규

"회장의 키워드는

'깡, 응집력, 고집,

용기, 겁 없음'"

D램 신화에 이은
플래시 메모리 신화

현재 삼성전자가 세계 메모리 반도체 시장에서 독점적 지위를 유지하고 있는 것은 D램에 이어 플래시 메모리 기술에서 단연 앞서고 있기 때문이다.

음성과 문자 중심의 데이터 통신 시대가 지나고 5G, 빅 데이터, 더 나아가 물건 하나하나가 컴퓨터가 되는 사물 인터넷(IoT) 세상은 플래시 메모리 기술의 혁신 없이는 아무것도 할 수 없는 시대이다.

삼성전자는 2002년 이 분야에서 세계 1등이 된 뒤 20년이 지난 지금까지 독점적 지위를 유지하고 있다. 반도체 불모지에서 시작해 1990년대 D램 시장에서 일군 기적에 안주하지 않고 미래를 내다보며 계속 혁신을 거듭했기에 가능했다.

플래시 메모리란?

우선 플래시 메모리 반도체란 게 무엇인지부터 살펴보자.

반도체는 크게 메모리와 비메모리로 나뉜다. 메모리는 데이터를 '저장'하는 반도체, 비메모리는 데이터를 '처리'하는 반도체다.

'시스템 반도체', '시스템 LSI'는 모두 비메모리를 뜻하는 말이다. PC의 중앙처리장치인 CPU, 스마트폰 중앙처리장치인 AP, 디지털카메라나 스마트폰 카메라의 이미지 센서, 홍채/지문 인식 센서, 신용카드 칩 등이 모두 시스템 반도체에 해당한다. 인공지능, 5G 네트워크, 자율주행차 등에 이용된다.

2002년 개발에 성공한 90나노 2G 낸드 플래시.

비메모리는 특정 용도와 기능에 따라 회로를 다양하게 만들어야 하기 때문에 다품종 소량 생산이 주를 이루지만 메모리는 쓰임새가 같은 게 많아 대량생산이 가능하다. 메모리의 대표 제품이 바로 D램, S램, 플래시 메모리 등이다.

플래시 메모리 할 때 '플래시'는 카메라처럼 '번쩍!' 하는 순간 데이터를 지울 수 있다고 해서 붙여진 이름이다. 이 메모리의 가장 큰 장점은 전원이 꺼지면 데이터가 날아가는 D램이나 S램(이상 휘발성)과는 달리 전원이 꺼진 상태에서도 데이터가 날아가지 않는다(비휘발성)는 것이다. 필요에 따라 데이터를 새로 써넣거나 수정할 수도 있다.

D램과는 달랐던 독자 기술 개발 역사

플래시 메모리는 회로를 어떻게 연결했느냐는 회로 구조에 따라 낸드 NAND(직렬)와 노어NOR(병렬) 플래시로 나눈다. 낸드는 저장 용량이, 노어는 속도가 유리하다. 초기엔 낸드와 노어 점유율이 비슷했지만 모바일 시대의 도래로 속도보다는 저장 용량이 중요해지면서 낸드가 대세가 됐다.

삼성이 플래시 메모리 개발을 본격화한 것은 1990년대 후반부터다. 나중에 어떤 것이 더 우세할지 몰라 낸드형과 노어형 둘 다를 하다가 최종적으로 낸드형에 주력해 대성공을 거뒀다. 2002년에 세계 최고였던 도시바를 이겼고 2003년에는 낸드와 노어를 합친 전체 플래시 메모리에서 세계 최고였던 인텔을 제친다.

삼성이 이룬 플래시 메모리 역사는 D램이 이룬 성취와는 또 다른 면에서 의미가 깊다. D램은 불모지에서 선진 기술을 배우느라 초기에 퍼스트 무버들의 기술을 재빨리 따라가는 추격자 전략을 썼지만 플래시 메모리는 처음부터 독자적으로 기술 개발에 나섰다는 점에서 삼성만의 독보적인 역사가 있기 때문이다.

이는 미래 시장이 제대로 보이지 않는 불투명한 상황에서 10여 년간이나 지속적으로 과감하게 지원해준 오너십이 있었기에 가능했다는 게 전현직 삼성맨들의 한결같은 이야기다.

이건희 회장은 세계 최고였던 도시바가 제안한 낸드 플래시 메모리 합작 제안도 거절하고 마이 웨이를 선언하며 독자 개발에 나서 'D램 신화'에 이은 '플래시 메모리 신화'를 만들어냈다.

양자 반도체 시대를 열다

삼성이 이 분야 세계 최고가 된 비결은 '공정 기술'을 획기적으로 혁신한 것에도 있다. 한마디로 소형화에 성공한 것이다. 이는 세 가지 방식으로 진행됐다.

먼저 나노(1나노는 10억 분의 1m로 성인 머리카락 굵기의 10만 분의 1) 공정이다. 웨이퍼에 가느다랗게 회로를 그리는 미세 나노 공정 개발로 2002년 90나노, 2003년 70나노, 2005년 50나노, 2006년 40나노 공정 개발에 성공했고 2007년에는 당시 기술로는 도저히 불가능할 것이라던 30나노

2013년 출시된 3D V낸드, 2013년 대한민국 기술대상을 받았다.

개발에 성공해 세계를 놀라게 했다.

　이후 최신 공정은 4나노까지였는데 2022년 6월 다시 세계 최초로 3나노에 성공해 대량 양산을 시작했다. 선폭 3나노 공정 시대는 양자 반도체 시대의 개막이라 할 만한 일이다.

　두 번째는 물질을 바꿨다. 전하를 기존의 도체가 아닌 원자 단위 얇은 복합 물질로 구성된 부도체에 저장하는 CTFCharge Trap Flash 기술을 세계 처음으로 개발해 전하를 붙잡는 힘을 강하게 만들어 누설되는 전류를 줄인 것이다.

　세 번째는 구조를 평면에서 입체로 바꿨다. 2013년 8월에 세계 최초로 개발된 3D 적층Vertical형 낸드 플래시인 'V낸드'는 1층 단독주택을 고층아

파트처럼 3차원 수직으로 쌓는 반도체 시대의 개막을 알려 '낸드 플래시 메모리 기술의 결정판'이라는 평가를 받았다.

당시 24단(1세대) V낸드를 내놓은 삼성은 이후 100단 이상(6세대)까지 세계 최초 자리를 도맡아왔다. 현재 주력 제품은 지난해부터 양산을 시작한 176단(7세대)이다.

만만치 않은 추격자들

요즘은 경쟁 업체들의 추격도 만만찮다. 2019년 SK하이닉스가 128단을 내놓았고 2020년 미국 마이크론도 176단에 성공했다. 최근 들어서는 SK하이닉스가 무려 238단 신제품을 선보이겠다고 했고 마이크론도 232단 양산을 시작했다고 밝혔다. 중국 YMTC(양쯔메모리)는 2022년 6월 192단 시제품을 고객사에 전달했다고 한다. 미국 정부는 최근 128단 이상 낸드 칩을 만드는 데 사용되는 장비의 중국 수출을 금지했다.

이처럼 '단 쌓기' 경쟁이 치열한 것과 관련해 삼성은 업계에서 유일하게 100단 이상 낸드를 싱글 스택으로 만들어낼 수 있는 유일한 기술이 있고 더블 스택 기술도 보유하고 있어서 마음만 먹으면 언제든 초고층은 가능하다는 입장이다. 몇 단이냐도 중요하지만 싱글이냐 더블이냐 하는 것도 관건이라는 것이다.

여기서 말하는 싱글 스택은 가장 아래에 있는 셀과 맨 위층 셀을 하나의 묶음(구멍 1개)으로 만드는 것을 말한다. 셀을 묶는 구멍을 적게 뚫을수록 데이터 손실이 적고 전송 속도가 빠르며 공정이 간단해 비용도 덜 든다.

더블 스택은 싱글 스택으로 만든 낸드 두 개를 이어 붙이는 기술이다. 마치 초고층아파트 중간에서 엘리베이터를 갈아타야 하는 것과 같은 원리다. 당연히 싱글보다는 효율이 떨어진다.

하지만 업계에서는 SK하이닉스(3위)와 마이크론(5위)이 200단 고지를 넘었고, YMTC 등이 관련 기술력을 높여가고 있으며 키옥시아(2위)와 웨스턴디지털(4위)도 200단 이상 양산을 위해 의기투합하고 있는 상황에서 싱글 스택에 대한 독보적 기술이 있다 해도 안심해서는 안 된다는 말이 많이 나온다. 삼성이 여전히 세계 최고 메모리 반도체 기업이지만, 공정 난이도가 올라가면서 타 업체들과의 기술 격차가 많이 좁혀지고 있는 것만은 사실이기 때문이다.

반도체 설계와
플래시 메모리 개발의 산증인

앞서 여러 번 언급했듯 반도체 기술은 크게 설계와 제조 공정으로 나뉜다.

임형규 전 삼성전자 사장은 삼성반도체 설계 분야의 대부라고 할 수 있다. 메모리인 D램과 비메모리인 '논Non D램' 설계 총괄을 모두 거쳤으며 중·단기 기술 개발을 하는 CTO 총괄과 장기적인 기초 기술 확보에 주력하는 종합기술원장을 역임해 삼성반도체의 원초 기술부터 최첨단기술까지 설계하고 연구한 주역이다.

카이스트 전신인 한국과학원을 졸업하고 삼성이 인수한 한국반도체에서부터 근무를 시작한 그는 삼성이 자체적으로 양성한 해외 박사 1호이기도 하다. 그가 개발을 시작한 플래시 메모리 사업은 현재 삼성전자의 메모리 세계 독점을 떠받치고 있는 일등 공신이다.

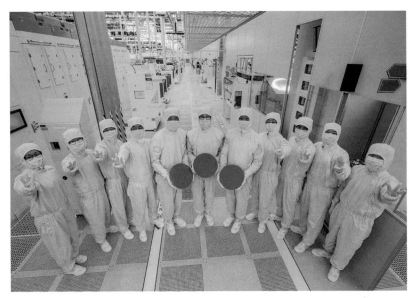

삼성은 2022년 7월 세계 최대 파운드리업체 대만 TSMC를 제치고 가장 먼저 3나노 파운드리 양산에 성공해 세계를 또다시 놀라게 했다. 메모리 반도체에 이어 시스템 반도체에서도 세계 1등을 하겠다는 도전장을 내민 것이다.

다섯 시기로 나눈 삼성반도체 역사

그는 삼성반도체 역사를 대략 다섯 시기로 나눌 수 있다고 했다.

"첫째는 '반도체 입문' 시기입니다. 호암이 한국반도체를 인수한 1974년부터 도쿄 선언을 하기 전인 1982년까지 부천에서 반도체 기초 기술을 축적하고 인재를 양성하던 시기죠. 두 번째는 '메모리 창업기'로 호암의 도쿄 선언이 있었던 1983년부터 돌아가시던 해인 1987년까지입니다. 기흥 사업장이 건설되고 메모리 산업의 프레임이 만들어지던 시절이죠.

세 번째 시기는 이건희 회장이 취임하고 신경영 선언을 하던 해인 1989년 부터 1993년으로 메모리 분야에서 추격을 완성하고 선두 주자로 나서는 '선두 진입기'라고 할 수 있습니다.

네 번째 시기는 1994년부터 1999년 세계 1위로의 도약기인데 1994년부 터 메모리 기술을 선도하는 상황에서 1996년부터 시작된 4년간의 반도체 대공황을 이겨 낸 '역경의 시기'입니다.

다섯 번째 시기는 '비메모리 사업으로의 재창업기'로 2000년부터 비메모 리 글로벌 사업 방향을 재정립하고 본격 추진을 시작해 2003년 비메모리 전용 라인이 건설돼 첨단 파운드리 사업이 시작된 시기입니다."

이제 그 이야기를 들어보자.

대한민국 반도체 토대를 만든 박정희

임형규 전 사장과의 인터뷰는 여러 차례에 걸쳐 이뤄졌다. 우선 삼성과 의 인연을 맺은 이야기부터 시작했다.

"서울대 전자공학과 4학년 시절인 1975년 말 학과 사무실에 '한국과학원' 이란 곳에서 석사 연구원을 뽑는다는 공고가 붙었습니다. '한국반도체'라는 회사와 산학 연계로 병역 특례 석사과정을 뽑는다는 거였습니다. 한국과학 원은 2년여 전 박정희 정부가 세운 우리나라 최초의 이공계 대학원으로 훗날 키스트KIST(한국과학기술연구원)와 통합돼 현재의 카이스트KAIST(한국과학 기술원)가 되니까 카이스트 전신이라고 할 수 있겠지요.

반도체라는 게 당시만 해도 좀 생소하긴 했지만 물리, 전자 과목에 흥미를 느끼고 있었고 무엇보다 병역 특례 혜택이 제공되는 학교가 전무했기 때문에 굉장히 매력적인 조건이었지요. 동기생들과 경기도 부천에 있는 반도체 회사 견학을 갔습니다. 회사 관계자는 '앞으로 반도체가 유망 분야가 될 것이고 삼성이 2년 전에 인수했으니 전망이 밝다'고 했습니다. 그로부터 7년 뒤인 1983년에 호암이 VLSI 사업을 하겠다는 '도쿄 선언'을 하니까 삼성은 이미 그때부터 인재를 모으기 시작했다고 할 수 있겠지요.

회사 건물도 깨끗하고 구내식당 음식도 깔끔해 좋은 인상을 받았습니다. 다른 사람들도 생각이 비슷했는지 경쟁률이 치열했습니다. 단 두 명을 뽑는데 동기생 7명이 몰렸으니까요. 제 인생에서 가장 힘들었던 '시험'을 뚫고 1976년 3월 한국과학원에 입학하게 됩니다."

당시 한국과학원에는 박정희 대통령의 해외 과학자 유치 정책에 따라 선진국으로 유학을 갔다가 첨단기술을 배우고 돌아온 젊은 교수들이 포진하고 있었다고 한다. 그에게 반도체를 가르쳤던 김충기 교수도 마찬가지였다.

"제 지도교수이기도 했던 김 교수는 미국의 유명한 반도체 회사인 페어차일드에서 CCD 이미지 센서를 연구개발하다가 귀국한 분이었는데 30대 후반으로 정말 젊고 의욕에 가득 차 있었습니다. 선진국에서 최첨단 반도체를

2003년 9월 미국 포틀랜드에서 열린 국제전기전자기술자협회에서 연설하는 임형규 전 사장.

직접 개발해본 경험이 있어서 이론과 실무에도 밝았고 명쾌한 강의로도 유명했지요.

미국 유학 시절부터 한국의 산업 발전을 위해 기여하고 싶다는 꿈을 가졌었다면서 저희들한테도 그런 소명 의식을 가지라고 했어요. 김 교수 같은 해외 인재 영입은 박정희 대통령 작품이었으니 대한민국 반도체 1등 신화를 가능케 한 바닥이 이때부터 다져진 거라고 할 수 있겠죠.

저는 1학년 2학기부터 교수님 실험실로 배치돼 1년 동안 반도체 설계, 공정에 관한 제반 지식을 배우는 것은 물론 실험실 장비도 설치하고 청계천 공구상가에 가서 볼트와 너트 사서 배관도 하고 클린룸 건설 현장도 가보는 등 다양한 경험을 하게 됩니다."

실리콘밸리, 인생의 변곡점이 되다

임 전 사장은 1978년 2월 한국과학원 졸업과 동시에 입사를 하는데 입사하자마자 회사 이름이 '한국반도체'에서 '삼성반도체'로 바뀐다. 직원 100명으로 구성된 삼성전자 자회사 중 하나가 된 것이다.

"주된 생산 품목은 손목시계용 반도체 칩과 당시 전자 제품에 광범위하게 쓰던 범용 트랜지스터였습니다. 제가 맨 처음에 맡은 일은 '리니어 IC'라고 흑백 TV 사운드에 쓰는 반도체를 개발하는 거였어요. 당시 개발 방식이란 것이 일본 가전제품을 다 뜯어서 여기에 들어가 있는 반도체 칩 사진을 찍어 회로를 추출해 정확하게 평면 레이아웃을 그린 뒤 이걸 토대로 조립하는 '리버스(역) 엔지니어링'이었습니다. 한마디로 일본 것을 베끼는 일이었지만 반도체 자체를 모르면 베끼는 것도 힘든 일이었습니다. 회로나 구조에 대해 잘 알고 있어야 가능한 거였으니까요.

그래도 저는 과학원에서 최첨단 기법을 배운 터라 어렵지 않게 구체적인 공정 레시피를 설계할 수 있었습니다. 반도체에 대해 아는 사람이 없다 보니 회로 설계에서부터 제작 공정까지 혼자 해결할 수밖에 없었습니다. 다행히 개발에 착수한 지 10개월 만에 정상 동작 칩을 얻었습니다. 한국 최초의 자체 개발 IC로 기록돼 한동안 삼성전자 역사박물관에 전시됐던 칩입니다."

임 전 사장은 종종 공장에 비상사태가 발생했을 때 문제 해결을 위해 동분서주했다고도 했다.

"당시 우리 기술 수준이란 게 공장에 문제가 생겨도 속수무책일 때가 많았습니다. 어느 날은 제품이 모두 불량이 나오는 비상 상황이 발생해 애를 태웠는데 나중에 알고 보니 수입한 마스크 자체가 불량품이어서 생긴 문제였어요. 마스크라는 게 알다시피 웨이퍼에 그릴 회로 패턴이 새겨진 유리판 아닙니까. 여기에 빛을 쬐어 사진을 찍는 것처럼 웨이퍼 위에 회로 패턴을 그리잖아요. 어떻든 기본 재료인데 수입 검사를 제대로 해야 한다는 기본적인 개념조차 없던 시절 이야기죠. 결국 마스크나 웨이퍼를 수입할 때 적절한 검사 규정을 만드는 것으로 문제를 해결한 적도 있었습니다.

이후 반도체 제조와 관련해 도입할 설비를 검증하고 새로운 소자 및 공정 기술 개발을 하게 됐습니다. 당시는 스티브 잡스가 애플 PC를 막 내놓던 시기여서 새롭게 태동해 급속하게 성장하던 분야가 CPU, 메모리 칩 제품 개발이었습니다.

인텔의 4bit MPU인 80시리즈가 나오고 4K S램, 16K D램이 출현하고 있었습니다. 미국 출장 중에 구매한 4K S램을 앞서 언급한 '리버스 엔지니어링' 방식으로 설계하고 필요한 공정 개발에 착수했는데, 사내에서는 뚜렷한 고객도 없는 메모리 기술 개발을 뭐 때문에 하느냐는 우려가 많았습니다. 지금 생각해보면 격세지감이 느껴지죠.

저는 곧 해외 유학길에 오르게 되면서 후속 개발은 후배들이 맡았는데 미국 유학 후에도 이 프로젝트의 불확실한 미래가 한참 동안 마음에 걸렸습니다. 그런데 유학을 떠나고 1년 반이 지난 1983년 초 호암 이병철 회장이 메모리 반도체 진출을 선언해 깜짝 놀랐습니다. 제가 물론 이러한 큰 전환을 예측하고 했던 프로젝트는 아니었지만 결과적으로 메모리 기술을 예습한 셈이 돼 자긍심을 가졌던 기억이 있습니다."

임 전 사장은 1979년 난생처음 미국 실리콘밸리 땅을 밟게 되는데 이것이 인생의 변곡점이 된다.

"마스크를 만들어달라고 의뢰한 회사가 실리콘밸리에 있어서 출장을 갔는데 큰 충격을 받았습니다. 오일쇼크로 모든 게 암울했던 한국과는 너무나 다른 풍요와 활기찬 에너지가 느껴졌습니다. 꼭 한번 살아보고 싶다는 생각이 들었죠. 마침 회사에서 해외 연수생을 뽑는다는 말에 유학을 결심하게 됩니다. 당시에 동기생들에게도 모두 제안이 갔는데 제가 유일하게 손을 들었죠."

전 세계 어디든 달려가던 시절

임 전 사장은 그로부터 2년 뒤인 1981년 미국 유학을 떠나 반도체로 유명한 플로리다대에서 3년 만에 박사 학위를 땄다. 바로 본사 복귀를 준비하고 있다가 실리콘밸리 서니베일에 세워진 삼성반도체연구소에서 일하고 오라는 지시를 받는다.

"1984년 8월이었으니까 '도쿄 선언'이 나온 지 1년 6개월 뒤였지요. 재미 과학자들이 영입돼 연구소가 운영되고 있었어요. 이상준 박사가 사장, 이일복 박사가 부사장이자 연구소장이었는데 30여 명의 엔지니어가 256K D램과 64K S램 개발에 몰두하고 있었습니다. 그런데 이일복 박사가 제게 D램, S램 같은 휘발성 메모리 말고 전원이 꺼져도 데이터가 날아가지 않는 '비휘발성 메모리'를 연구해보라고 권했습니다.

당시 비휘발성 메모리는 자외선을 쬐는 경우에만 메모리가 지워지는 '이피롬'이 주력이었는데 인텔이 대부분 특허를 갖고 있어서 새로운 주자가 시장에 진입하기가 어려웠습니다. 이 박사가 권한 것은 자외선이 아닌 전기로 컨트롤하는 '이이피롬'이었습니다. 막 떠오르는 신기술이었는데 이걸 연구해 사업화해보라는 거였어요. 이 박사가 실리콘밸리 벤처회사에서 산 16K 이이피롬 기술을 64K로 대용량화하는 프로젝트를 제게 맡겼습니다."

이때 연구한 이이피롬 기술이 향후 '플래시 메모리'의 원조 격이 된 기술이다.

"지금 '플래시 메모리'라는 게 1992년 맨 처음에 나왔을 때 이름이 '낸드 이이피롬'이었어요. 이게 나중에 '낸드 플래시'로 바뀌는 겁니다. '플래시'라는 건 인텔이 붙인 건데 이게 보통명사가 된 거죠. 어떻든 저는 1984년 9월부터 미국 연구소에서 64K 이이피롬 개발을 시작했는데 부천 한국반도체 근무 시절, 메모리 설계부터 공정까지 모두 해본 경험이 있었기 때문에 차근차근 밟아나가며 1년여 만에 개발에 성공할 수 있게 됩니다."

— 한국으로 귀국한 것은 언제인가요.

"서울로 '64K 이이피롬 동작 칩이 나왔다'고 보고를 하니 귀국해서 사업화를 하라는 지시가 떨어졌습니다. 1985년 말이었습니다.

막상 짐을 싸려고 하니 고민이 많았습니다. 다들 '한국으로 돌아가지 말고 미국에 남으라'는 거예요. 사실 한국 상황은 여러 가지로 암울했습니다. 전두환 대통령 시절이었는데 사회 전체적으로 답답하고 혼란스러운 상황이었고 삼성반도체의 앞날도 불투명했으니까요. 하지만 유학까지 보내준 회사를 배신할 수 없다는 생각이었습니다.

연구소에서 저와 함께 이이피롬 개발에 참여했던 후배들도 함께 복귀하라는 지시가 떨어졌는데 이런 고민들은 다들 비슷해서 제 밑에서 일하던 대리 한 명은 출국 날 공항에 나타나지 않아 3개월 뒤에 겨우 설득해서 잡아오기도 했습니다(웃음).

한국으로 가는 발길이 무겁긴 했지만 사실 마음 한편에서는 돌아가야겠다는 생각이 강했습니다. 미국에서 살아봤자 평생 이민자 신세일 것이고 이국 땅에서의 재미 과학자의 삶이란 것이 평범한 엔지니어 그 이상 그 이하도 아니라는 것을 현지에서 보고 체험했으니까요.

한국으로 돌아가면 나라와 회사를 위해 더 기여할 일이 많겠다는 마음이 들었습니다. 과학원에서 지도교수였던 김충기 교수님처럼 나도 뭔가 더 큰 꿈을 갖고 나라를 위해 일해야겠다는 생각이 평소에 강했거든요."

임 전 사장은 한국으로 돌아오자마자 인텔 이이피롬 OEM 생산에 참여했다가 'NVM_{Non-Volatile Memory}(비휘발성 메모리)팀'이 만들어지면서 팀장 일을 맡게 된다.

"당시 삼성 분위기는 혁신의 에너지가 충만했습니다. 하기야 무에서 유를 만들어내야 하니 뭐든지 다 도전하고 시도해봐야 하는 시절이기도 했고요. 하지만 바깥 상황은 최악으로 치닫고 있었습니다. 기흥에 1라인, 2라인이 세워졌을 때였는데 천신만고 끝에 개발에 성공한 256K가 팔면 팔수록 적자가 쌓이고 있었으니까요. 1공장은 텅텅 비고 2공장도 겨우 돌리던 상황이니 뭐라도 수주를 받아 돌려야 했습니다. 그때 인텔의 하청을 받아서 한 거죠(이때 이야기는 앞서 이윤우 전 부회장 증언에서 소개된 바 있다). 3개월이 지나 저는 연구소로 복귀해서 1986년 2월경 NVM팀이 만들어지면서 팀장이 됩니다."

— NVM 팀원이 7~8명이었다고 하는데 이 팀이 삼성의 플래시 메모리 반도체 개발의 시작이라고 볼 수 있겠지요.

"그렇다고 할 수 있습니다. 정말 고생 많이 했습니다. 무엇보다 경험이 부족했으니까요. 하지만 반드시 기술 확보에 성공해야 한다는 절박감으로 쉬는 날도 없이 일하면서 4년여 동안 64K, 256K, 1M 이이피롬 개발에 성공합니다. 대단한 성과였는데 문제는 돈이 안 된다는 거였습니다.

이이피롬은 셀 크기가 커서 제작비가 많이 들었어요. 충분히 수요가 개발되지 않은 신기술이어서 대량 수요처도 없었고 고작해야 프린터, 전자저울, 게임기 사용 이력 기록이나 소규모 프로그램 업데이트 등에 사용됐습니다.

게다가 기기마다 칩이 하나씩만 쓰이다 보니 구매 비중이 큰 품목도 아니었고 삼성이 그때만 해도 브랜드 파워가 없는 기업이다 보니 구매자들이 선뜻 사용하기를 꺼리기도 했습니다.

저는 개발팀장이기도 하면서 영업팀장까지 했습니다. 고객이 부르면 전 세계 어디든 달려갔습니다. 눈 내리던 어느 겨울날 캐나다 에드먼턴이라는 작은 도시까지 날아가 작은 수주를 하고 기뻐했던 기억이 납니다."

마침내 일본에
기술을 전수하다

당시 이이피롬 개발은 한마디로 비주류 분야였다.

"메인은 D램, S램이었죠. 회사에서는 비휘발성 메모리에 대해 제대로 아는
사람도 없었습니다. 우리 팀은 우리끼리 알아서 먹고살아야 하는 상황이었
습니다. 3년 동안 열심히 하면서 3,000만 달러(약 330억 원)까지 매출을 해
봤지만 개발비 빼면 남는 게 없었어요. 이렇게 가다가는 팀 해체되겠다 싶
더라고요. 그때가 직장 생활을 하면서 제일 힘들었던 때 같아요."

실의에 빠져 있던 그에게 어느 날 솔깃한 단어가 귀에 쏙 들어온다. 다름
아닌 '마스크롬Mask ROM'이었다.

대박을 친 마스크롬

— 마스크롬이 뭔가요.

"데이터를 '기록'만 하는 것이 메모리 반도체입니다. 추가로 저장하지는 못
하고 읽기만 하는 거죠. 한번 프로그램이 탑재되면 바꿀 수 없어서 '원 타임
one time 롬'이라고도 불렸습니다. 대표적으로 게임기에 쓰는 칩이었죠.
'겜보이', '다마고치', '슈퍼 마리오' 같은 게임을 들어본 적이 있을 겁니다. 당
시 세계 게임기 시장을 주름잡고 있었던 닌텐도가 이런 게임 프로그램이 담
긴 '마스크롬'을 샤프나 도시바에서 전량 공급받고 있었습니다.

일본이 독주하고 있었던 게임 시장에 눈독을 들인 나라가 대만이었습니다.
게임 프로그램은 개발했는데 마스크롬을 공급받지 못해서 발을 동동 구르
고 있다는 소식이 제 귀에 들린 겁니다. '바로 이거다' 싶었죠.

마스크롬은 기술적으로 이이피롬보다 훨씬 쉬운 거였어요. 우리도 먼저 할
수 있었던 거였는데 당시는 메모리 기술이 그렇게 많이 퍼지지 않다 보니
그런 걸 해야겠다는 상상력을 발휘하지 못했던 거죠.

어떻든 개발에 착수한 지 불과 1년 반 만에 4M 마스크롬 칩을 만드는 데 성
공합니다. 대만 게임업체들이 서로 사겠다고 줄을 섰습니다. 한마디로 대박
을 친 거죠. 딱 3년 만에 4억 달러(약 5,200억 원) 비즈니스가 돼버렸습니다.
이익률이 50%에 달하는 데다 매출이 무려 10배나 늘었으니까요. 삼성이
일약 게임기 시장의 스타덤에 오르게 된 일대 사건이었습니다.

마스크롬은 나중에 프린터 폰트 설정이나 전자사전, 전화기의 앤서링 머신
등에도 들어가는 등 수요처가 늘어났습니다. 지금은 모두 플래시 메모리로

대체됐지만 말이죠."

마스크롬의 대성공으로 그의 인생도 바뀐다.

"한마디로 바닥을 치고 올라갔습니다(웃음). 저를 향해 '사람은 똑똑한데 돈은 못 번다'고 하던 사람들이 저를 보는 시선이 달라졌으니까요. 1991년에 임원(이사)이 되는데 '비 D램' 개발 총괄을 맡게 됩니다. 진대제 씨가 메모리 1담당으로 주력인 D램 총괄을 맡고 저는 '메모리 2담당'으로 S램과 NVM, 즉 D램 아닌 것들의 총괄을 맡게 된 거죠."

초임 임원에게 개발 총괄을 맡긴 것은 이례적이었다. 이렇게 된 데에는 그때부터 이미 "D램 사업만 갖고는 위험성이 너무 크다고 판단한 이건희 회장의 방침이 있었던 같다"는 것이 그의 말이다.

"삼성반도체가 오랜 적자의 늪에 빠져 있다가 첫 흑자를 낸 게 1988년 아닙니까. 안도의 한숨을 내쉰 것도 잠시였고 1989년부터 다시 어려움이 시작됩니다. 글로벌 무대에서 본격적으로 1M 경쟁에 들어가니까 힘이 부치고 경영도 어려워지니 D램만 갖고는 너무 불안정하다고 생각하셨던 것 같아요. 김광호 부회장이 '이제부터 비 D램을 키워야 한다'며 드라이브를 건 것이 그즈음이었으니까요. 결과적으로 잘한 선택이 됐죠."

임 전 사장은 4년 뒤인 1995년에 비 D램 부문을 2조 5,000억 원 규모 비즈니스로 키우게 된다고 한다.

"매출액 규모로만 보면 D램이 8조 사업이었으니 D램 대 비 D램 비중이 8
대 2 정도가 된 거죠."

이 대목에서 중요한 장면이 도시바와의 16M, 32M 낸드 플래시 공동 개
발이다.

"마스크롬에서 잠시 대박을 치긴 했지만 이이피롬이 전반적으로 고전을 면
치 못하는 일은 계속됐습니다. 삼성 실력만 갖고는 표준을 만들 수 없으니
사업화도 어렵고 말이죠. 어떻게 해야 팔리는 제품을 만들 수 있을까가 큰
과제였습니다.
저는 플래시 메모리 중에서 낸드 기술이 유망하다고 일찍부터 생각하고 있
었어요. 그러던 1988년 어느 날 반도체 2대 학술회의 중 하나인 'VLSI 테크
놀로지 심포지엄' 참가차 일본에 갔다가 거기서 나온 논문 중에 도시바에서
낸 〈낸드 이이피롬〉 논문을 보고 눈길이 확 쏠렸습니다. 플래시 메모리를 처
음 개발한 도시바 반도체연구소 후지오 마스오카 팀이 낸 논문이었는데 이
이피롬 집적도를 획기적으로 높일 수 있는 '낸드' 아이디어가 담긴 거예요.
'이 기술을 적용하면 엄청나게 용량이 높아지겠구나' 하는 느낌이 확 오더
라고요.
당시에 고용량 이이피롬 기술은 낸드만 있던 건 아니었고 '앤드AND'라고 히
타치 기술도 있었고 '트리플 폴리셀'이라고 미국 샌디스크 회사 기술도 있

었습니다. 수년째 이이피롬 관련 기술을 집중적으로 파고 있었던 저로서는 도시바가 낸 논문만 보고도 금방 테스트 칩을 만들어볼 수 있겠다는 감이 오더라고요."

낸드 플래시 설계 표준을 만들다

하지만 본격적으로 공동 연구를 하기까지에는 시간이 걸렸다. 4년 뒤인 1992년 어느 날, 도시바에서 낸드 기술 사업화를 추진한다는 정보가 임전 사장 귀에 들려온 것이 시작이었다.

"때가 왔다 싶었습니다. 도시바하고 삼성하고는 원래 친했습니다. 연락 회의라는 게 있어서 사업 협력도 종종 이야기하고 그랬으니까요. 당시 사업 본부장이자 제 상사였던 김광호 회장님께 '낸드 기술 사업화와 관련해 공동 연구를 제안해보고 싶다'고 말씀드리니 1992년 여름 홋카이도에서 열린 도시바 연락 회의에 데리고 가주셨어요. 도시바 반도체 본부장에게 '낸드 이이피롬을 같이 개발할 생각이 있느냐'고 물었더니 흔쾌히 '좋다'고 하더군요."

1992년이면 D램 사업에서 삼성이 발 빠른 추격적을 벌이고 있던 시기로, 도시바는 '넘사벽'이나 다름없었던 세계 최고 회사였다. 그런 도시바가 삼성의 제안을 받아들인 것은 나름 계산이 있었다는 게 그의 설명이다.

"히타치와 경쟁하는 상황에서 자기 편이 생기는 거니까요. 또 개발 초기 단계였기 때문에 앞으로 사업화가 어떤 식으로 될지는 도시바로서도 알 수 없는 상황이었습니다. 어떻든 서로 뜻을 확인하고 소통하면서 그해 12월에 공동 개발 계약을 하게 됩니다. 말이 공동 개발이었지 기술을 공유하는 건 아니고 도시바가 A3 용지에 낸드 셀 구조가 그려진 기능 블록도를 우리에게 주고 우리는 그에 대한 특허료를 제공하면서 호환 가능한 칩을 각자 개발해 시장에 공급한다는 거였습니다. 그러면서 매 분기 협력 회의를 통해 점검한다는 거였죠."

이후 삼성은 빠른 속도로 도시바를 앞서게 된다.

"삼성이 비록 D램에서는 도시바에 지고 있었지만 이이피롬 개발 경험은 더 풍부했습니다. 16M 이이피롬의 경우 도시바보다 6개월 늦었지만 32M로 넘어가는 과정에서 우리가 역전을 했으니까요.

사실 낸드 이이피롬 자체가 고용량화가 힘들어요. 메모리 어레이Array 안에다가 5V 정도 되는 상당히 높은 전압을 가해야 되는데 그렇게 하면 슈링크가 잘 안 되거든요.

그런데 우리 팀에 있던 서강덕 박사가 그 문제를 해결하는 방법을 발명하고 제가 낸 아이디어도 있고 해서 새로운 방식으로 동작하는 32M 낸드 이이피롬을 우리가 먼저 설계하게 됩니다. 셀은 도시바 것을 그대로 쓰지만 설계에서 혁신이 있었던 거죠. 이 기술은 훗날 1997년 세계 반도체 학회의 올림픽이라고 할 수 있는 'ISSCCInternational Solid-State Circuits Conference(국제 반도체 회로 학술회의)'에 논문이 발표돼 이후 모든 낸드 플래시 메모리 설계의 표준이 됩니다."

— 32M 칩이 나왔을 때 도시바 반응은 어땠나요.

"경기驚氣를 일으킬 정도로 놀라더라고요. 어떻게 자기들보다 앞서갔느냐는 거죠. 그러면서 오히려 우리 쪽에 먼저 공동 개발을 제안합니다. 당시 삼성과 도시바는 어떤 의미에서 공동 운명체였습니다. 낸드 플래시 사업이 안 돼서 도시바가 죽어버리면 우리도 함께 죽으니까요. 결국 두 회사는 새롭게 '설계 스킴Scheme'을 짜기로 하고 32M 공동 개발 계약서를 다시 쓰게 됩니다. 삼성이 일본에 기술 전수를 한 첫 사례나 마찬가지죠.

이건 여담이지만 도시바가 그래도 양심적이었던 게 새로운 계약을 맺고 나니 애초에 맺었던 특허료를 반 이하로 깎아주더군요. 원래는 기본 로열티 2%에 자기네들보다 칩을 많이 팔면 제품 원가의 5%를 내라는 거였는데 32M 이후부터는 각각 1%, 2%로 딱 깎아주더라고요."

어떻든 이런 과정을 거치면서 삼성과 도시바는 1997년 호환이 가능한 32M 이이피롬을 나란히 출시해 낸드 플래시 메모리 시장 개척에 본격적으로 나선다. 임 전 사장은 "오늘날 낸드 플래시 기술은 도시바가 아버지라면 삼성이 어머니라고 할 수 있다"며 "그만큼 삼성의 오리진Origin(원천 기술)이 많이 들어가 있다"고 했다.

링에서 죽도록 얻어맞다
KO를 시키다

신경영이 한창이던 1993년 말 이건희 회장은 반도체 총괄을 맡고 있던 김광호 대표를 전자 총괄 대표에 임명하고 반도체 총괄 대표로는 이윤우 대표를 선임한다.

이윤우 대표는 이듬해인 1994년 초 D램과 비 D램 부문을 통합해 메모리본부(본부장 진대제)를 출범시킨다. 설계, 공정, 제품 기술 등으로 흩어져 있던 메모리 기술 인력들을 하나로 모아 D램, 비 D램 부문 간의 기술을 공유하고 인력 운영 풀도 넓히겠다는 복안이었다.

비 D램 개발 총괄을 맡고 있었던 임형규 전 사장은 당시 인사에서 메모리본부 설계 부문 책임자가 된다. 시장조사에서부터 제품 설계, 디자인, 제품으로서의 승인 과정 등 메모리 제품 전체를 설계하고 사업화하는 기술

활동을 총괄하게 된 것이다. 임 전 사장 말이다.

"당시 삼성반도체는 D램 사업에서는 1992년 이후 양적으로 세계 1위 시장 점유율을 기록하고 있었고 차세대 D램 개발에서도 64M 시제품에서 선진 기업들을 따라잡는 기염을 토하고 있었습니다. 반도체를 시작한 지 10년도 채 안 됐을 때였으니 그야말로 기적에 가까운 성공을 이룬 거죠. 여기에다 PC 수요가 급격히 늘면서 1993년, 1994년에 엄청난 호황기를 맞아 무려 10조라는 큰돈을 벌게 됩니다. 그때를 기점으로 메모리가 어느 정도 안정 기로 접어들었다고 할 수 있겠죠.

하지만 마음을 놓을 수가 없었습니다. 생산량이나 공정 기술은 선두권이었 지만 세계 최강 D램 기업으로 가기에는 갈 길이 멀었죠. 12개(일본 5개, 한국 3개, 대만 2개, 미국, 독일 각각 1개) D램 기업들이 피 튀기는 전투를 치르고 있 었으니까요. 경쟁이 너무 치열하다 보니 제품과 고객 기반이 충분히 안정된 상황이 아니었던 삼성으로서는 극심한 가격경쟁이 일어날 때마다 외풍에 쉽게 흔들릴 수밖에 없었습니다.

여기에 PC 성능이 갈수록 첨단으로 가면서 D램 성능도 점점 고도화되고 있었고 단순한 중저가 제품이 아닌 서버server나 스토리지storage 같은 대형 시 스템에 들어갈 D램 개발도 필요했습니다. 이 밖에 게임이나 그래픽 시장도 크고 있었는데 여기에 필요한 D램도 개발해야 했고요.

안정적인 고객을 확보하는 한편 차세대 제품을 개발할 파트너십도 만들고 제품 다양화를 위해 총력전을 벌여야 할 때였는데 그때까지만 해도 삼성은 역량이 제대로 갖춰지지 않았습니다. 이런 문제를 해결할 곳이 메모리본부였고 그중에서도 설계 부문이 주도해나가야 하는 상황이었죠."

— 1990년대 중반으로 오면 D램 발전도 급속하게 이뤄지죠?

"그렇습니다. PC 성능이 향상되면서 D램 성능도 고도화돼 종류도 많아지고 다양해지죠. 1995년까지만 해도 PC의 주기억장치에 사용되는 주력 D램은 '싱크로너스Synchronous D램', 즉 SD램이었습니다. 1990년대 중반부터 널리 쓰이기 시작해 10년 이상 메모리의 대명사로 통했습니다. 가격도 비교적 저렴하고 안정적인 것이 특징이었지만 속도가 느리다는 단점이 있었죠. 이것만으로는 PC의 빠른 고성능화를 따라잡기가 힘들었습니다.

또 PC용 CPU 시장을 장악하고 있던 인텔이 PC 시장을 넘어 서버 시장으로 확장해가고 있었기 때문에 고품질의 차세대 D램 개발이 요구되고 있었습니다. 그렇게 해서 나온 것이 DDR램, 램버스 D램 등이었죠.

여기에 그래픽 게임 시장이 요구하는 고속 입출력 D램 수요까지 겹쳐서 개발해야 할 D램 가짓수가 기존에 5가지 내외에서 20여 가지로 급증했습니다. 설계해야 할 제품 가짓수들은 급증하고 있었는데 엔지니어는 턱없이 부족했죠.

설계 프로세스를 획기적으로 개선하는 혁신만이 살길이었습니다. 단위 회

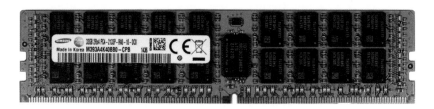

10나노급 DDR4 D램 고성능 메모리 반도체.

로를 표준화, 블록화하고 전체 설계 과정을 체크리스트로 만들어 정형화해서 설계 기간을 줄이고 에러도 줄였습니다. 상품기획팀도 신설해서 고객 수요를 미리 파악하고 필요한 제품을 적기에 개발하는 능력도 키워갔습니다."

비로소 독보적이라는 명성을 얻다

임 전 사장의 말대로 PC용 메모리는 PC 성능의 급속한 발전과 함께 진화를 거듭해나간다. 앞서 그가 언급한 SD램, DDR램, 램버스 D램 등이 그것이다.

SD램은 한 번에 한 개씩 데이터만 입출력할 수 있는데 DDR램은 두 개씩 데이터 입출력이 가능해 '더블 데이터 레이트Double Data Rate, DDR'라는 말이 붙었다. SD램에 비해 PC 성능을 10%~20%가량 높여주었다.

램버스 D램은 그래픽 작업을 주로 하는 전문가용 PC나 고성능 게임용 PC에 주로 쓰였다. 데이터 입출력이 병렬 방식인 SD램이나 DDR램과는 달리 직렬 방식이어서 전송 속도가 대단히 빠르다.

1990년대 후반 삼성은 이 램버스 D램 개발에 앞서나가면서 메모리 기술 개발에 주도권을 갖게 된다. 임 전 사장 말이다.

"1996년 인텔 임원이 방문해서 '기존 SD램으로는 한계가 있으니 새로운 D램 표준이 필요하다'면서 자기네들 판단으로는 램버스 D램 기술이 제일 뛰어나 보이니 삼성을 비롯해 몇몇 파트너들이 이걸 개발해 자기네에 공급하는 시스템을 만들고 싶다는 거예요. 좋은 제안이긴 했지만 우려도 많았습니다. 막대한 투자비가 걱정이었고 D램 표준을 인텔이 주도하면 우리는 종속되는 거 아닌가 하는 두려움도 있었습니다. 하지만 과감하게 개발을 결정합니다. 1997년 초였습니다."

여기에는 그럴 만한 배경이 있었다고 한다.

"1996년부터 시작된 D램의 공급과잉과 가격 폭락입니다. 램버스 D램을 개발하면 차별화가 가능할 것 같았죠. 칩 사이즈가 D램보다 20% 정도 크고 성능을 강화시키다 보니 거쳐야 할 공정도 많아 코스트가 느는 만큼 높은 가격 프리미엄을 가질 것이라는 판단이 들었기 때문이었습니다. 기술 난이도가 높은 만큼 경쟁 기업 수도 줄어들 것이고요.
예상은 적중했습니다. 수년 후 나온 램버스 D램은 삼성과 일본 '엘피다'만이 해냈으니까요. 삼성은 이때 축적한 고속 D램 기술에 힘입어 이후 D램 고속화 경쟁에서 앞서나갈 수 있었습니다."

임 전 사장은 이 시기 세계 무대에서 삼성의 기술력을 알리는 일에도 주력했다고 한다.

"삼성이 양적으로는 1등이 됐다 해도 세계 반도체 커뮤니티 안에서는 기술력을 인정받지 못하고 있었습니다. '일본 거 다 베낀 거지 새로운 게 하나도 없다'는 거였죠.

기술 수준을 대외적으로 인정받는 가장 대표적인 방법이 권위 있는 국제반도체학회에 논문을 발표하는 겁니다. 소자나 공정 분야에서 가장 권위있는 학회였던 IEDMInternatioal Electronic Devices Meeting에는 1993년부터 논문 발표를 하고 있었는데 칩 설계 기술에서는 국제반도체학회 올림픽인 ISSCC에 논문 한 편 내지 못하고 있었습니다.

그러다 앞서 언급했다시피 제가 메모리 설계 총괄을 할 때인 1995년에 '32Mb 낸드 플래시 새로운 스킴'이라는 제목의 논문을 내면서 ISSCC에 이름을 알리게 됩니다. 거의 삼성의 데뷔 논문이나 마찬가지였는데 낸드 플래시 메모리의 표준이라는 획기적인 평가를 받게 되면서 특히 일본 사람들이 깜짝 놀랐던 기억이 납니다. 세계 반도체업계가 그때 비로소 삼성의 기술력을 인정하는 출발이 되죠.

D램의 경우도 1996년에 1G DDR램 관련 첫 논문을 ISSCC에 발표해 관문을 뚫었습니다. 그 뒤부터는 삼성을 완전히 인정해주는 분위기가 됐습니다. 질과 양에서 독보적이라는 평가를 받게 되니까요.

정리해 말하자면, 양적인 면에서는 1990년대 초 삼성이 세계 1등을 했지만 기술적인 혁신성이라든지 실제 실력으로 앞서나가기 시작한 건 1990년대 후반부터라고 봐야 할 것 같습니다. 그리고 2010년쯤 되면 한국은 일본을 누르고 미국 다음으로 논문을 많이 내는 나라가 됩니다. 드디어 질과 양에서 세계 최고로 인정받기 시작한 거죠. 그 시작점이 1995년, 1996년이라고 할 수 있습니다."

반도체 대공황이 닥치다

1993년부터 시작된 D램 대호황은 오래가지 않았다. 1996년 초부터 다시 D램 가격이 대폭락하기 시작한 것. IMF의 그늘이 드리우기 시작하던 이때, 삼성도 큰 어려움을 겪는다.

"D램 호황기가 끝나고 반도체 대공황이라 할 만한 미증유의 불황이 닥쳤습니다. 12개 회사들이 엄청난 호황 때 번 여유 자금을 D램 투자에 쏟아부었는데 이게 공급과잉을 부른 거죠. 당시 불황은 세계 D램 업계를 뒤흔든 대지진이나 마찬가지였습니다. 3년간 지속되면서 글로벌 메모리업계 판이 완전히 다시 짜여졌으니까요. 저희들도 말할 것 없었지만 이 지옥의 시간 속에서 오너는 얼마나 속이 까맣게 타들어갔겠습니까."

이건희 회장은 1996년 말 김광호 삼성전자 회장 후임으로 윤종용 회장에게 전자 총괄 CEO를 맡긴다. 반도체 총괄은 여전히 이윤우 사장에게 맡겼다.

3년간 메모리 설계를 총괄하던 임형규 전 사장은 이듬해 초 인사에서 진대제 본부장의 뒤를 이어 메모리본부장을 맡게 된다. 메모리 기반을 더욱더 확실히 다지는 한편 비메모리 사업에 박차를 가하겠다는 뜻을 펼친 인사였다고 임 전 사장은 전한다.

"앞서 비 D램 사업에 일찍이 박차를 가했던 이건희 회장은 글로벌 1위를

2005년 3월부터 가동을 시작한 시스템 반도체 전용 12인치(300mm) 웨이퍼 공장 모습. 본격적으로 파운드리 사업에 뛰어드는 신호탄 역할을 했다.

굳혀가던 1990년대 중반에 이르면 메모리에서 이룬 성취가 비메모리 사업까지 확장되기를 강력하게 주문합니다. D램이 워낙 호황과 불황을 오가는 사이클 진폭이 큰 불안정한 사업인 데다 비메모리 시장이 메모리 시장보다 컸기 때문이었습니다. 그러면서 D램 의존도를 줄이면서 플래시 메모리를 집중 육성하고 비메모리, 즉 시스템 LSI를 집중 육성하겠다는 전략을 폅니다.

메모리를 총괄하던 진대제 사장을 승진시켜 비메모리 총괄인 시스템 LSI(SLSI)를 맡기고 제가 메모리본부장을 맡게 된 당시 인사는 그런 뜻이 있었습니다. 이때 권오현 상무 등 다수의 핵심 임원 10여 명이 시스템 LSI 사업부로 이동하면서 이쪽에 무게중심이 쏠리게 되죠."

D램 대공황에 IMF 위기까지 닥쳐 경영 환경은 극도로 어려워지고 있는 가운데 엎친 데 덮친 격으로 1998년에는 D램 기술 유출 사건까지 일어난다.

"메모리개발사업부 연구원 15명이 대만 기업으로 한꺼번에 이직하는 일이 일어나 회사가 발칵 뒤집어졌습니다. 몇몇 개발자들이 차례로 퇴사하고 있었는데 회사에서는 눈치를 못 채고 있었죠. 해외 기술 유출을 감시하던 정보기관이 적발해 우리 쪽에 통보해 알려졌습니다. 한국의 추석을 맞아 대만에서 귀국하던 연구원 몇 명이 공항에서 체포되면서 유출 전모가 밝혀졌고 몇 명은 옥고까지 치렀습니다. 관련 임원들도 퇴임, 근신, 감봉 처분을 받았고요.

이건희 회장은 그 사건을 계기로 개발자들의 처우와 근무 환경 개선을 지시했습니다. 한편으로는 삼성반도체 기술 인력들이 세계 최고 수준이어서 해외 경쟁업계의 스카우트 대상이 된다는 것도 모두가 새삼스럽게 인식하게 된 계기였고요. 바야흐로 인재 전쟁 시대가 본격적으로 도래했음을 단적으로 알려준 사건이기도 했습니다."

반도체 대지진, 그리고 최후의 승자

지옥을 버티는 힘이 삼성에게는 있었다. 세계 반도체 대지진이 일어났던 1990년대 후반 3년 동안 최후 승자는 삼성이었던 것이다.

훗날 반도체 역사는 반도체 대공황이 끝나고 1999년이 되면 D램 시장이 서서히 정상화되면서 삼성이 명실공히 세계시장의 확고한 리더로 자리 잡게 된다고 기록하고 있다.

공정 기술 우위와 제조 경쟁력이 뒷받침됐지만 꾸준하게 추진된 제품 개발과 제품 다양화 덕이었다. 가격 폭락이 극심했던 PC용 D램 생산을 최소화하고 서버, 그래픽, 램버스 등 비교적 가격이 안정된 특수 D램 생산을 극대화했던 것이 주효했다. 다시 임 전 사장 말이다.

"모두 함께 죽을 힘을 다해 헤쳐나온 결과입니다. 이 대목에서 말씀드리고 싶은 게 사실 삼성반도체의 역사를 권투에 비유한다면 링에서 죽도록 얻어맞는 상황의 연속이었다고 할 수 있습니다. 일본이 계속 덤핑을 치는 식으로 여기저기서 때리니까 계속 쓰러지고 쓰러졌지요. 힘이 약했으니까요. 하지만 우리에겐 그들에게 없었던 투지가 있었습니다. 기어코 일본을 꺾고야 말리라는, 그야말로 목숨 건 열정과 집념이 있었죠. 그로기 상태에서 마지막에 불굴의 투지로 상대를 KO시킨 것, 그게 삼성반도체의 역사라고 할 수 있습니다."

당시 대불황을 이기는 관건은 가격 하락 폭이 가장 컸던 PC 시장의 의존도를 얼마나 최소화할 수 있느냐 하는 거였다.

"모든 D램 제품 가격이 폭락하긴 했지만 PC에 들어가는 D램 값이 10분의 1로 떨어졌으니까요. 이에 비해 서버나 그래픽, 게임용 D램은 3분의 1, 4분의 1 정도로 하락 폭이 상대적으로 적었습니다.

다행히 삼성은 앞서 말씀드린 대로 PC 의존도를 줄이는 다양한 제품 개발을 이미 하고 있었기 때문에 피해를 최소화할 수 있었습니다. 여기에 칩 슈링크에도 매진했고요. 위기에 대비한 준비가 그만큼 잘돼 있었다는 거죠.

하지만 그렇지 못한 기업들은 다 나가떨어졌습니다. 공장을 돌려봐야 원가도 챙길 수가 없으니 스톱시킬 수밖에 없는 거죠. 적자는 갈수록 쌓이고 시설은 노후화되고 고객은 떠나는 악순환의 늪에 빠지게 되는 겁니다. 특히 일본 기업들 피해가 컸습니다. 5대 반도체업체가 하나둘 공장 가동을 멈추면서 결국 NEC가 주도하는 엘피다로 통합돼버리는 게 이때입니다.

일본은 반도체 대지진 상황에 대한 대비가 부족할 수밖에 없었던 몇 가지요인들이 있었습니다. 우선 자동차, 소재 등 많은 산업 분야에서 글로벌 리더십을 갖고 있었기 때문에 반도체에 인재들이 충분히 공급되지 않고 있었습니다. 또 도시바, 히타치, NEC 등 5대 대기업이 각자 경쟁을 하다 보니 빠른 공정 혁신과 제품 다양화를 동시에 진행하기가 힘들었지요. 만성적인 엔고에 시달리고 있었던 것도 큰 요인이었습니다.

어떻든 이 기간 동안 삼성을 빼고는 글로벌 강자들이 순식간에 나가떨어지는 상황이 됐습니다. 한국도 현대전자와 LG반도체가 합쳐져 하이닉스반도체가 된 것이 이때입니다. 나머지 독일의 인피니언, 미국의 마이크론, 그리고 소규모 대만 대기업들이 살아남았지만 체력이 크게 손상된 상태였지요."

대지진이 끝나고 평화가 찾아왔다. 한편으로는 크게 안도하는 상황이 됐지만 또 다른 문제가 몰려오고 있었다. 다름 아닌 PC용 D램 성장이 정체기를 맞으면서 새로운 시장이 보이지 않게 된 것이다.

바야흐로 이때 낸드 플래시 메모리 시장이 부상하고 있었다. 임 전 사장 말이다.

"1998년부터 2000년까지 D램 시장이 안정화되고 삼성의 입지가 탄탄하게 돼 다행이었지만 경영을 맡고 있던 저로서는 하루하루가 긴장의 연속인 힘든 시기였습니다. D램은 작은 실수라도 하나 터지면 큰 실수로 이어지는 경우가 많았기 때문에 심리적 부담이 컸죠.

그런 시기에 플래시 메모리 사업이 쑥쑥 크는 조짐이 보였습니다. 처음 엔 많은 사람의 관심을 끈 사업이 아니었는데 매년 두 배씩 성장하는 거예요. 매출 1,000만 달러에서 시작한 사업이 1999년에 1억 달러를 찍더니 2000년엔 2억 달러가 좀 안 되는 정도까지 갔습니다. 사내에서도 점점 낸드 플래시 사업이 중요하다는 인식이 퍼지게 됩니다. 밑바닥에서부터 사업을 끌어온 당사자로서 자식이 쑥쑥 크는 걸 보는 부모 마음처럼 벅찼습니다.

시간이 갈수록 플래시 메모리 사업이 앞으로 성장의 끝을 알 수 없는 광활한 시장을 가질 것이라는 확신이 강해졌습니다. 1998년 ISSCC에서 '낸드 대 노어, 누가 이길 것인가'라는 주제로 토론이 벌어졌는데 이는 그만큼 선진 반도체 기업들의 플래시 메모리를 둘러싼 기술 전쟁이 업계의 큰 관심사였다는 것을 반영한 거였죠.

제가 그때 회의에 참석해 패널 세션을 주도했는데 참석자 투표를 해보니 낸드가 노어를 이길 것이라는 전망이 압도적으로 많았습니다. 기술인들이 미래를 제대로 보고 있다는 것을 느꼈죠."

천국과 지옥을 오가다

하지만 임 전 사장은 플래시 메모리 사업을 키우는 과정에서도 천국과 지옥을 오가는 경험을 여러 번 했다고 한다.

"'디지털 앤서링 머신Digital Answering Machine'이라고 자동응답전화기라는 게 있었잖아요. 부재중일 때 '메시지를 남겨주시면' 이런 멘트가 나오는 전화기 기억나시죠? 여기서 낸드 플래시 대박이 납니다. 이전까지는 자동응답 멘트를 소형 카세트테이프에 녹음해서 썼는데 4M 칩을 쓰니까 너무 편한 거예요. 시장이 완전히 100% 낸드로 바뀌어버리게 됩니다. 이후 디지털카메라, 보이스펜, 모바일 시장이 성장하면서 낸드 사업 매출이 급성장하는 발판이 됩니다. 특히 일본 올림푸스사가 내놓은 디지털카메라가 큰 도움이 됐습니다."

이제야 낸드 플래시 시장이 열리는가 싶을 때 또 다른 쓰나미 같은 복병을 만나는데 다름 아닌 샌디스크의 특허 침해 소송이었다.

"자동응답전화기가 불티나게 팔리던 1996년 어느 날, 샌디스크 측에서 삼성이 만든 기본 회로가 미국 특허청에 이미 등록한 자기네 특허라면서 ITC

에 특허 침해 소송을 낸 겁니다. 알아보니까 우리보다 6개월 먼저 내긴 냈더라고요. 아차 싶었죠. 부랴부랴 선행 특허들을 더 검색해 들어가보니 독일 지멘스가 샌디스크보다 3년 전에 비슷한 개념으로 특허를 낸 게 있었어요. 우리는 막바로 특허 무효 소송으로 맞서기로 했습니다.

ITC가 결정이 빨라요. 판결을 한 달가량 앞두고 샌디스크 쪽에서 우리 쪽 변호사를 통해 협상을 하자고 연락해왔습니다. 변호사 말이 '자기들이 불리하다고 판단해 협상하려는 것이니 대응할 필요가 없다'는 거예요. 안심하고 있었죠. 그런데 아뿔싸, 한 달 뒤에 나온 결과는 정반대였어요. 우리가 져버린 거예요. 난리가 났습니다.

긴급 무역 분쟁을 다루는 ITC 제소였기 때문에 즉각 미국 수출이 금지됐어요. 대박을 쳤던 디지털 앤서링 머신이 하루아침에 쪽박이 돼버렸습니다. 우리 칩을 사용한 수많은 업체들이 제품을 선적할 수 없게 됐다며 아우성이 빗발쳤습니다."

임 전 사장은 부랴부랴 샌디스크 본사로 직접 날아갔다.

"앨리 하라리라고 창업자가 CEO였는데 1993년에 서울에서 만난 적이 있었어요. 자기네 플래시 메모리 기술(트리플 폴리셀)을 생산해달라고 파운드리 제안을 하러 온 거였죠. 하지만 앞으로 낸드 기술이 대세가 될 것이라고 판단해 거절했습니다.

다시 만난 하라리는 특허료로 무려 14%를 내놓으라고 했어요. 자기네 기술과 낸드 기술 원가 차이가 28% 정도 되니까 절반은 받아야 한다는 거예요.

하루 종일 같은 말만 되풀이하다가 협상을 끝냈습니다. 너무 힘들고 막막해 그때는 진짜 낸드 사업 때려치우고 싶었습니다.

낙심한 상태로 동부에 있는 IBM으로 날아가 일을 보는데 3일 뒤에 연락이 왔어요. 다시 만나자고요. 협상은 한결 부드러워진 분위기에서 진행됐습니다. 특허료를 깎아주겠다는 거였죠. 당초 제안했던 14%에서 첫해 10%, 8%, 6%, 4% 이런 식으로 5년간 줄여나가는 조건으로 계약이 이뤄집니다. 우리로서는 엄청난 타격을 입은 거였습니다.

총 5,000만 달러(약 650억 원)에 달하는 큰돈이었는데 그래도 어떻든 그런 위기를 넘기며 삼성의 낸드 플래시가 죽을 뻔했다가 살아난 거라고 할 수 있습니다.

예상치 못한 특허 분쟁에 휘말렸지만 10년 이상 축적돼온 우리 자체 기술을 믿고 장기적으로 승산이 있다고 판단한 것이 오늘날 세계시장에서 압도적 선점의 바탕이 된 거죠. 지금의 성취가 그런 우여곡절이 연속되면서 이뤄졌다는 걸 얼마나 많은 사람들이 알고 있을까요."

운을 만들어내는 것도 사람이 하는 일

삼성의 낸드 플래시 역사를 듣다 보면, 효율과 성과가 제일로 중시되는 민간 기업에서 미래가 불투명한 사업을 오랜 기간 지원했다는 것이 놀랍다. 어떻게 가능했을까.

1999년 256M D램 세계 최초 양산을 알리고 있는 주역들. 왼쪽부터 황창규 당시 부사장, 이윤우 반도체 총괄 사장, 임형규 부사장.

"국내외 모임에 갔을 때 가장 많이 받았던 질문 중 하나입니다. '어떻게 이이피롬과 낸드 플래시 메모리 프로젝트가 10년 넘게 성과가 나지 않았는데도 개발팀이 생존했느냐'는 거죠. 2001년 미국 반도체 설계 회사인 시놉시스 Synopsys사가 개최한 CEO 콘퍼런스에 참석했을 때에도 삼성의 낸드 플래시 성공이 화제가 됐습니다. 포럼을 주관한 시놉시스의 아트 드 지오스 회장으로부터 의외의 질문을 받은 적이 있었습니다."

— 무슨 질문이었는데요.

"미국 기업이라면 그렇게 불확실하고 시간이 걸리는 기술에 투자하지도 않고 오래 기다려주지도 않을 것이다, 그런데 어떻게 당신의 상사들은 그 무모한(?) 기술 개발 과정을 용인했느냐는 거였죠. 돌이켜보면 사실 무모하고 막연했죠. 수억 달러 수익만 나도 좋겠다는 기대감으로 시작한 사업이 결과적으로 메모리 산업의 양대 축을 이루는 거대 산업으로 발전했으니까요. 미래를 예견하고 한 것 같지만 그건 아니었어요. 중간에 디지털카메라 출현 같은 좋은 조짐이 있긴 했지만 이렇게 크게 성장할 줄은 몰랐죠. 운이 좋았다고 할 수 있습니다."

임 전 사장은 '살아남기 위해서는 뭐든 하자'는 게 팀 구호였다고 했다.

"열심히 하면 누구나 어느 정도의 성공은 가능하다고 봅니다. 다만 그것이 거대한 사업이 되느냐 마느냐 하는 것은 운이 작용하는 것 같아요. 저는 후배들에게 이렇게 말합니다. '간절함이 실무 능력과 결합되면 누구나 나름대로 성공은 할 수 있다. 다만 그 성공의 크기는 운이 결정한다'고요."
— 운을 만들어내는 것도 결국 사람의 일 아닐까요.
"저희에겐 퇴로가 없었어요. 처음 3년간 개발비에도 못 미치는 매출을 이어가자 가뜩이나 어려웠던 회사는 직간접으로 팀 해체 가능성을 내비쳤고 그럴 때마다 심리적 압박감과 미래에 대한 불확실성 때문에 힘든 시련의 시기를 보내기도 했습니다.
특히 남들이 전혀 주목하지 않던 비휘발성 메모리 팀을 처음부터 만들고 후배들에게 기술을 가르친 저 같은 사람에겐 후배들의 미래를 책임지며 함께 가야 한다는 절박감이 강할 수밖에 없었습니다. 팀원들이나 저에게는 한마디로 피해가거나 돌아갈 수 없는 외길이었습니다."

"삼성전자는
세 번 망할 뻔했다"

삼성이 반도체 대전에서 승리하고 겨우 숨을 돌린 2000년 초 이건희 회장은 5명의 사장단을 대폭 교체한다. 임형규 전 사장은 진대제 사장이 하던 비메모리 사업인 시스템 LSI 사업(당시 1조, 세계 15위)을 총괄하게 되고 그가 맡았던 메모리사업부(당시 10조, 세계 1위)는 황창규, LCD사업부 이상완, 무선사업부 이기태, CFO(경영 지원 총괄)에 최도석 사장이었다.

인사 직후 이건희 회장은 신임 사장 다섯 명을 미국 휴스턴으로 불렀다고 한다. 임 전 사장 말이다.

"당시 암 치료 중이셨는데 신임 사장들 얼굴 한번 보고 싶다고 하셔서 윤종용 부회장 인솔로 전용기를 타고 갔던 기억이 납니다."

— 무슨 말씀을 해주셨나요.

"그동안 참 어려웠던 회사가 이제 제자리를 잡았다, 수고했다, 고맙다 하시는데 참으로 애정이 가득한 말씀이셨지요. 아, 이분은 우리의 노고를 인정해주시는구나… 따뜻하고 인간적인 면이 많이 느껴졌습니다. 사실 오너가 고맙다는 이야기는 잘 안 하잖아요.

그날 회장님은 삼성전자가 세 번 망할 뻔한 회사라고 했습니다. 앞서 말했다시피 1990년대 말만 해도 굉장히 어려웠고 2000년대에 들어와서야 어느 정도 안정이 됐으니까요. 그런 말씀을 들으니 옛날에 제 윗대 선배들은 얼마나 힘들었을까 하는 생각이 들었습니다. 실력도 채 갖추지 못한 상태에서 글로벌 시장에 던져져 피 터지는 전쟁을 치렀으니까요.

그날 또 회장님은 '옛날 IMF 이전에는 애국심 하나로 다 가능했는데… 삼성 임직원들도 다 애국심으로 일했는데… 지금은 어떤 모티베이션을 줄 수 있을까?' 이런 고민을 토로하셨어요. 언제가 될지는 몰라도 부천 사업장을 다시 찾아왔으면 좋겠다고도 하셨고요. 반도체 사업의 뿌리에 대한 애착이 강하게 느껴졌습니다.

회장님은 한 번도 편하게 일한 적이 없었습니다. 글로벌 사업이란 건 지면 사라지는 거니까요. 이러니 당신 스스로를 얼마나 괴롭혔겠어요. 1990년대 삼성은 정말로 죽을 뻔한 회사였습니다. 그걸 버텨내면서 지속적으로 위기의식을 불어넣었으니 한마디로 온몸을 불사른 거죠. 그리고 또 온몸을 불사른 임직원들의 헌신이 지금 거대한 삼성이란 탑을 만든 것이라고 생각합니다."

임 전 사장은 시스템 LSI 총괄을 맡으며 기존 30여 가지 사업을 10여 개로 정리해 집중한다.

"결론적으로 6개가 살아남고 4개는 죽었습니다. 대표적으로 AP_{Application} Processor(휴대폰 등 모바일 기기에 들어가는 두뇌 칩. PC의 CPU에 해당한다)가 가장 잘 살아남았고 디지털 TV 칩도 자체 개발에 성공해 TV 일류화에 기여했습니다. 다음이 파운드리 사업인데 이건 앞으로 더 유망할 것이고요.

당시에도 이미 컸지만 디스플레이 드라이버_{DDI}(Display Drive IC의 약자로 스마트폰, 태블릿, PC, TV 등 디지털 영상 신호를 디스플레이에 적합한 아날로그 신호로 바꿔 전달하는 구동 반도체를 말한다)가 캐시 카우 역할을 했고요.

2005년 개발한 콤비형 스마트 카드 IC. 처리 속도와 보안 기능을 대폭 강화해 2007년 세계시장 1등이 됐다.

그다음으로 세계 1등도 하긴 했는데 시장 자체가 크지 않아서 못 큰 게 신용카드, 교통카드, 전자여권에 들어가는 스마트 칩 사업입니다. 없어진 사업으로는 DVD 같은 건데 이건 시장 자체가 아예 사라졌고요."

임 전 사장은 "지금 삼성이 메모리 분야에서 독점적 지위를 확보하고 있지만 지난 10년간 반도체에서 유일하게 의미 있는 진전을 이룬 곳이 비메모리 쪽이었다는 것도 알아줬으면 한다"며 이렇게 덧붙였다.

"비메모리는 진짜 변화가 어렵거든요. 그런데 후발 주자였던 삼성이 지금 TSMC나 퀄컴을 위협할 수준으로 성장했다는 건 기적이나 다름없는 겁니다."

— 비결이 뭐였을까요.

"무엇보다 오너의 강력하면서도 흔들리지 않는 방향과 의지가 결정적이었다고 생각합니다. 아무나 할 수 있는 일은 아닙니다. 재벌 총수가 다 그럴 수 있는 것도 아니고요. 뚝심이 없으면 못 하는 겁니다. 좀 하다 안 되면 포기하기가 쉽거든요.

비결이란 게 어떻게 보면 매우 클리어한 거예요. 제대로 된 인재를 뽑아서, 그들에게 일할 무대를 만들어주고, 경쟁자를 이기기 위한 어떤 핵심 개념, 예를 들어 기술이면 기술, 디자인이면 디자인 그런 핵심 경쟁력을 잘 디파인Define(정의)한 후 사람들을 모티베이션시키는 것, 전자 같은 하이테크 산업은 그게 다 아니겠어요. 굉장히 당연한 거 같지만 이런 개념이 없는 기업들이 수두룩해요. 그런 면에서 회장님은 개념이 분명했던 분이었습니다.

'뭘 어떻게 해야 되는지 아는 분'이었다고 할까요.

회장님을 생각할 때 떠오르는 키워드는 '깡', '응집력', '고집', '용기', '겁 없음'입니다. 그리고 정말 집요하고 깊게 생각하는 스타일이었습니다.

삼성반도체 경영의 가장 탁월한 점은 호암이 시작해 이건희 회장이 계승한 공격적인 선제 투자 전략입니다.

과감하게 웨이퍼 인치를 늘리고 공장을 세웠던 '공격 경영'은 우수 인력들을 빨아들이는 계기를 만들었고 '뒤처지면 사라진다'는 위기의식을 계속 불어넣어줌으로써 긴장의 끈을 놓지 않게 만들었습니다. '절대 공장을 멈추는 일이 있어서는 안 된다'는 절박한 심정이 일에 더욱 몰두하게 만들었으니까요.

여기서 꼭 짚고 넘어가고 싶은 것이 있다면 이건희 회장님은 전문 경영인들에게 모든 걸 믿고 맡겼다는 겁니다. 철저한 권한 위임이죠. '공격적 투자, 위기의식, 철저한 기술 중시'라는 크고 명확한 방향만 제시하고 구체적인 경영에 대해서는 거의 간섭을 하지 않았습니다.

회장님이 이렇게 하니 내부로도 위임 문화가 확산돼 현업 중심으로 자율 경영이 자연스럽게 뿌리를 내려 의사 결정 속도가 빨라졌습니다. 반도체 특유의 버톰 업, 즉 현장 문제 해결 능력을 중시하는 기업 문화가 자리 잡게 되면서 열심히 일하면 회사가, 상사가, 동료가 알아준다는 믿음이 굳건해지게 된 거죠."

기술경영의 본질

임 전 사장은 이건희 회장이 기술의 특성은 물론 기술자의 특성도 너무 잘 알고 있었다고 했다.

"기술자들은 서로 뭉치는 성향이 있습니다. 그래서 한 사람이 회사를 나가면 우르르 따라 나가는 일이 곧잘 벌어집니다. 하지만 삼성은 끊임없이 해외파를 영입하고 내부 경쟁을 시킴으로써 이런 부작용을 최소화했습니다. 삼성 반도체의 경쟁력은 기술자가 성장할 수 있는 시스템이 만들어졌기 때문입니다. 사람이 나가도 업무는 계속 이어지도록 시스템을 만든 거죠. 우수한 기술자를 발탁해 일할 수 있게 만들어주는 것, 그게 기술경영의 본질이죠.

반도체에서 임원이 되려면 절대적으로 기술력이 뛰어나야 합니다. 그래야 문제가 생기면 해결을 할 수 있으니까요. 그렇게 해서 본부장(공장장, 개발본부장, 영업 총괄), 부사장, 사장에 이르는 엔지니어 생태계가 만들어지는 거죠."

—기술경영의 본질에 대해 더 듣고 싶습니다.

"진정한 기술경영인은 기술자로서 능력도 뛰어나야 하고 열정도 있어야겠지만 동물적인 장사 감각, 즉 비즈니스 감각이 있어야 한다고 봅니다. 기술력도 중요하지만 사업화할 수 있느냐, 수익을 낼 수 있느냐 이게 기술경영의 본질이라고 봅니다. 여기에 조직 차원의 마케팅, 생산기술, 경영 지원이 적절히 조합되면 정말 뛰어난 경영 성과가 나오겠지요.

지금까지의 기술은 사람이 똑똑해지는 과정이었다면 앞으로는 집과 자동차 같은 사물이 똑똑해지는 세상이 열릴 것이고 그 핵심 요소는 바로 '컴퓨터의 혁신'일 겁니다. 그래서 반도체가 중요한 겁니다. 지난 20년간 컴퓨터 산업의 성장을 주도한 미국과 궤적을 같이해온 한국 기업들은 '우수한 기술'에 '비즈니스 감각'을 더해 더 강한 경쟁력을 확보해야 할 것입니다."

그에 따르면 이건희 회장이 일관되게 말했던 키워드는 '위기의식', '인재 영입' 두 가지였다고 했다.

"맨날 위기 위기 하시니 싫고 힘들었던 적도 있었어요. 그런데 훗날 경영자 관점에서 보니 그래야 조직이 살고 사람도 산다는 걸 깨달았어요. 일이란 게 그냥 적당히 해서는 경쟁력이 없지 않습니까. 그리고 회장님이 강조했던 인재 영입은 저도 참 열심히 했습니다. 시스템 LSI 맡았을 때에는 임원급만 10명에다가 부장급까지 거의 30여 명을 미국에서 데려왔으니까요. 당시 한국에는 비메모리 인재 풀이 별로 없었어요. 삼성의 DNA에서 중요한 것은 순혈주의는 안 된다는 겁니다. 밖에서 데려온 사람들을 임원도 시키고 사장도 시켜서 경쟁을 시켜야 한다는 거죠."

임 전 사장은 2000년 초 휴스턴에서의 만남 이후 3년 뒤 2003년 말 사장단 인사를 앞두고 다시 이건희 회장과 만난다. 이번에는 한국에서였다.

"2003년 12월 갑작스러운 저녁 호출을 받았습니다. 평창 휘닉스 파크에 머물고 계셨는데 몇몇 사장들과 저녁도 하고 숙소에서 차도 마시면서 긴 시간 대화할 기회가 있었습니다. 회장님은 당시 플래시 메모리에 대한 이야기를 많이 물으셨는데 어디에 어떻게 쓰이고 있고, 앞으로 어떻게 될 것 같은지 굉장히 관심이 많으셨습니다. 정말 가슴이 벅찼습니다. 플래시 메모리가 이렇게 회장님 눈에 띌 때까지 밑에서부터 끌고 온 당사자의 한 사람으로서 큰 보람이 느껴졌습니다. 또 한편으로 역시 회장님이 미래 사업에 대한 집념이 굉장히 강하다는 걸 느꼈습니다."

임 전 사장은 그날 이건희 회장과의 만남이 있던 며칠 후 CTO 격인 기술 총괄 사장으로 자리를 옮기며 28년 반도체 인생의 1막을 접는다. 이윤우 반도체 총괄 사장도 기술원장으로 자리를 옮기고 황창규 사장이 반도체 총괄, 권오현 사장이 시스템 LSI 총괄을 맡는 대폭적인 리더십 교체가 있었던 인사였다.

엔지니어를 올림픽 1등 선수들처럼 대접해줘야

—신경영 선언 때를 기억하시나요.
"프랑크푸르트 캠핀스키 호텔에 갔는데 반도체 쪽에서는 5명 정도였어요. 저는 당시 S램과 비휘발성 메모리 팀인 NVM팀을 맡고 있던 이사였고요. 50명인가 60명 정도 되는 전자 임원들 전체를 다 앉혀놓고 회장님이 한두 시간쯤 얘기하고 앞줄에서부터 한 명씩 각오를 얘기하라는 시간이 있었어요. 5, 6시간 정도 걸렸던 것 같아요. 회장님이 중간에 그만하자고 할 줄 알았는데 끝까지 들으시더라고요.

신경영 때 하셨던 말씀은 어떻게 보면 다 당연한 거 아니겠습니까. 사실 반도체에서는 이미 다 실행하고 있었고요. 뭐든 세계시장에서 제대로 하려고 하면 도전하고, 자신 있게 해야 되고, 속이지 않고 정직하게 해야 되고, 아랫사람 잘 키워야 되고…. 하기야 지금이야 당연한 거지만 그때 당시만 해도 그런 기업 문화가 정착되지는 못하고 있었죠."

그는 이 대목에서 "회장의 신경영 선언은 어떤 의미에서는 절규絶叫나 다름없었다"고 했다.

"사람마다 해석이 다르겠지만 저는 그렇게 생각합니다. 1988년 회장에 취임하고 난 뒤 D램에서 반짝 호황이 있었지만 또다시 불황이 닥치면서 진짜 힘들어지잖아요. 그러다 1993년 들어서면서 시장이 또 확 좋아지고 하니 한쪽에서는 '삼성도 할 수 있구나' 하는 자신감도 있었지만 또 다른 한쪽에서는 '글로벌 기업으로 가려면 이렇게 가서는 안 된다'는 절박감이라는 극단적인 감정이 공존했다고 봐요.
이런 상황에서 미국 LA에서 먼지 뒤집어쓴 삼성 TV와 세탁기 뚜껑도 제대로 못 만들어서 칼로 깎아 만드는 영상을 본 회장이 얼마나 열이 받겠습니까, 그러니 모두 집합! 이렇게 된 거라고 생각합니다.
반도체는 철저하게 양심 산업이잖아요. 가전제품도 이렇게 만들어야 한다, 이게 신경영 선언입니다. 그리고 이것이 방아쇠가 돼서 10년도 채 안 돼 미국 매장 한쪽 구석에 처박혀 있던 TV가 소니를 이기고 LCD가 세계 1등을 하고 휴대폰 애니콜이 세계 1등 노키아를 바짝 추격하는 엄청난 결과가 나온 거죠. 문자 그대로 상전벽해의 변화가 10년 사이 일어난 겁니다. 물론 삼성이 열심히 해서이기도 하지만 기술적으로 봤을 때 디지털이 모든 걸 바꿨다고 봅니다."

—어떤 점에서요?

"LCD 급성장이 대표적입니다. 이상완 사장이 일등 공신이죠. 나중에 공부해보시면 아시겠지만 꼭 반도체처럼 했어요. 굉장한 스토리가 있습니다. 옛날부터 소니 따라잡으려고 무진 애를 썼는데 마침내 소니를 이겼습니다. 삼성전자가 1969년에 만들어지면서 정말 눈물 젖은 빵을 먹으며 절치부심한 지 40년 만에 소니를 이기고 1등이 되었다는 게 얼마나 대단합니까. 모두 변화하는 미래 세상을 읽고, 그야말로 목숨 걸고 매달린 결과죠."

그는 요즘 삼성을 넘어 대한민국 반도체 기술혁신에 관심이 많다. 그에게 마지막 질문을 던졌다.

—요즘 반도체 인재를 키우자는 게 국가적인 과제로 떠올랐습니다. 왜 반도체인가요?

"몇 가지로 나눌 수 있는데 우선은 반도체 산업 자체가 이미 우리나라의 큰 산업입니다. 시가 총액 1, 2위에 삼성전자, SK하이닉스가 있고 코스닥에 반도체, 디스플레이로 분류된 상장사가 200개나 됩니다. 다 합치면 국내총생산에서 차지하는 비중이 20%는 될 겁니다.

두 번째는 확장성입니다. 반도체 산업이 커질수록 소재, 장비 쪽으로도 확장될 뿐만 아니라 나노 기술이 기반이다 보니 배터리, 바이오 산업으로의 확장성도 큽니다. 삼성바이오가 생긴 것도 반도체 제조에서 힌트를 얻은 게 커요. 또 앞으로 커질 산업이 파운드리 산업인데 이 역시 다 나노 기반입니다. 제가 신사업 팀장을 해봤기 때문에 전문가라고 할 수 있어요.

세 번째는 수요가 계속 늘어날 것인데 후발 주자들이 진입하고 싶어도 장벽을 뚫기가 굉장히 어려운 사업이에요. 삼성도 40년간 죽어라 해서 '넘사벽'이 된 거 아닙니까.

남들은 들어오기 어렵고 수요는 계속 증가할 것이니 얼마나 매력적인 사업입니까. 반도체는 산업사적 관점에서 대한민국에 주어진 역사적 선물입니다. 기술자를 올림픽에서 1등 한 스포츠 선수들처럼 대우해서 많은 청소년들이 여기에 꿈과 희망을 갖고 도전하도록 응원해야 합니다."

LEE,KUN-HEE

SEMICONDUCTOR

LEADERSHIP

PART

7

황창규

"체어맨 리 때문에

모든 것이

가능했다"

애플 부활에는
삼성반도체 기술이 있었다

지금으로부터 21년 전인 2001년 10월 23일, 애플에 복귀한 스티브 잡스가 미국 샌프란시스코 모스콘 센터에 섰다. 이날 그가 들고나온 건 맥 컴퓨터가 아니라 휴대용 음악 재생기였다. 잡스는 '아이팟'이라 불렀다.

그때까지만 해도 이 작은 모바일 기기가 1979년 소니가 출시해 선풍적 인기를 끌었던 휴대용 오디오 레코드 '워크맨'을 사라지게 할 물건이란 걸 넘어 PC 시대에서 모바일 시대로 이끌 방아쇠가 될 물건이라고 생각하는 사람은 없었다.

사실 휴대용 오디오는 대한민국이 최초로 만든 거였다. 1997년 '디지털 캐스트'라는 벤처 중소기업이 출시한 MP3 '엠피앤'이 그것이었다. 그런데 하필이면 외환위기가 불어닥쳤다. 디지털 캐스트는 특허를 미국의 기업에 팔 수밖에 없었고 애플이 이를 벤치마킹해 탄생시킨 것이 아이팟이었다. 아이팟 출시는 잡스 개인 입장에서는 애플 부활의 서막을 알리는 신호탄이기도 했다.

아이팟이 진정한 모바일 기기가 되기까지

아이팟이 처음 나왔을 때 전 세계 소비자들이 열광했던 것은 디자인도 디자인이었지만 CD를 일일이 갈아 끼우지 않고도 '아이튠즈'라는 음악 생태계에서 음원을 마음대로 골라 들을 수 있었기 때문이었다.

초기 아이팟은 문제가 많았다. 휴대용이었음에도 충격에 약했고 기온이 영하로 내려가면 작동하지 않아 겨울철이나 추운 나라에서는 사용하기 어려웠다. 방전도 잘돼서 두 시간 이상 쓰면 전원이 나가버려 충전기를 따로 들고 다녀야 했다.

이 모든 불편함의 원인은 저장 장치인 '하드디스크HDD'가 주는 태생적 한계에 있었다. 부피도 크고 용량도 한계가 있는 HDD를 쓰는 한 아이팟의 불편함은 개선하기 어려웠다. 그런데 이를 해결할 구세주가 나타나니 바로 플래시 메모리 반도체가 들어간 저장 장치 'SSDSolid State Drive'였다.

아이팟은 삼성전자의 4G 낸드 플래시 메모리가 탑재된 SSD를 씀으로써 진정한 모바일 기기로 거듭났다. 다시 말하면 애플 부활의 밑바닥에는 삼성반도체 기술이 있었다는 이야기다.

스티브 잡스와의 만남

황창규 전 삼성전자 반도체 총괄 사장은 대중적으로 널리 알려진 스타 CEO다. 1998년 반도체연구소장 재직 시절 플래시 메모리 연구팀을 만들며 일찌감치 차세대 먹거리 개발 경쟁에 뛰어들었다. 노어냐 낸드냐의 기술적 선택에서 모바일 시장의 도래를 예감하고 낸드 중심 설계를 주도해 대성공을 이끌었다. 특히 플래시 메모리 사업에서 도시바와의 합작 제안을 거부하고 단독 개발을 이끌어낸 주인공이기도 하다.

2001년 8월 세계 최초로 1G 낸드 플래시를 내놓은 것을 시작으로 2002년 2G, 2003년 4G 등으로 매년 집적도를 두 배씩 올려 이른바 '황의 법칙'으로 불리는 '메모리 신성장론'을 실천에 옮겼다. 2004년 8월에는 세계 최초로 60나노 8G 낸드 플래시 개발 성공을 주도했다. 삼성반도체 중흥기에 글로벌 네트워크를 토대로 차세대 기술 개발에 앞서나가는 데 공헌했다는 평가를 듣는다.

황 전 사장은 초기 아이팟 모델을 딱 보자마자 문제가 많다는 것을 직감했다고 한다.

"실제로 한 1년쯤 지나고 나서부터 고객들의 클레임이 시작됐습니다. 배터리가 두 시간이면 없어진다, 겨울에는 작동이 되지 않는다, 떨어트리면 끝이다 등등 불만이 터져 나오기 시작했습니다. 하드디스크 때문에 생기는 문제들이었죠. 당시 우리는 하드디스크보다 충격에 강하고 전기를 적게 소모하며 재생 시간을 훨씬 길게 갈 수 있게 하는 플래시 메모리를 개발해놓고 판로를 찾고 있었습니다. 아이팟이 나오자 '바로 저거다'라는 생각이 들었죠.

애플에 '하드디스크 대신 삼성전자가 개발한 플래시 메모리를 탑재해보라'고 집요하게 노크했습니다. 잡스는 콧방귀도 뀌지 않더군요. 문제는 가격이었습니다. 미국 내 시장점유율이 이미 70%에 달하는 상황에서 값이 비싼 플래시 메모리를 쓸 필요가 없다고 판단한 거죠.

2004년 6월 어느 날 플래시 메모리를 장착한 MP3를 실제로 만들어 애플에 보냈습니다. 애태우는 기다림의 시간을 한 3개월 보냈을까요. 놀랍게도 잡스에게서 직접 연락이 왔습니다. 캘리포니아 팰로앨토 자기 집에 영빈관이 있으니 거기서 보자는 거였습니다. 마침 그해 11월 말 IBM에서 회의가 있으니 그때 들르겠다며 일정을 잡았죠.

그런데 웬일입니까, 만나러 가기로 한 당일 비행기를 타러 노스캐롤라이나 공항에 갔더니 비행기 배터리 부품이 방전됐다며 못 뜬다는 거예요. 수리하려면 하루나 이틀이 걸린다는 겁니다. 정말 심장이 타는 것 같았어요.

하는 수 없이 잡스에게 전화를 걸어 상황 설명을 하며 '다음을 기약해야겠다'고 했습니다. 그런데 잡스가 실망한 기색이 역력한 목소리로 '12월 초에 다시 올 수 있겠느냐'며 적극적으로 다음 일정을 잡는 게 아닙니까. 불쾌하게 나올 줄 알았는데 뜻밖이었습니다. 순간, 그가 우리 플래시 메모리를 쓸 것이란 확신이 들었습니다.

며칠 뒤 잡스가 박용환 미국 삼성 법인장에게도 전화를 걸었다는 걸 알게 됐어요. 저와 통화한 바로 다음 날 "내 집에 미국 대통령만도 두 사람이 방문했었다. 비행기가 고장 났으면 전세기를 빌려서라도 와야 했을 것 아니냐. 와이프까지 기다리고 있었다"고 항의성 전화를 했다는 겁니다. 승기가 우리 쪽으로 넘어왔다는 걸 다시 한번 확인했지요.

잡스와의 첫 만남이 무산되고 서울로 돌아오자마자 반도체 사업 30주년 행사로 바빴습니다. 이건희 회장님이 직접 경기도 화성 단지에 오셔서 축하 인사를 해주셨는데 12인치 웨이퍼 제조 라인이 완성됐고 추가 건설도 속속 진행되고 있었습니다.

저는 '곧 잡스와의 만남이 예정돼 있다'는 보고를 드렸고 회장님께서는 '애플과 좋은 관계가 만들어지길 바란다'고 하셨습니다. 출발 며칠 전 이재용 상무가 동행하고 싶다고 해 같이 가게 됩니다."

황 전 사장이 잡스와 만난 날은 2004년 12월 6일 캘리포니아 쿠퍼티노 애플 본사 회의실이었다. 이 자리에는 COO였던 팀 쿡, 개발 총괄 존 루빈스타인, 구매 총괄 제프 윌리엄스 외에도 핵심 의사 결정자 두세 명이 더 있었다고 한다.

— 잡스의 첫인상이 어땠나요.

"시종일관 쾌활했지만 날카로웠고 카리스마가 대단했습니다. 협상에 들어가서도 고집이 세고 깐깐한 모습을 여과 없이 드러냈습니다. 그러면서도 제품에 대한 이해와 활용 방향, 그것들이 가져올 변화를 디테일하게 이야기했습니다.

제가 이전까지 주요 고객들을 접하는 과정에서 수많은 탁월한 인재를 만나봤지만 잡스는 차원이 달랐습니다. 기술뿐 아니라 경영이 뭔지도 잘 알고 있었고 몽상가인 동시에 실천가였습니다. 호기심과 열정도 대단해 반도체

2004년 12월 애플 본사에서 만나 이야기 나누는 황창규 전 사장(오른쪽)과 스티브 잡스.

기술의 발전 방향, 메모리 성능과 속도 등 관심사가 정말 다양했습니다. 어쨌든 첫 만남은 성공적으로 마무리돼 '삼성전자가 애플에 플래시 반도체를 공급한다'는 정도의 합의를 하고 저는 다음 날 바로 서울행 비행기에 몸을 실었습니다."

그런데 며칠 뒤 팀 쿡이 사전 예고도 없이 삼성 본사를 찾아왔다고 한다.

"뜻밖의 방문이었죠. 팀 쿡은 앉은 자리에서 갑자기 잡스에게 전화를 걸더니 저와 연결을 했습니다. 잡스는 제게 '이번에는 꼭 비즈니스가 성사되면 좋겠다'고 했습니다. 그날 저는 팀 쿡에게 '애플 측이 제시한 물량과 가격을 검토해보겠다는 것'과 '아이폰 신제품에 삼성의 모바일 AP를 독점적으로 사용해줄 것'을 요청했습니다. 팀 쿡은 '적극적으로 검토하겠다'며 돌아갔습니다."

스마트 왕국을 열어갈 애플 플랜

이후 애플은 구체적인 협상에 돌입하자 만만치 않게 나왔다.

"잡스는 상상을 초월하는 주문 수량을 말하며 깎아달라고 했습니다. 제가 다시 미국으로 날아가 이뤄진 2차 협상은 첫날에만 3시간 넘게 치열한 신경전이 펼쳐졌습니다. 인상 깊었던 건 잡스가 펼쳐놓은 '스마트 왕국을 열어갈 애플 플랜'이었습니다.

잡스는 자기가 꿈꾸는 제품과 출시 로드맵을 화이트보드에 직접 써가며 설명했습니다. 'iPhone, iPad, iTV, MacBook Air' 같은 그의 필체가 아직도 제 기억 속에 선명하게 남아 있네요. 모두 세상에 나오기 전이었죠.

잡스는 애플이 이렇게 야심 차게 준비하고 있는 스마트 왕국에 삼성 플래시 메모리를 탑재할 테니 가격을 깎아달라고 집요하게 요구했습니다.

저는 삼성전자에 애플이 필요하듯 애플에게도 삼성전자가 필요할 거라는 확신이 있었기 때문에 적극적인 방어에 나섰지요. 결국 그날 회의는 '세부 사항은 추후 더 논의한다'로 정리가 됐습니다.

2012년 4월 '엑시노스'라는 제품명으로 출시된 휴대폰 중앙처리장치 모바일 AP.

한국에 돌아온 뒤 '원하는 가격에서 일부 양보를 하겠다, 다만 삼성의 AP 사용을 검토해달라'는 제안을 다시 보냈고 잡스는 이를 받아들였습니다. 애플은 삼성전자 낸드 플래시뿐 아니라 이후 개발될 AP, 모바일 D램까지 공급받기로 계약을 체결합니다. 이로써 애플은 삼성반도체 사업부의 최대 고객사가 됐습니다.

2005년 삼성의 플래시 메모리가 탑재된 '아이팟 나노'가 세상에 나오자마자 예상대로 대히트를 기록했습니다. 기존 제품보다 얇고 가벼우면서 재생 시간이 5배가 넘었으니 당연한 결과였죠. 아이팟 나노의 성공으로 삼성전자 플래시 메모리 매출과 시장점유율은 폭발적으로 늘어납니다. 불과 1년 만에 매출이 47%, 시장점유율은 35%로 뛰어올랐으니까요.

2006년에는 MP3에 들어가는 MPU(AP보다는 기능이 단순한 제품)를, 이듬해

인 2007년에는 비로소 아이폰에 처음으로 AP를 독점 제공하게 됩니다. 그
동안 만년 적자를 면치 못하던 시스템 LSI 사업부는 애플에 제공하는 AP 한
제품만으로 조 단위 이익을 내는 사업부로 변신합니다."

이후 삼성은 애플에게 잡스의 비전을 실현해주는 최고의 파트너가 된
다. 물론 삼성도 애플과 함께 성장했다.

"애플은 2006년 아이팟 터치, 2007년 아이폰, 2008년 아이폰 2G, 2009년
3G와 3GS를 연달아 출시하며 MP3에 이어 스마트폰 최강자로 자리를 굳
혔습니다. 삼성과 플래시 메모리 공급 관련 협상이 진행되던 시기에 주가가
7달러~20달러를 오갔는데 아이폰이 출시되자 200달러를 넘겼습니다. 아
이패드에도 플래시 기반 보조기억장치인 'SSD'가 장착된 후인 2011년에
는 400달러까지 치솟더군요."

황 전 사장 말대로 애플은 삼성의 낸드 플래시 덕분에 화려하게 부활했
다. 삼성도 HDD 시장에 SSD를 가져와 이후 모바일 시대와 개인 스트리
밍 시대의 절대 강자로 군림하는 계기를 만들게 된다.

세계 최초 256M D램 개발
그래도 "갈 길이 멀다"

보조기억장치 SSD 이야기를 더 해보자.

앞서 말했듯 플래시 메모리가 가져온 또 하나의 컴퓨터 혁명은 SSD가 가져온 보조기억장치의 혁명이었다. 주지하다시피 컴퓨터는 크게 ① 중앙에서 연산을 처리하는 CPU와 ② 주기억장치인 D램, S램으로 구성되지만 D램과 S램은 휘발성이라는 한계 때문에 '보조기억장치'란 게 생겨났다. 전원이 꺼져도 데이터가 날아가지 않는 별도의 기억장치, 이게 바로 1956년 IBM이 개발해 세계시장을 석권한 'HDD'였다.

그런데 컴퓨팅 기술이 발전하고 각종 프로그램과 운영체제가 발전하면서 처리하고 실행해야 할 프로그램과 파일 개수가 기하급수적으로 늘어나자 HDD 기술은 한계에 봉착한다.

무엇보다 컴퓨터가 작아지고 모바일 시대로 접어들면서 기기를 더 작게 만들어야 하는데 HDD는 자기磁氣 디스크와 모터라는 기계장치 때문에 원천적으로 소형화가 불가능했다. 전기도 많이 먹었다.

이 문제를 해결한 것이 바로 플래시 메모리가 탑재돼 물리적으로 움직이는 부품, 즉 모터가 없이 반도체로만 구성된 보조기억장치인 'SSD'였다. 크기도 작고 가볍고 전기도 적게 들고 소음도 일체 없는 데다 속도까지 빠르니 HDD와는 비교가 안 됐다.

SSD 개념은 미국에서 1980년대부터 이미 존재했지만 슈퍼컴퓨터에나 쓰이다 지금처럼 대중화된 것은 플래시 메모리가 개발되면서부터다. 개발 주역 황 전 사장은 "애플과의 파트너십 과정에서 SSD에 대한 영감을 얻었다"고 말했다.

2005년 5월 양산된 4G SSD.

2008년 11월 양산된 256G SSD.

"애플과 협상을 하는 과정에서 앞으로 시장 상황을 보니까 노트북과 기업형 메모리 시스템 스토리지 수요가 늘겠다는 예측이 생겼고 그에 따라 대용량 플래시 메모리 시장이 빠르게 성장할 것이라는 게 보였습니다.

총 200명으로 해서 일명 'SSD팀'을 만들었습니다. 소프트웨어 인력은 윤종용 부회장의 도움으로 40~50명의 인력을 본사에서 확보할 수 있었고요.

1차 타깃은 노트북이었습니다. 그때까지 모든 PC와 노트북의 메모리는 HDD였는데 당시만 해도 플래시 메모리 값이 너무 비싸고 스토리지 용량이 작아서 경쟁이 안 됐지만 기술 개발로 메모리 용량을 늘리고 가격을 낮춘다면 압도적 경쟁력을 가질 수 있다고 보았습니다.

우선 캠코더나 산업용 애플리케이션에 적용할 16GB SSD, 32GB SSD 생산을 시작으로 2005년 플래시 기반의 스토리지 시장에 진입했고 2006년에는 32GB SSD를 개발해 당시로서는 가장 가벼운 노트북이었던 삼성전자 '센스Q'에 탑재했습니다. 이듬해 2007년에는 64GB SSD가 탑재된 애플의 맥북 에어가 탄생하게 됩니다.

맥북 에어와 아이패드는 기존 하드디스크 대신 삼성전자 SSD를 탑재하면서 노트북과 스마트폰 간의 경계를 무너뜨리는 새로운 시장을 만들어나갔습니다. 잡스가 모바일 시대를 예견하고 글로벌 모바일 혁명의 포문을 열었다면 SSD는 삼성이 단독으로 개발해 메모리 반도체를 실현하고 완성한 제품입니다.

이건 여담인데요. 잡스로부터 이병철 선대 회장과의 인연을 들을 기회가 있었는데 애플 초창기 때 삼성전자에 주문한 부품에 결함이 생겨 컴플레인을 했더니 선대 회장이 엔지니어들을 급파해 문제를 해결해준 적이 있다는 겁

이병철 삼성그룹 창업주(오른쪽)와 스티브 잡스 애플 창업주가 1983년 11월 서울 중구 태평로 삼성 본관 호암 집무실에서 이야기를 나누고 있다.

니다. 그러면서 삼성에 좋은 인상을 갖게 됐다는 거였죠. 미래를 내다보고 성심을 다해야 한다는 선대 회장 말씀이 귓전에 울리는 듯했습니다."

일본을 이겨보자는 생각으로 삼성행을 결정하다

황 전 사장은 삼성과 어떻게 인연이 됐을까.

"1988년 10월경으로 기억합니다. 호암이 도쿄 선언을 한 지 만 5년 되는 해죠. 매사추세츠 주립대에서 반도체 관련으로 전기공학 박사 학위를 받고 스탠퍼드대 연구원으로 일하고 있는데 삼성반도체 기획실장이란 분이 찾아왔습니다. 삼성이 반도체를 하고 있다는 건 간접적으로 들어 알고 있었지만 구체적으로 뭘 어떻게 하고 있는지에 대해서는 잘 모를 때였습니다. 기획실장은 제게 입사 제의를 해왔습니다.

일단 생각해보겠다고 했습니다. 그러던 중 함께 스탠퍼드대 연구원으로 일하고 있던 일본인 교수가 안식년을 맞아 일본에 머물고 있었는데 어느 날 일본 주요 반도체 기업들이 주최하는 세미나에 오지 않겠느냐는 제안을 해왔습니다.

그의 초대로 일본에 10일간 머물며 도시바, 히타치, NEC 등 세계 최고 6개 회사 방문과 강의, 간략한 컨설팅도 하는 기회를 가질 수 있었습니다. 첨단 반도체 현장을 둘러보고 연구소장들을 만나며 왜 그들이 최고인지를 확인할 수 있었던 값진 경험이었습니다. 일정 마지막 날, 히타치 반도체연구소 부소장과 저녁을 먹었는데 돌이켜보면 삼성행行을 결심한 결정적 계기가 됐던 것 같아요."

— 왜요?

"부소장이 제게 '삼성이 반도체를 하고 있는 것에 대해 어떻게 보느냐'고 물었습니다. '미국에만 있어서 솔직히 잘 모르고 있다'고 했더니 입가에 살짝 미소가 번졌습니다. 잠시 후 그는 이렇게 말했습니다. '삼성이 철옹성 같은 일본 실력을 따라잡으려면 상당한 시간이 걸릴 겁니다.'

말과 얼굴 표정에서 무시하고 있다는 게 역력히 느껴졌어요. 미국으로 돌아오는 내내 마음이 불편했고 어떤 오기 같은 게 올라오더군요. 일본을 한번 이겨보자는 생각이 들었습니다. 결국 1년 뒤에 서울로 향했습니다. 1989년이었습니다."

— 본래는 임원급 제의를 받았는데 부장을 달라고 하셨죠.

"네. 삼성에 뿌리를 박으려면 계약직 임원이 아닌 부장급으로 가야 한다고 생각했습니다. 제가 맡은 일은 '기술 관리'가 아니라 '기술 개발'이었기 때문에 사무실이 아닌 실험실을 지켜야 한다는 생각이었죠. 그땐 부장 월급이 정말 얼마 되지 않았습니다. 거의 3년간을 연구원들, 직원들하고 부대끼면서 지냈는데 그 시간이 나중에 반도체 총괄 사장까지 하는 데 큰 도움이 됐다고 생각합니다."

— 구체적으로 무슨 일을 맡았나요.

"처음 와서 맡았던 보직은 디바이스 개발 담당이었습니다. 직원들의 의지도 좋았고 일사불란하게 도전하는 정신도 좋았습니다. 특히 반도체 사업을 꼭 성공시키고야 말겠다는 이건희 회장님의 열정과 지속적이고 과감한 투자가 큰 믿음을 줬습니다.

문제는 회사 분위기가 '우물 안 개구리' 같다는 거였습니다. 우선 세계시장 동향이 어떻게 흘러가고 있는지에 대해 잘 모르고 있었고 미국, 일본 회사들과의 정보 교류는 물론 개발자들이 학회에 논문을 발표하는 일도 없었습니다. 저는 우선 세계 최첨단 반도체 기술 조류에 대한 정보를 공유하고 이들과 인적 네트워크를 만들어야겠다고 생각했습니다.

일본 학자들은 ISSCC에 논문을 발표하고 바로 실리콘밸리 메카라고 하는 스탠퍼드대로 가서 강의하는 걸 최고 영예로 알고 있었습니다. 하지만 삼성은 그때까지만 해도 한 번도 그런 적이 없었어요. 저는 우선 스탠퍼드대 연구원으로 있을 때 맺었던 일본인 학자들과의 네트워크, 또 일본 반도체 6개 회사 투어 때 맺었던 인연들을 총동원해 '기술 교류를 하고 싶다'고 일일이 편지를 쓰기 시작했습니다."

— 구체적으로 어떤 내용으로요?

"삼성은 아직 당신네 회사들만큼 경쟁력을 갖고 있지 않지만 굉장히 투자를 많이 하고 있고 좋은 인재들이 속속 모여들고 있으니 앞으로 서로에게 도움이 되는 윈윈 방안이 있을 것이라고 썼습니다. 답장이 오긴 했는데 썩 적극적이지는 않았어요. 그래도 계속 보냈습니다. 그러다 마침내 1990년 우리 박사급 엔지니어 7~8명 정도를 꾸려 일본 반도체 회사들을 돌아볼 수 있는 기회가 생겼습니다. 어렵게 문을 열어줬다 해도 일본 사람들이 처음엔 굉장히 불편하게 생각하는 분위기가 있었는데 시간이 흐르면서 나중에는 아주 성의 있게 우리를 대해줘 저희가 오히려 놀랄 정도가 됐습니다."

— 아무리 그렇다 해도 보안이 생명인 반도체 기술을 다 보여주지는 않았을 텐데요.

"그렇습니다. 최고 전문가들과 하루 종일 분야별 회의를 마치고 정종까지 곁들여 저녁을 먹고 호텔로 돌아와 각자 보고 들은 걸 밤을 꼬박 새워가며 재구성한 적도 있습니다. 그런 식의 기술 교류를 NEC, 히타치, 도시바와 10년 넘게 했습니다.

초기에는 우리가 '해달라'고 매달리다시피 했는데 중간 즈음 가면서부터는 오히려 그들이 우리에게 '와달라'는 형국이 됐습니다. 어떤 회사는 자기네 개발 심장이자 내부 직원들에게도 잘 공개하지 않는 연구개발실과 공장

fab(팹)까지 보여준 적도 있었습니다.

어떻든 그런 경험을 통해 우리 엔지니어들의 눈이 서서히 뜨이기 시작했습니다. 실험실에 앉아 열심히만 하면 될 거라고 생각했는데 세계 최신 반도체 기술이 어디까지 와 있는지를 현장에서 체험하고 느끼면서 도전 의식이 생기는 계기가 됐으니까요. 또 얼마 후 제가 ISSCC 심사위원이 되면서 최첨단 정보를 담은 논문들을 남들보다 6개월이나 1년 먼저 접할 수 있었던 것도 새로운 기술 조류를 배우고 알아가는 데 큰 도움이 됐습니다."

개발팀 책임자로서의 첫 신고식

황창규 전 사장은 널리 알려졌다시피 세계 최초 256M D램 개발을 주도했다. 그가 이건희 회장과 긴 대화를 나눈 것은 이즈음이었다고 한다.

— 1994년 8월 29일 세계 최초로 256M 개발에 성공해 세계를 놀라게 했습니다.

"2년여 노력 끝에 시제품 설계에 성공하고 4개월 뒤 완전 성공했습니다. 며칠 후 회장님이 주도하시는 '신제품 개발 보고 및 사장단 회의'가 열렸는데 그때 처음 가까이에서 회장님을 뵀어요. 명품 TV와 256M 보고회가 함께 준비됐는데 호암 선대 회장이 아끼던 한남동 고택 한옥 거실에 TV와 256M 전시실이 꾸며졌습니다. 거실 전면에 삼성 명품 TV와 소니, 파나소닉 같은 일본 경쟁사 브랜드 TV가 함께 놓였는데 그 자체로 볼거리가 화려

했습니다.

256M는 엄지손톱보다 작은 크기여서 자세히 보려면 전자현미경으로 봐야 합니다. 한쪽에 설계 도면과 전자현미경을 놓았는데 전시 공간만 놓고 보면 TV에 비해 단출하달까, 초라하달까…. 당시 이사였던 제가 개발 책임자로 회장님께 직접 설명을 하기로 돼 있었습니다. 드디어 회장님과 그룹 사장단 수십여 명이 거실로 들어서면서 보고회가 시작됐습니다. TV 보고에만 30~40분이 걸렸습니다. 회장님은 디자인, 색상, 유저 인터페이스User Interface, UI 등 다양한 분야에 대해 질문을 했고 '수고했다'는 덕담과 함께 '그래도 갈 길이 멀다'는 말씀도 잊지 않았습니다.

드디어 제 보고 시간이 됐습니다. 좀 떨리긴 떨렸습니다(웃음). 저는 개발 총책임자라고 인사를 한 후에 반도체에 대한 개괄적 소개, 개발 과정과 관련한 설명을 하기 시작했습니다. 한 5분쯤 지났을까요, TV 설명을 들으실 때는 이것저것 질문도 하시고 말씀도 많이 하셨던 회장님이 듣고만 계신 거예요. 물론 반도체는 전문 용어가 많고 눈에 보이는 거라곤 손톱만 한 크기의 칩과 설계 도면이 전부였으니까 이해도 됐습니다.

하지만 '이대로는 안 되겠다'는 생각에 하던 말을 멈추고 갑자기 '회장님, 미국 인구가 2억 7,000만 명입니다'라고 했습니다. 그랬더니 회장님이 무슨 생뚱맞은 소리냐는 표정으로 저를 쳐다보셨습니다. 화제 전환과 주의 환기(?)에 성공했다고 판단한 저는 일사천리로 설명을 이어갔습니다.

'미국이 세계 최고의 경제와 기술, 문화를 이끌고 있다고 하지만 우수하고 뛰어난 사람만 있는 게 아닙니다. 사회에 짐이 되는 사람도 많습니다. 그래도 세계 최고 강국이라고 합니다. 저희가 만든 256M D램에도 미국 인구와 똑같은 2억 7,000만 개 방(셀Cell)이 있습니다. 하지만 여기서는 하나라도 불량이 생기면 팔지를 못합니다.' 회장님은 저를 쳐다보며 환히 웃으시더니 '그거 좋은 비유네!' 하셨습니다. 사장단들도 따라 웃었습니다.

이후 굉장히 밝은 분위기에서 보고회가 진행됐습니다. 저는 회장님이 전자현미경으로 D램 내부 구조를 볼 수 있도록 안내했고 설계 도면도 보여드리며 전문적인 설명을 이어갔습니다. 회장님은 30분 넘도록 귀를 기울이셨습니다.

자리를 정돈하고 회사로 돌아갈 채비를 하고 있는데 곧 이어진 사장단 회의에 '들어오라'는 지시를 받았습니다. 이사 신분으로 예정에 없던 사장단 회의에 참석하게 된 거죠. 회장님께서 '모처럼 기분 좋은 행사였다'는 덕담을 해주셨습니다.

그리고 한 달 후인 9월 26일에는 '256M D램 개발 축하연'까지 마련해주셨습니다. 각계 인사 550여 명이 참여한 가운데 개발 총책임자로 단상에 나가 인사도 했습니다. 이 모든 과정이 제게는 엔지니어로서만이 아니라 개발팀을 이끄는 책임자로서의 신고식과도 같았습니다."

— 한남동에서의 첫 개발 보고회 이전에는 회장을 가까이 뵌 적이 없었네요.

"네. 개발 일정이라든가 방법이라든가 그런 거에 대해서 이야기를 나눈 적은 전혀 없었습니다. 모두 믿고 맡겨주신 거죠."

1994년 8월 세계 최초 256M D램 개발 과정과 기술 내용을 이건희 회장에게 설명하는 황창규 전 사장.

이건희 회장과 함께 반도체 공장을 둘러보는 황창규 전 사장(왼쪽에서 세 번째).

안전한 길을 버리고 택한
'마이 웨이'의 대성공

앞서 임형규 전 사장 말에서도 확인할 수 있었듯 삼성반도체 플래시 메모리 사업은 한때 존폐 위기까지 갔을 정도로 불투명했던 사업이었다. 그랬던 것이 D램 신화에 이은 제2 반도체 신화를 만들어낸 것은 기술적 선택에 대한 이건희 회장의 과감한 결정이 있었다. 그 결정적 장면이 바로 2001년 8월 '자쿠로 미팅'이었다고 한다. 황창규 전 사장 말이다.

"이른바 삼성의 전직 고위 경영자들 사이에서 회자되는 '자쿠로 미팅'은 향후 반도체 역사에서 가장 중요한 사건이라 할 만합니다. 지금의 삼성반도체의 위상을 만들고 글로벌 모바일 시장을 앞당기는 계기가 됐으니까요."

—'자쿠로'라는 말부터가 재미있네요.

"일본 도쿄 오쿠라 호텔 옆에 있는 샤부샤부 전문 식당 이름입니다. 보안 문제 때문에 호텔이 아닌 식당에서 회의를 했는데 그 이름을 딴 겁니다. 그 모임이 중요한 이유는 회장님께서 플래시 메모리 개발과 관련해 도시바가 제안한 합작 제의를 거절하고 '마이 웨이'를 선언한 날이나 마찬가지이기 때문입니다. 그날의 결정으로 삼성의 대반전이 시작되니까요.

당시 도시바는 낸드 플래시 메모리의 최강자였습니다. 플래시 메모리는 용량 위주로 저장이 편리한 낸드와 속도 중심인 노어 두 종류가 있는데 당시엔 노어가 시장점유율 85%로 대세이던 시절이었습니다. 그러던 게 2004년부터 낸드로 대세가 바뀌는데요. 어떻든 당시 낸드 플래시 시장에서 도시바는 점유율 45%로 1위, 삼성은 25%로 2위였습니다. 기술 수준도 삼성이 한 세대 내지 두 세대 뒤처져 있었고요.

그런데 어느 날, 도시바 측에서 자기네들에게 D램 기술을 전수해주면 낸드 플래시 기술을 주겠다는 제안을 해옵니다. 조인트 벤처Joint Venture를 만들자고까지 하면서 말이죠. 눈이 번쩍 뜨이는 제안이었죠. 위 경영진은 '1등이 조인트 벤처 하자고 하는데 당연히 해야지'라고 회장님께 보고를 한 모양이었습니다. 어느 날 우연히 그 소식을 전해 들은 저는 바로 이학수 비서실장에게 긴급 면담을 요구해 3시간가량 설명을 했습니다."

—어떤 내용이었나요.

"한마디로 도시바의 제안을 거절하자는 거였죠. 이미 자체적으로 연구개발과 생산 라인까지 준비하고 있으니 조금 기다려달라는 거였습니다. 실제로 저는 플래시 메모리가 앞으로 삼성의 미래 운명을 결정지을 중요한 제품이 될 것이며 모바일 시장을 리드하게 될 것이라고 확신하고 있었습니다. 1998년 연구소장이 되면서부터 만반의 준비를 시작했고요.

그래서 이학수 실장에게 '현재는 도시바보다 기술이 1~2년 뒤처져 있지만 최근에 512M 플래시를 개발했고 이런 추세라면 1G 플래시는 일본보다 앞서 개발할 수 있다. 인텔이 CPU를 주도해 PC 시장을 장악했다면 이제는 삼성이 플래시를 주도해 미래 시장을 선점할 수 있다'고 3시간여 동안 설득했습니다.

제 이야기를 다 들은 이 실장은 일본에 머물고 계시던 회장님께 직접 전화를 걸어 '보고 자리'를 마련했습니다. 그리고 이틀 뒤 긴급하게 경영진이 오쿠라 호텔 옆 자쿠로 식당에 소집된 겁니다. 러시아에 출장 중이던 윤종용 부회장도 오셨고 저는 서울에서 이윤우 반도체 총괄 사장과 함께 날아갔습니다. 그날 저녁 그 맛있는 샤브샤브 요리를 한 점도 먹지 못하고 회장님께 보고를 했습니다(웃음)."

"우리 페이스대로 갑시다"

— 회장님 반응은 어땠나요.

"제 설명을 다 들으시고는 '해볼 만한가?' 물으셨습니다. 저는 '자신 있다'고 했습니다. 그랬더니 한참 동안 아무 말씀을 안 하셨어요. 다시 긴 침묵이 흐른 뒤 '미래엔 D램이 없어진다며?' 하고 물으셨습니다. 저는 '그렇지 않습니다. PC 시대에서는 D램이 CPU의 보조 부품 정도 역할을 했지만 앞으로 모바일 시장이 오면 저低전압, 저전력 기술만 있으면 되는 모바일 D램이 주도하게 될 겁니다. 앞으로는 모바일 시대입니다. 그렇게 되면 D램 시장은 커질 수밖에 없습니다. 그래서 이미 제품 이름도 '모바일 D램'으로 정하고 개발을 진행 중에 있습니다'라고 말씀드렸습니다.

그러자 '자신 있나?' 또 물으시는 거예요. 지금 생각해도 그땐 무슨 배짱이 있었는지 '2년만 주십시오. 시장을 바꿔놓겠습니다' 했죠. 순간, 회장님 얼굴에 웃음이 번지는 것을 봤습니다. 그러더니 이렇게 딱 잘라 말씀하셨습니다. '도시바에는 기분 나쁘지 않게 예의를 갖춰 정중히 '노'를 하고 우리 페이스대로 갑시다.'

나중에 알게 된 거지만 회장님은 이미 여러 경로를 통해 도시바의 제안 내용을 소상히 파악하고 있었고 그날은 사실 저의 최종적인 의견을 들어보려고 하신 거였습니다.

어떻든 그날 회장님의 결정으로 도시바로서는 삼성전자를 끌어들여 낸드 플래시 시장을 독점하겠다는 계획이 무산됐습니다. 삼성으로서는 1위 사업자와 손을 잡고 시장을 안정적으로 나눠 먹을 수 있는 편안한 꽃길 대신 독자 개발과 독자 노선이라는 험한 승부수를 던진 것이었고 그것은 대성공이었습니다."

실제로 삼성은 그로부터 불과 몇 개월 지난 2001년 가을, 세계 최고 집적도를 자랑하는 1G 낸드 플래시 메모리 양산에 성공했다. 도시바를 이기는 역전 드라마의 시작이었다. 그리고 마침내 다시 1년 만인 2002년 도시바를 따라잡고 낸드 플래시 시장 1위에 오르는 기염을 토하게 된다.

삼성전자 낸드 플래시 점유율은 2000년 25%에서 2002년 45%, 2004년에는 54%로 급등한 반면 도시바는 2000년 45%에서 2004년 32%로 급감했다. 삼성전자는 플래시 메모리 전체 시장에서 2000년 3%로 시작해 2002년 14%, 2005년에는 35% 정도를 점유하고 있는데 현재까지도 이 점유율은 유지되고 있다.

플래시 메모리, 미래의 먹거리

— 왜 플래시 메모리에 주목했나요.

"1993년도에 삼성이 세계 1위 반도체 회사가 되지 않습니까. 마켓 셰어 12%~13%로 말이죠. 다 알다시피 PC 시대였기 때문에 CPU가 주도를 했고 D램은 보조 부품이었죠. 그 시장에서 인텔은 25년간 세계 1등으로 독보적인 기업이었습니다. 그런데 저는 1990년대 후반기부터 앞으로는 모바일 시대가 올 거라고 생각했습니다. 그걸 일본을 통해서 배웠고 기술도 벤치마킹했고요. 그래서 연구소장이 됐을 때부터 임원들을 모아 '플래시 연구회'를 만들어서 준비를 했습니다."

황 전 사장은 2001년 8월 '자쿠로 미팅'에 이어 2002년 사장단 회의에서 공식적으로 '플래시 메모리가 이끌 미래'에 대한 보고를 한다. 그의 책 《빅 컨버세이션》에서 관련 대목을 인용한다.

2002년 4월 19일 '미래 먹거리'를 주제로 이건희 회장님 주재 1박 2일 '전자 및 관계사 사장단 회의'가 열렸다. 나는 최근에 읽은 클레이튼 크리스텐슨 교수의 석 장짜리 논문인 '마이크로 프로세서 사업의 미래'를 들고 회의 장소로 갔다. 20여 명의 사장단과 비서팀 관계자 30여 명이 모인 자리에서 가장 먼저 발표자로 호명됐다.

크리스텐슨 교수는 논문에서 인텔의 CPU는 고가高價의 발전된 기술이지만 곧 한계와 딜레마에 빠질 수밖에 없다고 했다. 그 내용을 내 언어로 정리하며 현재의 위기를 타개할 혁신의 길을 소개할 참이었다. 다른 경영자들이 자료를 배포하고 PPT 화면을 점검할 때 머릿속으로 발표 내용을 다시 정리했다. 만반의 준비를 마쳤을 때 내 이름이 호명됐다.

"지금 제 손에 들려 있는 것은 하버드 비즈니스 스쿨의 저명한 교수가 쓴 석 장짜리 논문입니다. 크리스텐슨 교수는 인텔에 3년간 자문을 하며 이 논문을 썼습니다. 결론적으로 말씀드리면 '앞으로는 모바일 시대가 올 것이고 그렇게 되면 '무어의 법칙'을 추종하는 마이크로 프로세서 메이커들은 급변하는 시장에서 마켓 셰어를 잃을 수 있다'는 겁니다."

회의장 공기가 무겁게 가라앉았다. 당시 주요 정보통신 기기는 PC였기 때문에 인텔의 CPU는 컴퓨터의 메인 상품으로 전 세계에 높은 가격으로 팔리고 있었다. 이런 상황에서 'PC 시대에서 모바일 시대로 넘어가면 CPU의 패러다임이 무너지고 새로운 패러다임이 도래할 것'이란 이야기는 자칫 신기루로 비칠 수 있었다. 나는 이 자리에서 미래를 이끌 새로운 혁신 기술로 '플래시 메모리'를 소개했다.

"크리스텐슨 교수는 여기까지 쓰지 않았지만 저는 앞으로 닥칠 모바일 시대에는 값은 저렴하지만 효용은 높은 '차세대 기술'이 새로운 패러다임을 이끌 것으로 생각합니다. 고객에게 필요한 것은 플래시 메모리와 같은 저비용 혁신 기술입니다."

요지는 CPU가 아니라 메모리 반도체 중심이 되는 세상이 온다는 것이었다. 모바일 시대가 되면 네트워크 환경에서 정해지는 '속도' 구현보다 '저장 용량' 확보가 중요한 가치가 될 것이고 사진과 비디오 등 고용량 콘텐츠를 저장해야 하므로 '플래시 메모리' 같은 기술이 진가를 발휘할 것이다. 논문에서는 여기까지 답을 주지 않았지만 내 결론은 플래시 메모리 개발에 우리의 에너지를 모두 집중해야 한다는 것이었다.

"이 기술을 활용한다면 현재의 시장을 와해시키고 우리가 미래를 석권할 수 있습니다."

10여 분 만에 발표를 마치고 자리에 앉았다. 조용한 가운데 이건희 회장님으로부터 반도체 개발 전략에 대해 이해를 했다는 사인을 받았다.

한참 시간이 흐른 뒤에 '왜 하필 사장단 회의에서 나를 가장 앞서 발표를 하도록 했을까?'라는 의문을 가져본 적이 있다. 이 의문에 대한 나의 합리적 추론은 회장께서 '자쿠로 미팅'에서 도시바와의 협력을 거절하기로 하고 플래시 메모리 반도체에 힘을 실어주기 위해 사장단의 합의를 이끌어내려고 했던 것은 아니었을까 였다.

'자쿠로' 미팅에서 회장으로부터 독자 사업으로의 플래시 메모리 개발과 생산에 대한 전폭적인 힘을 받았던 황 전 사장은 이날 회의 이후 반도체 개발에 대한 전권을 위임받고 플래시 메모리 개발에 가속도를 더한다.

하늘이 내려준 노키아와의 협업

삼성은 초기 플래시 메모리를 개발할 때 어느 것이 앞으로 더 우세해질지 몰라 노어형과 낸드형 둘 다 개발에 착수했었다고 앞서 언급한 바 있다. 이 중 노어 플래시와 관련한 기술 개발은 하늘이 내려준 기회가 출발이었다고 황 전 사장은 회고한다.

"앞서 말했다시피 초기에 대세는 노어였습니다. 그런데 삼성은 점유율이 1% 미만으로 매우 미미했습니다. 2001년 11월경으로 기억하는데요. 사내에서 노어 플래시 워크숍을 하기로 한 날이었어요. 갑자기 핀란드 노키아 회장 특사가 저를 만나러 찾아왔다는 거예요. 자기네 회장 말을 대신 전하러 왔다면서 말이죠."

— 무슨 말이었나요.

"64M와 128M 고용량 노어 플래시를 만들어주면 시장점유율은 원하는 대로 보장해주겠다는 거였습니다. 놀라운 제안이었죠. 그런데 조건이 만만치 않았습니다. 당시 용량이 가장 큰 노어 플래시는 32M였는데 64M, 128M는 이보다 2배, 4배 큰 거 아니겠습니까. 한 세대 앞선 최첨단기술이었죠. 삼성 실력을 뻔히 알고 있을 텐데 왜 우리에게 제안을 했을까 궁금했습니다. 그럴 만한 이유가 있었더군요. 당시 세계 1위 휴대폰업체였던 노키아는 인텔로부터 노어 플래시를 100% 공급받고 있었는데 갑자기 인텔이 가격을 올리겠다고 하는 바람에 다른 공급선을 찾다가 삼성을 찾아오게 된 거였습니다.

우리로서는 절호의 찬스였지만 제시한 기한이 너무 짧았습니다. 개발과 승인에 족히 1년은 넘게 걸릴 텐데 9개월 안에 맞춰야 하고 60일이 걸리는 300단계 공정을 20일 안에 끝내야 하는 거였죠. 그야말로 '가슴을 졸이고 피를 말리는 수준'이었습니다. 하지만 해보기로 했습니다. 천신만고 끝에 9개월 만에 시제품 개발에 성공해 당장 헬싱키로 날아갔습니다.

그리고 현지에서 시제품 테스트 결과를 받았는데 아, 이게 웬일입니까. 99.9% 실패였습니다. 정말 어처구니가 없었습니다. '아, 역시 너무 무리한 일정이었구나…' 호텔 방에 누웠는데 잠이 오겠어요. 이리 뒤척 저리 뒤척 하는데 점점 이상하다는 생각이 드는 거예요. 아무리 그래도 실패율이 99.9%라는 건 현실적으로 불가능한 것 아닌가, 테스트 조건이 잘못된 것은 아닌가 이런 생각이 들었죠. 바로 기흥으로 연락해 다시 테스트를 해보라고 했지요. 아니나 다를까, 다음 날 나온 결과는 100% 성공이었습니다. 하룻밤 사이에 지옥과 천당을 오간 거죠."

삼성은 이로써 노키아에 노어 플래시 메모리 반도체를 안정적으로 공급하게 되면서 긴밀한 협력 관계를 맺는다. 반도체를 지렛대 삼아 삼성그룹 계열사들이 노키아와 거래할 수 있는 물꼬도 트였다. 노키아 올릴라 회장은 공급업체 대표와는 만나지 않는다는 룰을 깨고 황 전 사장과 1년에 두 번씩 만났다고 한다.

— 이건희 회장도 핀란드에 갔던 적이 있지요.

"2003년 6월 윤종용 부회장과 함께 핀란드에 가서서 올릴라 회장을 만났습니다. 당시 노키아는 휴대폰 시장에서 글로벌 시장 점유율이 45%에 달했던 독보적인 회사였지요. 2004년 삼성전자 메모리 반도체 매출 중 노키아 관련 매출은 2조 원에 달합니다.

노키아와의 파트너십이 삼성반도체에 행운을 가져다준 것은 매출액 신장 때문만은 아니었습니다.

처음부터 저는 노키아와의 거래가 단순히 '노어 플래시 점유율 상승' 정도로 끝나지 않을 것이라 예상했습니다. 노어 시장을 확고히 한 후 낸드 시장을 성장시키는 것이 저의 '빅 픽처'였으니까요.

노어를 낸드로 바꾸는 작업을 위해 수십여 명의 삼성 엔지니어를 노키아에 상주시켰고 '다가올 멀티미디어 중심의 모바일 시장에서는 속도뿐 아니라 용량에서도 만족할 만한 품질이 나와야 한다'고 설득해 결국 노어의 장점과 낸드의 장점을 함께 결합한 퓨전 메모리 반도체 '원 낸드'를 성공시키게 됩니다."

2002년에 나온 '원 낸드'는 낸드의 장점인 용량과 노어의 장점인 속도를 하나에 담았다는 뜻의 퓨전 반도체다. 2003년 플래시 메모리 시장 1위 인텔을 이기게 한 일등 공신이다.

세계 최고 원천기술을
가진 회사가 되다

황창규 전 사장은 또 노키아와의 협업 과정에서 모바일 D램 개발에도
박차를 가하게 됐다고 한다.

"스마트폰 하면 아이폰(2007년)을 떠올리는 사람이 많지만 세계 최초 스마
트폰은 1993년 IBM이 내놓은 '사이먼'입니다. 3인치 터치 스크린에 이메
일, 팩스, 메모장, 게임 기능이 가능했지만 899달러라는 높은 가격과 불편
함 때문에 대중화에 실패했습니다. 이를 본 노키아는 3년 뒤 '노키아 9000
커뮤니케이터'라는 스마트폰을 세상에 내놓았는데 두 개의 판이 붙어 있는
형태로 휴대하기에는 너무 크고 무거웠지요. 필통 같아 보였습니다.
문제는 CPU를 감당하는 배터리였습니다. 노키아도 알고는 있었지만 해결

책이 없어 난감해하고 있었죠. 저는 직감적으로 모바일용 저低전력 CPU와 D램이 필요하다는 것을 간파했습니다. 이건희 회장님이 자쿠로 미팅에서 'D램이 미래에는 없어진다는데?'라는 질문에 'D램은 모바일 D램으로 진화해 더 큰 시장을 이룰 것'이라 답했다고 했잖아요.

저는 속전속결로 개발팀을 꾸렸고 마침내 2004년 5월 세계 최초로 256M 모바일 D램을 개발해 노키아 휴대폰에 탑재했습니다. 이어 2005년 1월에는 512M 모바일 D램을 개발해 애플의 아이팟 나노, 맥북 에어, 아이폰에도 탑재하기에 이릅니다."

"반도체 미래 20년을 준비하라"

삼성은 2008년 낸드 플래시 메모리 기술을 또 다른 차원으로 끌어올리는데 바로 'CTF 기술'이다. 이전까지의 낸드 플래시에는 도시바에서 개발한 플로팅 게이트 기술이 30년간 사용됐으나 미세화가 진행되면서 셀 간 간섭 문제가 나타났다.

CTF는 전하를 도체가 아닌 원자 단위 얇은 복합 물질로 구성된 부도체에 저장하는 혁신 기술이다. 여기에도 이건희 회장의 동기부여가 있었다고 한다. 황 전 사장 말이다.

"기술 개발에 5년여가 걸린 CTF는 미래 반도체의 핵심 과제였던 초미세화, 고용량화, 고성능화를 동시에 해결한 오늘날 반도체 혁신 기술의 결정판이라고 할 수 있습니다. 마치 고층 건물을 쌓듯 얇은 막의 셀을 수직으로 쌓을 수 있는 혁신적 패러다임의 전환을 가져온 기술이거든요. CTF 기술은 삼성전자가 원천 기술과 특허를 보유하고 있는데 이 독보적인 기술이 나온 배경도 회장님의 지시가 있었습니다."

─ 그게 언제인가요.

"2003년 노무현 대통령이 주재한 재계 총수들과의 경제 활성화 회의에서 제가 회장님을 대신해 발표를 했습니다. 회의가 끝난 후 회장님께서 '차나 한잔하자'고 해서 자택까지 갔습니다. 많은 대화를 나눴습니다. 반도체업계 현황에서부터 향후 개발 로드맵, 반도체에서 갈수록 중요해지는 소프트웨어의 중요성, 낸드 플래시 시장의 미래, SSD에도 소프트웨어가 엄청나게 많이 필요하다 등등 박사급 전문가들이나 이해할 법한 이야기를 모두 해드렸습니다.

그랬더니 '반도체의 미래 10~20년을 준비하는 창의적인 연구팀을 만들어보면 어떻겠느냐'고 하셨어요. 그렇지 않아도 연구소장에 취임한 후 연구팀을 만들어 다양한 아이디어를 취합하고 있었는데 그런 말씀을 하시니 확실한 동기부여가 됐죠. 회장님은 '연구팀에 기본적으로 상위 평가를 주라'고도 하셨습니다.

바로 다음 날 출근하자마자 공정, 소자, 설계 관련 핵심 인력을 중심으로 7, 8개 미래 연구팀을 구성했습니다. 팀당 작게는 3, 4명 많게는 10명 이내로 창의적이고 도전적인 과제들을 진행하도록 했습니다. 아이디어는 참신해도 가능성이 희박하다는 현실적 어려움 때문에 그동안 시도하지 못했던 다양한 연구들이 진행됐는데 여기서 홈런을 친 게 바로 CTF 설계, 공정 프로젝트였습니다.

CTF 기술이 개발됐을 때 회장님께서 개발 주역들을 격려하는 자리를 마련해주셨습니다. 제가 '그때 회장님이 연구팀 만들어보라고 하셔서 이렇게 성공했습니다. 이게 상용화되는 시점에는 우리가 특허료를 내왔던 도시바로부터 특허료를 받게 됩니다. 삼성이 명실공히 세계 최고 원천 기술을 가진 회사로 바뀌게 되는 겁니다'라고 말씀드렸죠.

또 세계적으로 가장 권위 있는 공정 소자 학회인 IEDM에 CTF 논문이 발표될 것이라며 논문도 보여드리니까 회장님께서 시종일관 감격스러운 표정으로 몇 번이고 고개를 끄덕이시던 모습을 잊을 수가 없네요."

CTF는 실제로 기존 낸드 플래시의 기술적인 한계를 완전히 뛰어넘는 혁신 기술로 인정받아 2005년, 2006년 연달아 IEDM 학회 최고 혁신 논문으로 선정됐다. 또 여러 건의 원천 특허와 수백 건이 넘는 응용 특허를 확보하며 플래시 기술의 표준이 됐다.

삼성은 CTF 기술을 기반으로 2006년 세계 최초 45나노 32G 플래시를 개발했으며 2013년에는 역시 세계 최초로 3D 입체 구조로 개발된 24단 128G V낸드 플래시를 개발했다.

"지금 플래시 메모리를 하는 모든 회사들이 CTF를 씁니다. CTF를 못 했던 회사가 인텔이에요. 도시바도 머뭇거리다가 CTF를 쓸 수밖에 없는 상황이 됐고요."

그는 삼성의 성장과 더불어 글로벌 무대에서 이건희 회장의 리더십에 대한 평가가 나올 때마다 감회가 새로웠다고 한다.

"하버드 비즈니스 스쿨에서 삼성반도체 케이스 스터디를 7년이나 했습니다. 교수, 학생 들이 하나같이 입 모아 얘기합니다. 세계 산업사에서 삼성반도체처럼 그렇게 짧은 시간에 세계 최고를 기록하고 또 유지하는 일은 거의 없었던 일이라고요.

MIT대학 빌 게이츠 강당에서 강의를 할 때에는 400여 개 좌석이 꽉 차고 100명은 못 들어올 정도로 성황이었습니다. 맨 마지막에 도시바 연구원 출신 박사과정 학생이 자기가 도시바를 떠나올 때는 도시바가 낸드 플래시 세계 1위였고 삼성이란 이름은 들어보지도 못했는데 어떻게 역전이 된 거냐며 그 비결이 뭐냐고 물었습니다.

저는 한마디로 '체어맨 리Chairman Lee가 계셨기 때문에 이 모든 것이 가능했다'고 했어요. 그분의 혜안, 결단, 임파워먼트empowerment, 아랫사람에 대한 신뢰, 이 모든 것이 그걸 만든 것이다, 이렇게 말했죠. 정말 박수를 받아야 될 회장님 대신 제가 박수를 크게 받았습니다.

삼성이 없었으면 애플은 존재하지 않았습니다. 그런 시기를 우리가 만들었습니다. 앞으로도 10~20년 어떤 다른 산업들이 존재하겠지만 그 산업 간의 융합에 중요한 부분은 반도체일 수밖에 없습니다."

LEE,KUN-HEE

SEMICONDUCTOR

LEADERSHIP

권오현

"생각의 모든 축을

미래로 집중한

월드 클래스

경영자"

비메모리 반도체 토대를 닦은 주역
"반도체인의 신조는 내 삶의 구호였다"

권오현 전 부회장은 1985년 스탠퍼드대 대학원에서 전자공학 박사 학위를 취득한 후 미국 삼성반도체연구소 연구원으로 삼성에 입사했다. 4M, 16M, 64M D램과 1M, 4M S램 및 4M, 16M 플래시 메모리 공정 개발에 참여해 D램 집적화 기술을 새로운 장으로 이끌며 초격차 전략의 실질적 토대를 닦았다.

미래 반도체 산업을 주도할 비메모리 반도체 사업의 토대를 닦은 전문 경영인으로 평가받는다.

1997년 비메모리 사업부인 시스템 LSI 사업부 제품기술실장, 1998년 ASIC 사업부팀장, 2001년 시스템 LSI 개발실장, 2004년 사장을 맡았다. 2008년 반도체 사업부 총괄 사장을 거쳐 2012년 삼성전자 대표이사 부회장 겸 DS Divice Solution 사업부문장에 올랐다.

그의 진두지휘 아래 삼성전자는 2017년 인텔을 제치고 세계 반도체 1위에 오르는 기염을 토했다. 지적이면서도 끈기와 집념이 강한 원칙주의자이면서도 불필요한 회의를 싫어하고 열린 마음으로 임직원들과 대화하는 것을 즐긴다는 평을 들었다.

2017년 10월 경영 일선에서 물러난 뒤 2020년 3월까지 2년간 삼성전자의 차세대 기술을 연구하는 종합기술원 회장으로서 경영 자문과 인재 육성에 열정을 쏟았다. 현재 삼성전자 상임고문으로 일하고 있다.

그와의 인터뷰는 삼성 서초동 본사 사옥에서 진행됐다.

삼성이 반도체를 하겠다고?

— 어떻게 삼성과 인연을 맺게 됐나요.

"제가 대학에 다닐 때만 해도 연구개발보다 제조, 생산이 더 중요했던 때라 산업계에서 박사 학위 소지자는 그렇게 절실하게 필요로 하지 않았습니다. 박사를 따면 대부분 대학에서 교수를 했죠. 저도 교수가 되리라는 막연한 계획을 가지고 미국 유학을 떠났습니다. 제가 유학을 갔던 1980년대 초 스탠퍼드대 실리콘밸리에서는 애플, 선마이크로시스템즈, 아타리, 인텔 등 수많은 혁신 기업들의 창업이 이어지고 있었습니다.

공학 전공자들이 절대적으로 부족했던 시절이었지요. 박사 학위를 받은 졸업생들은 학계로 가기보다 취업을 했고 어떤 학생들은 학위를 받기도 전에 창업을 했습니다. 이런 스탠퍼드대 분위기는 제게 신선한 충격을 줬습니다. 교수가 되겠다는 꿈에도 변화가 생겼죠.

스탠퍼드대 교수들의 교육 방법도 제겐 큰 도전이었습니다. 그동안에는 어떻게 문제를 풀어야 하는지에 대해서만 교육을 받아왔는데 왜 이 문제를 풀어야 하는지, 무엇을 위해서 풀어야 하는지에 대해 생각하도록 깨우쳐줬으니까요. 학위를 마치고 교수가 되겠다는 꿈을 접고 기업에 들어가 무언가를 만들어봐야겠다는 꿈을 갖게 됐습니다. 스탠퍼드대에서 박사 학위를 받은 게 1985년인데 휴렛팩커드나 인텔 입사를 타진하면서 인터뷰를 하고 있었습니다."

그에게 삼성 입사는 계획에 없었던 일이었다고 한다.

"삼성은 한마디로 존재감이 없던 전자 회사여서 입사해야겠다고 생각해본 적은 없었습니다. 1983년 호암이 반도체 사업에 진출한다는 '도쿄 선언' 소식을 미국에서 전해 들었는데 국내외 정책기관들 모두 회의적이었습니다. 연구 인력도, 생산 경험도, 연구개발을 위한 인프라도 거의 전무한 상태에서 무모한 도전이라는 거였죠. 저도 마찬가지였습니다. '삼성이 반도체를 하겠다고? 그게 되겠나, 그건 아닌 것 같은데…' 그렇게 생각하고 있었습니다.

그런데 실리콘밸리 삼성연구소에서 접촉이 왔습니다. 저는 메모리는 안 했지만 전공이 반도체였기 때문에 관심은 갔습니다. 하지만 '삼성이 제대로 하겠나?' 하는 생각에 거절을 했죠. 그런데 지속적으로 접촉이 왔습니다. 하도 연락을 해와서 어느 날은 '왜 나를 뽑으려고 하느냐?' 단도직입적으로 물었습니다. 그랬더니 당시 시장의 주력 제품이 64K, 256K D램이었는데 '4M를 개발했으면 좋겠다'는 거예요. 귀가 솔깃해졌지요.

당시엔 1M도 도시바에서 겨우 샘플링하는 단계였거든요. 만약 256K를 같이하자고 했으면 별로 흥미가 없었을 겁니다. 그런데 4M를 해보자고 하니까 '재미있겠는데?' 하는 생각이 들었어요. 앞으로 많은 연구가 진행될 것이니 배울 것도 많을 것 같았고요. 한마디로 지적 호기심이 저를 이끌었다고 할까요. '과연 될까? 할 수 있을까?' 의구심도 있었지만 일단 해보자는 마음으로 조인하게 됐는데 이렇게 오래 다니게 될 줄 몰랐습니다(웃음).

―진대제 박사의 권유가 결정적이었다고 들었습니다.

"마치 스토커처럼 따라다니며(웃음) 같이 일하자고 한 분입니다. 스탠퍼드대 선배였거든요. 저보다 1년 먼저 졸업하고 IBM으로 갔다가 삼성으로 옮겼는데 학교 다닐 때 친하게 지내며 같이 공부하던 사이였죠. 그랬던 진 선배가 삼성으로 옮겨서는 매일 저녁마다 제게 전화를 해서 '함께 일하'고 했습니다."

―초기 미국 삼성연구소 상황은 어땠나요.

"1, 2년 전에 들어온 이일복 박사나 이상준 박사처럼 저보다는 연배가 위인 재미 과학자 선배들이 일하고 있었습니다. 그때 저는 처음으로 메모리 반도체를 접하게 되면서 많은 것을 배우게 됐습니다. 실리콘밸리에서 처음 맡은 업무는 4M 공정 기술 개발이었습니다."

그가 한국으로 귀국한 것은 1988년이었다.

"4M가 스택 방식으로 결정되면서 트렌치를 하던 미국 팀이 해체됩니다. 김광호 전 회장님께서 전무인가, 부사장 하실 때인데 실리콘밸리에 오셔서 '이제부터 모든 연구개발은 한국에서 할 테니까 빨리 짐 싸라'고 하셨습니다. 저도 미국에서 평생 살겠다는 생각은 하지 않았기 때문에 바로 귀국을 결심했습니다. 저로서는 모험이었지만 삼성은 뒤늦게 시작한 현대전자나 금성반도체보다는 상당히 앞서 있었기 때문에 잘될 것이라는 믿음이 있었습니다."

— 서울에서는 무슨 일부터 맡았나요.

"공정개발팀장으로 발령받아 일했습니다. 당시 호암의 생각은 똑같은 제품 개발에 미국과 한국 팀을 동시에 경쟁시키면서 더 좋은 걸 선택하겠다는 거였죠. 64K, 256K, 1M까지 그렇게 듀얼 팀 전략으로 갔습니다. 결과적으로는 잘됐으니까 좋은 선택이 됐지만 사실 그 당시 삼성이 반도체를 한다는 것 자체가 난센스였기 때문에 불가피한 측면도 있었으리라 봅니다. 어디서 성공할지 모르니 미국, 한국 두 팀을 모두 가동시켜서 되는 걸 고르자는 전략이었죠.

미국 팀과 한국 팀이 앞서거니 뒤서거니 하면서 개발 경쟁을 벌였지만 똑같은 프로젝트를 하면서 겹치는 일도 있었습니다. 어떻든 4M까지 그렇게 가다가 미국 팀이 해체되면서 국내 팀 안에서 4M, 16M, 64M 동시 개발 경쟁이 시작됩니다."

— 동시 개발 전략은 삼성만의 독특한 방식이었던 것으로 압니다만.

"사실 메모리 사업이 거의 망할 뻔하다 미·일 반도체 협정으로 기사회생한 거거든요. 미국이 일본에 제한을 주니까 반도체 값이 오르고 삼성이 흑자로 반전해 1M 개발의 발판을 만들게 되면서 이후 지속 성장하게 됩니다.

삼성이 D램에서 시장점유율 세계 1등을 하기 시작한 게 1992년부터인데 그전까지만 해도 10여 년 동안 도시바, 히타치, NEC 순으로 1등이 계속 바뀌었습니다. 그 회사들은 한 세대 칩 개발이 끝나면 다음 세대를 개발하는 '순서'에 맞춰 개발팀을 만들었습니다. 하지만 호암도 그랬고 이건희 회장님도 멀티 팀, 동시다발 개발팀을 운영하셨죠."

'한반도는 반도체다'

그는 4M 개발 프로젝트를 계속 이어간다.

"4M가 끝날 무렵부터 팀이 나눠지게 되는데 제가 4M, 진대제 박사가 16M 팀을 이끌었습니다. 4M 개발을 끝내고 64M 개발도 두 개 팀으로 가동하게 되는데 1990년도에 64M 개발 프로젝트 팀장이 됩니다.

미국에서도 주말이나 크리스마스를 잊어버리고 일했는데 한국에서도 정말 '월화수목금금금' 일했습니다. 평일에도 밤 11시, 12시 귀가가 예사였죠.

그때 사무실 벽에 붙은 구호가 '한반도는 반도체다', '일찍 개발하면 13억 원 번다'였습니다. 그게 사실이었습니다.

우리가 워낙 선발 업체들보다 기술이 뒤처져 있었기 때문에 빨리 '캐치 업' 하지 않으면 탈락할 수밖에 없었던 상황이라 진짜 일하는 거 외엔 다른 걸 생각해본 적이 없던 때였습니다. 임원들부터 신입 사원들까지 '뭔가 일을 내

'반도체인의 신조'를 적어 만든 액자.

야 한다'는 절박한 심정이었으니까요.

저를 포함한 모든 삼성반도체 임직원들은 아침마다 '반도체인의 신조 10개' 항목을 외치고 일을 시작했어요. 세계 반도체 시장의 일원으로 살아남겠다는 간절한 바람이자 다짐이 아침마다 사무실에서, 공장에서 울려 퍼졌습니다."

반도체인의 신조 10개 항목은 다음과 같다.

1. 안 된다는 생각을 버려라.
2. 큰 목표를 가져라.
3. 일에 착수하면 물고 늘어져라.
4. 지나칠 정도로 정성을 다하라.
5. 이유를 찾기 전에 자신 속의 원인을 찾아라.
6. 겸손하고 친절하게 행동하라.
7. 서적을 읽고 자료를 뒤지고 기록을 남겨라.
8. 무엇이든 숫자로 파악하라.
9. 철저하게 습득하고 지시하고 확인하라.
10. 항상 생각하고 확인해서 신념을 가져라.

"이 중 맨 앞 두 가지 구호인 '안 된다는 생각을 버려라', '큰 목표를 가져라'는 아직도 제 삶의 구호로 굳건히 자리 잡고 있습니다. 아침마다 함께 구호를 외쳤다는 게 지금 생각하면 무슨 군대냐 하겠지만 이런 단순한 것에 힘이 있다는 것을 경험적으로 깨달은 바가 있습니다.

전 임직원들이 한목소리로 간절하게 외쳤던 아침 구호가 하나둘 현실이 되는 것을 직접 목격했으니까요. 안 된다는 생각을 버리고 큰 목표를 향해 끊임없이 노력하니 정말 꿈이 현실로 됐습니다."

신경영 선언은
반도체 1등이 준 자신감

처음에는 막막했지만 어느 정도 자신감을 갖게 된 건 64M 개발팀장을 맡았던 1990년도 무렵이었다고 한다.

"기술력은 아직 일본이나 미국보다 떨어졌지만 256K, 1M도 하면서 이건 희 회장님이 지속적으로 투자를 하며 생산량을 늘리고 있었기 때문에 마켓 셰어가 계속 늘어나고 있었습니다. 우리도 할 수 있다, 빨리 따라잡자 이런 분위기가 강했으니까요.

1992년은 삼성반도체 역사상 가장 '크리티컬critical'한 해입니다. D램 마켓 셰어가 처음으로 일본을 이기며 세계 1위를 했고 삼성이 64M D램이란 걸 세계 최초로 개발한 해이니까요.

일본 사람들은 64M를 자기들이 먼저 개발했는데 발표를 안 했을 뿐이라고 뒷말들을 했지만 어떻든 삼성이 비로소 양量적인 1위가 아니라 질質적으로도 최고가 됐다는 것을 만방에 알리는 사건이었습니다. 일본 사람들이 속으로 얼마나 경악을 했을지 짐작이 가고도 남지요.

아시다시피 1992년 이후 삼성 메모리 반도체는 계속 1등을 유지하고 있습니다. 일본 사람들은 초기만 해도 삼성의 실력을 미심쩍어하다가 1994년 256M D램 개발에 성공하자 그제야 조금씩 인정을 하기 시작했습니다."

삼성 전체가 '할 수 있다'로 바뀌다

— 이건희 회장은 언제 처음 만나셨나요.

"물론 귀국 이후인데 독대는 아니었고 사장단 회의 같은 자리에서 말석에 앉아 개발 결과를 프레젠테이션하곤 할 때 뵀습니다. 가까이에서 뵌 건 64M D램 개발을 끝내고 삼성 기술상을 받았을 때인데 직접 오셔서 상을 주셨습니다."

— 첫인상은 어땠습니까?

"잘 아시겠지만 굉장히 쿨하시잖아요(웃음). 신기술 개발 완료 같은 보고를 들으셔도 미소만 슬쩍 띠는 그런 스타일이셨습니다. 말씀도 많이 안 하시다가 쓱 질문을 던지셨고요. 그런데 그런 질문들이 정말 예사롭지 않았어요. 지금도 생생하게 기억나는 게 있는데요. 64M 칩에서 전하電荷를 비축하는 커패시터capacitor를 워낙 작게 만들다 보니 기존 평면 구조에서 입체 구조로 해서 만들게 됐어요. 그 보고를 받으시더니 '이렇게 이렇게 하면 더 좋아지는 거 아냐?' 하시는데 저희 같은 기술자들은 미처 생각하지 못했던 걸 직관적으로 꿰뚫어보시는 말씀이어서 깜짝 놀랐던 기억이 있습니다."

― 신경영 선언 당시 프랑크푸르트에 가셨나요?

"저는 가지 않고 2차로 도쿄와 오사카 강의하실 때 갔습니다. 현재 삼성그룹에 남아 있는 사람 중에서는 유일하게 회장님의 신경영 강의를 들은 사람이 아닐까 싶습니다."

― 어떤 게 기억에 남으시나요?

"그때는 제가 개발자였고 직급으로는 이사였습니다. 솔직히 그때는 무슨 말씀을 하시는 건지 잘 이해하지 못했습니다. 겉으로야 알아듣는 척했지만 말씀 대부분이 경영에 관련한 내용이어서 '하나하나가 무슨 의미가 있는 것 같긴 한데 잘 모르겠네' 하는 심정이었습니다.

그러다 제가 점점 직급이 높아지고 마침내 경영을 맡게 되면서 '아, 그때 진짜 대단한 메시지를 내신 거였구나' 새삼스럽게 깨닫는 순간들이 많았습니다. 제가 훗날 경영을 맡은 것이 신경영 선언을 하신 지 25년도 더 넘은 시점이었는데 경영의 본질과 개념을 그때 다 얘기하셨던 거였습니다.

누가 가르쳐드린 것도 아니었을 텐데 이전까지 전혀 들어보지 못했던 새로운 말씀이었다는 걸 나중에서야 비로소 느꼈죠. 그러면서 회장님이 선친 돌아가시고 나서 신경영 선언을 하시기까지 5년 동안 거의 회사도 안 나오시고 두문불출하셨다고 들었는데 그렇게 생각에 생각을 거듭한 메시지를 신경영 선언 때 내놓으신 거였구나 하는 생각이 들더군요."

― 회장이 눌변인 줄 알았더니 사자후를 토하는 모습을 보고 다들 놀랐다고 하

데요.

"맞아요. 평소에는 굉장히 조용하시고 말씀을 많이 하시는 분이 아니었는데 그때는 하루 3~4시간은 기본이고 어떨 땐 10시간 동안 계속 얘기하시는 걸 보면서 깜짝 놀랐죠. 신경영 선언 전에도 그랬지만 이후에도 그렇게 오래 말씀하시는 걸 듣지 못했습니다. 표현이 좀 그렇습니다만, 마치 어린아이가 말문이 터지듯 사자후를 토하시는데 정말 그런 모습을 직접 뵌 건 대단한 경험이었습니다."

권 전 부회장은 이 대목에서 앞서 이윤우 전 부회장 말처럼 "신경영 선언은 반도체 1등이 준 자신감에서 비롯된 것 같다"고 했다.

"개인적인 해석이지만 1992년 메모리 개발에서 질적으로 양적으로 삼성이 세계 1등을 한 경험이 큰 자신감을 준 계기가 아니었을까 해요. 하긴 당연하지 않을까요. 아마 앞으로도 우리나라가 하이테크로 그런 경험을 하기는 쉽지 않을 겁니다. '야, 삼성도 할 수 있겠구나' 하는 자신감이 붙어서 '이제 이런 에너지를 그룹 전체로 확산시켜보자'고 하신 게 신경영 선언이 아니었을까 생각하고 있습니다.

메모리 반도체가 만약 그때 대성공을 하지 않았다면 회장님이 '마누라, 자식 빼고 다 바꾸자'고 할 때 '말도 안 되는 허황된 소리'라는 반응들이 나왔을지 모르죠. 하지만 1992년도에 이룬 엄청난 레코드가 있으니까 밖에서 볼 때도 '그 어려운 반도체 사업에서 이런 굉장한 결과가 나왔으니 삼성은 이제 뭘 해도 하겠구나' 하며 우리를 달리 보게 될 때쯤, 신경영 선언이 나온 것이죠.

선언 당시 회장님은 '삼성이 이렇게 하다가는 망한다'며 엄청난 위기의식을 불어넣으셨어요. 그런데 1993년이면 호황도 아니었지만 그렇다고 '망할 걱정'을 해야 할 정도로 힘든 시기는 아니었거든요. 하지만 회장님은 '마누라, 자식 빼고 다 바꾸자'며 삼성이 가야 될 방향과 비전, 방법론까지 제시하셨습니다.

또 한편으로 보면 위기이기도 했습니다. 삼성이 당시만 해도 한국 안에서나 선진 기업이었지 밖으로 나가면 아는 사람이 없지 않았습니까. D램에서 1등을 했다고는 하지만 완제품 안에 들어가 있는 부품 제조 회사였으니 세계 사람들은 '삼성'이라는 브랜드가 있는지도 몰랐습니다.

그런 상황에서 삼성을 로컬 컴퍼니가 아닌 명실상부한 글로벌 컴퍼니로 키워야겠다고 결심하신 거죠. '직원들이 혼신의 힘을 다해서 메모리 반도체에서 1등 한 걸 보면 능력도 있고 실력도 있는 것 같은데 왜 다른 분야까지 잘 안 될까? 하루빨리 탈바꿈해서 세계 초일류 기업으로 거듭나야 하는데…' 하는 안타까움도 있었을 거고요.

반도체 1등은 정말 맨땅에 헤딩하며 10년 만에 불가능을 현실화한 기적 같은 일 아닙니까. 저희조차 스스로가 가진 잠재력을 모르고 과연 할 수 있을까 의구심이 많았는데 '어, 되네. 우리도 할 수 있네?' 이렇게 된 거죠. 여기에 회장님이 '봐라, 하면 되잖아. 반도체뿐 아니라 삼성그룹 전체가 할 수 있다'로 바꾸려 하신 거죠.

제가 늘 이야기하는 게 있는데 반도체 1등을 만든 직원들이 대단한 사람들만 혹은 최우수 인력만 모아놓은 건 아니었거든요. 그런데 거기서 1등을 하니까 다른 부서 직원들도 '저 친구들도 하는데 나라고 못 할 게 뭐 있어?' 이런 생각을 하게 됐고 이게 퍼지다 보니까 LCD도 1등, 휴대폰도 1등, TV도 1등 이런 선순환이 이뤄진 거라고 생각해요. 한마디로 위닝 스피릿winning spirit이 퍼진 거죠."

— 해외에서 삼성에 대한 인상이 언제부터 바뀌셨다는 걸 느끼셨나요?

"2000년대 중반부터인 것 같습니다. 제품 자체도 좋아졌지만 회장님이 IOC 위원으로 올림픽 파트너가 되는 등 여러 가지 면에서 삼성이라는 브랜드가 올라가기 시작했습니다. 물론 아무리 홍보를 해도 품질이 뒤따라주지 않으면 안 되는데 회장님의 드라이브나 비전들이 품질로 가시적인 성과를

2011년 7월 29일 이건희 회장이 삼성전자 수원 사업장에서 열린 선진 제품 비교 전시회에서 권오현 당시 디바이스솔루션(DS) 사업총괄 사장(오른쪽)에게서 반도체 사업 현황과 신기술에 대한 설명을 듣고 있다. 이재용 당시 사장(왼쪽 뒤)도 함께 참관했다.

내기 시작한 건 그 무렵부터라고 생각하고 있습니다."

삼성의 '기술 중시'는 면면히 내려오는 전통

— 메모리 쪽에서 큰 성과를 내다가 비메모리, 즉 시스템 반도체로 옮겨가게 되는데 당시 상황이 어땠나요?

"1997년 일입니다. 그 당시 회장님이 '메모리는 잘되고 있는데 비메모리는 너무 취약하다'는 얘길 많이 하셨어요. 그러면서 그쪽도 키워야 하지 않겠느냐 하셨지만 회사가 갖고 있는 여러 여건 때문에 지지부진한 상황이었습니다. 하지만 계속 비메모리 쪽, 시스템 반도체 쪽을 키워야 한다는 메시지는 전달돼왔죠.

그러다 물론 저를 혹하게(?) 하려고 하던 말씀이셨는지는 모르겠지만(웃음) '메모리에서 보니까 당신이 제일 생각이 유연한 것 같아서 보낸다'며 메모리 사업부에서 시스템 LSI 사업부로 가라고 하셨어요. 1997년이면 한국이 IMF로부터 구제 금융을 받은 해 아닙니까. 제 인생에서도 변곡점이 되는 해입니다.

반년 정도 지난 뒤에는 느닷없이 영업을 포함한 소규모 사업을 맡으라는 지시가 내려졌습니다. 졸지에 가장家長이 된 셈인데 연구개발만 하다가 경영은 전혀 해보지 않은 분야라서 당혹스러웠습니다. 이른바 장사라는 것을 처음 해본 거죠. 그때부터 제 커리어가 바뀌기 시작합니다.

제가 맡게 된 사업 부서는 엄청난 적자를 기록하고 있어서 한마디로 퇴출

2007년 세계 최초 개발에 성공한 840만 화소 CMOS 이미지 센서(CIS).

직전이었습니다. 여기에다 저는 영업 경험도 없고 직급(상무)까지 낮았으니 고객들에게 무시당하기 일쑤였습니다. 납품 기일을 어겨서 보내준 제품을 들고나와야 하는 수모를 겪은 적도 있었습니다.

하지만 제가 메모리 사업 분야를 처음 맡았을 때도 적자에서 출발했고 디스플레이 부분도 적자에서 출발했으니 이번에도 악조건이지만 한번 해보자는 생각으로 마음을 다졌습니다.

하루하루가 고생과 고민의 연속이었지만 새로운 생각을 많이 하게 됐고 수많은 시행착오의 경험 속에서 쉽게 얻을 수 없는 경영 노하우도 축적할 수 있게 됐습니다. 결과적으로 전화위복이 됐으니 인간사 새옹지마라고 할 수 있는 건가요."

— 시스템 반도체를 육성하는 것과 관련해 회장께서 특별히 주문하신 게 있다

든지 기억에 남는 일이 있을까요?

"일반적인 얘기를 많이 하셨습니다. 이걸 해보라, 저걸 해보라, 직접 지시를 하신 건 아니었습니다. 아, 구체적인 지시를 하셨던 기억이 하나 있긴 합니다. 제가 시스템 반도체 사업부장이 되고 난 뒤였는데 회장님께서 캠코더 센서를 국산화했으면 좋겠다는 말씀을 비서실을 통해 자주 하셨어요. CCD라는 센서였는데 전량 수입이어서 소니가 공급해주는 양에 따라 제품 생산량을 결정할 수밖에 없었거든요.

열심히 노력을 하긴 했지만 잘 안됐습니다. 그러다 2002년도에 이미지 센서 개발팀인 CIS팀을 만들었습니다. 그때부터 본격적으로 개발을 시작했는데 결과론적으로 보면 맞게 된 거죠. CCD 방식으로는 도저히 소니를 이길 수 없으니 새로운 기술로 하자고 해서 성공한 겁니다.

지금 모바일에 들어가는 건 우리가 그때 만든 CIS가 디텍션하는 걸로 스탠더드(표준)가 된 거죠. 워낙 소니가 잘하니까 아직도 소니가 마켓 셰어 1위를 하고 있습니다. 삼성이 2위이긴 하지만요."

— 이건희 회장님은 엔지니어 출신들을 경영자로 많이 발탁했습니다. 그런 인사가 많은 엔지니어들에게 동기부여가 됐다고 볼 수 있지 않을까요?

"삼성전자는 시작할 때부터 엔지니어가 사장을 했습니다. 기술자 회사로 출발한 거죠. 선대 회장님 때부터 그랬습니다. 호암이 강조하신 게 인재 제일, 기술 중시, 사업 보국 아니었습니까. 삼성의 '기술 중시'는 면면히 내려오는 전통입니다. 어찌 보면 당연한 겁니다. 요즘은 소프트웨어 회사들도 많이 생겼지만 우리 같은 IT 인더스트리는 기술 없으면 바로 퇴출당하는 거잖아요."

"미래, 미래에 대한
이야기를 하라"

— 이건희 회장이 2010년도 3월에 다시 경영에 복귀하십니다. 2011년부터는
직접 출근하시면서 경영에 드라이브를 거시는데 당시 자주 만나셨죠. 기억에
남는 대목이 있으시다면?

"제가 그때 삼성전자 대표여서 거의 매주 식사를 한 것 같아요. 다른 계열사
보다는 삼성전자가 제일 크고 하니까 일주일에 두 번씩 오실 때마다 꼭 한
번씩은 부르셨거든요.

제가 회장님 바로 앞, 그 옆에 실장이 앉고 옆에 이재용 부회장이 앉았습니
다. 얘기는 많이 안 하셨지만 툭툭 던지는 말씀을 통해 '아, 경영이란 건 저
렇게 하는 거구나'를 많이 배웠습니다.

당시 회장님이 제시한 화두는 10년 내에 삼성 제품이 사라질지 모른다는

메시지였습니다. 회장님은 평생 그런 생각을 하셨죠.

현재 경영 성과가 어떻다고 보고를 드리면 간단히 하라고 야단을 치시면서 '과장급 정도가 하는 보고 말고 미래에 대한 이야기를 하라'고 하셨습니다. 미래에 어떻게 될 것 같은지, 우리는 뭘 준비해야 위기 상황이 와도 극복할 수 있는지, 어떤 인재가 필요한지, 이런 말씀을 하신 겁니다. 굉장히 집요하다고 생각될 정도로 말이죠.

그렇게 해서 나온 결과물이 지금 만드는 삼성미래기술육성재단입니다. 어느 날 회장님께서 '우리가 반도체 어찌어찌 잘해서 세트, 디바이스, 휴대폰도 잘 나오지만, 자꾸 중국도 쫓아오고 있다. 우리가 약한 게 뭐냐?'고 하시는 거예요.

그때 말씀을 드린 게 '우리가 응용기술은 발달해 있지만 기본적으로 기초과학기술이 약하다'고 했습니다. 그랬더니 '왜 그런 데 지원을 하지 않느냐, 당장에 필요한 게 아니더라도 우리나라의 미래를 위해서 그런 걸 준비해야지' 하셨습니다. 그래서 만든 게 미래재단입니다.

2012년도인가부터 시작해서 10년 동안 1조 5,000억 원을 쓰기로 한 겁니다. 그러고 나서 쓰러지셨으니까 아마 건강하셨다면 다른 식의 또 다른 어프로치를 하지 않으셨을까 하는 생각도 가끔 해봅니다. 아쉬운 대목이죠.

회장님은 이렇게 늘 삼성뿐 아니라 국가 전체를 생각하셨습니다. 한국이 잘돼야 삼성도 잘된다. 그래서 항상 대한민국 전체가 잘될 수 있는 방법을 생각하신 것 같습니다.

사원들에 대해서도 '항상 잘해줘라, 집보다 더 잘해줘라, 월급도 진짜 많이 줘야 한다'고 하셨습니다."

2011년 7월 이건희 회장이 다시 출근 경영을 시작하면서 직원들과 함께한 모습. 뒤로 내걸린 플래카드에 적힌 '쉼없는 열정, 끝없는 도전'이야말로 회장의 평생 삶을 표현한 키워드로 느껴진다.

— 출근 경영하시면서 기억에 남는 장면이 반도체 16라인 기공식에서 웨이퍼 선물 받으시며 환하게 웃던 모습이 있습니다만.

"사원들하고 사진도 찍으시고 사인도 해주셨죠. 은퇴하셨다가 다시 나오셔서 투자도 결정하시고 그러시니까 기분이 좋으셨던 것도 같습니다."

— 그즈음 선진 제품 비교 전시회도 가셔서 코멘트도 하셨던 걸로 기억합니다.

"아주 디테일한 것들은 아니지만 워낙 감이 좋으시니까 슬쩍슬쩍 의견을 던지셨지요. 회장님은 이런저런 신기술을 개발했다고 하면 굉장히 좋아하셨어요. 질문도 기술적인 것이라기보다, 예를 들어 냉장고를 보시더라도

'표면 처리를 왜 이렇게 하느냐? 내가 보기엔 이런 게 좋은데…' 하시면서 정말 소비자 입장에서 질문을 하셨어요."

30년간 지켜진 약속

— 2017년에 인텔을 제치고 반도체 전체 종합 1위 기업이 됐을 때 소감이 어떠셨나요?

"처음엔 메모리 1등이 돼보자는 게 목표였는데 그걸 달성하고 나니 언젠가는 인텔도 넘을 수 있겠다는 자신감이 생기더라고요. 제가 대표이사 사장으로 반도체를 총괄할 때 장기 플랜을 세우면서 보니까 2019년쯤이면 가능하지 않을까 하는 생각이 들더군요. 그런데 2017년에 메모리 값이 좋아지는 바람에 조기 달성한 거죠.

처음에 삼성에 조인했을 적에는 과연 할 수 있을까 했는데 시간이 지나면서 '아, 우리도 할 수 있겠다'는 막연한 자신감이 생겼고 2000년대 중반부터는 '이제는 세계 1등도 할 수 있겠다'는 현실적인 자신감이 붙었지만 사실 그걸 내놓고 말하는 건 금기 사항이었습니다. 외부에서 자꾸 견제를 받으니까요. 하지만 내부적으로는 스태프들하고 '인텔을 이겨보자, 1등을 꼭 해보자' 그런 얘길 많이 했습니다. 아무튼 진짜 1등이 되고 나니 삼성에 조인한 보람이 그걸로 이루어졌다는 생각이 들었죠."

— 삼성반도체가 이렇게까지 성공할 수 있었던 요인이 무엇이라고 생각하시나요?

"그런 질문을 많이 받아요. 특히 외국 사람들한테 말이죠. 그러면 저는 이렇게 말합니다. 선대 회장 때부터 이건희 회장님까지 오너들의 강한 약속, 즉 스트롱 커미트먼트가 있었고 그다음에 직원들의 헌신, 딱 두 가지라고요. 여기서 좀 더 들어가보면 오너의 커미트먼트가 지난 20~30년 동안 일관성을 유지했다는 것이 중요합니다. 끊임없이 기술 개발 투자를 하고 시설을 보완하고 인재를 확보하는 일을 단기간에 어느 일정 시점에만 한 게 아니라 선대 회장 때부터 계속 이어왔다는 겁니다. 거기에 따라 임직원들도 진짜 헌신한 결과물이 오늘날의 삼성이라고 생각하고 있습니다."

— 이건희 회장의 커미트먼트는 어떤 게 있고 어떤 의미가 있을까요?

"1987년부터 20년 이상 미래 기술 투자를 일관성 있게 끊임없이 했다는 게 제일 큰 거라고 생각해요. 누구나 한 번 성공하는 건 가능해요. 그걸 오랜 기간 유지하기는 쉽지 않습니다. 보통 많은 사람들이 한 몇 년 하다가 이제 됐지 하고 포기라기보다는 관심을 끊어버릴 수가 있거든요. 그런데 회장님은 그러지 않았어요. 그것이 가장 큰 커미트먼트였다고 봅니다.

만약에 그렇게 안 하시고 '알아서들 해, 난 모르겠다' 하셨으면 반도체 시황이라는 게 부침이 심한데 경기가 나쁠 때 전문 경영인 입장에서 과감한 투자를 할 수 있겠어요?

제가 낸 책《초격차》에서 리더가 가져야 할 덕목으로 진솔함, 겸손, 무사욕無私慾, 통찰력, 결단력, 실행력, 지속력 7가지를 꼽았었는데 이건희 회장님을 통해서는 강한 '지속력'을 느꼈습니다.

회장님이 말씀하신 일관된 축軸은 항상 '미래'였습니다. 통찰력, 예지력, 결단력이 뛰어나셨다는 건 모든 사람들이 얘기하는 것들이고 저는 회장님이 생각의 모든 중심축을 다가올 미래 중심으로 보셨다는 걸 말씀드리고 싶습니다. 그러니까 항상 부족하다, 위기에 대응해야 한다, 이런 얘기가 나온 거거든요. 그분이 보고 있던 건 미래이지 지금이 아니었습니다.

이걸 저는 직원들한테 쉬운 용어로 '좋은 리더는 좋은 가장家長과 똑같다'는 말로 바꿔 말했습니다. 가장이 생각하는 제일 중요한 건 뭡니까? 우선 가족의 건강이고 그다음으로 제일 많은 투자를 하는 게 자식, 즉 미래 아닙니까. 가장이 자기 입고 먹고 노는 것에 투자하기보다 가족과 자식의 미래에 투자하듯 회장님이 바로 그런 분이셨습니다.

미래재단 같은 거를 만들겠다는 것도 그냥 즉흥적으로 나온 게 아니라 끊임없는 질문 속에서 나온 거거든요. '반도체가 계속 집적도 높아지면 어디까지 가겠느냐?' 물으시면 우리는 '코스트 문제가 있긴 하지만 3나노, 2나노까지 기술적으로 될 겁니다' 하죠. 그러면 '그땐 무슨 문제가 있느냐?' 이런 식으로 자꾸 '왜? 왜?' 하고 내려가다가 나온 결과물이 미래재단입니다."

세계적으로 이런 경영자는 찾기 어렵다

— 가상 세계가 곧 올 것이라든지, 자동차는 전자업이 될 것이라는 등 1990년대에 회장님이 미래를 전망하고 통찰력을 제시했던 말씀들을 요즘 다시 들어보면 놀랄 때가 많습니다.

"휴대폰하고 PC하고 합쳐질 거다, 이런 말씀도 하셨죠. 지금도 살아 계셨다면 무슨 메시지를 하실까, 그걸 제일 먼저 여쭙고 싶습니다.

회장님은 굉장히 혼자 생각을 많이 하시는 분이셨어요. 저는 경영자가 그런 류流가 돼야 한다고 생각합니다. 그렇다고 미래만 생각하는 건 아니거든요. 미래에서 생각이 내려오다 보면 현실하고 충돌이 있을 때 어떻게 조절할 것인가, 그게 경영자의 역할이라고 봅니다. 현실에만 포커싱하는 건 사실 어떻게 보면 기본적인 자질만 있으면 누구나 다 할 수 있는 거거든요.

많은 회사들이 오래가지 못하는 이유가 현실에만 너무 포커스를 해서 그렇다고 봅니다. 회장님이 늘 미래를 생각하신 걸 쉽게 말한다면 공부를 잘하려면 예습을 잘해야 하는 것과 비슷합니다. 회장님 말씀대로 예습을 열심히 하는 경영자가 돼야 한다고 생각하고 있습니다."

— 해외의 유명한 CEO 리더들과 비교를 하면 공통점이나 차이점 같은 게 있을까요?

"이건희 회장님은 진짜 월드 클래스 경영자라고 생각합니다. 한국이 작은 나라이고 또 이분이 생전에 너무 은둔 생활을 해서 노출이 안 돼 그렇지, 세계적으로 이런 경영자는 찾기 어렵다고 생각하고 있습니다."

이건희 반도체 전쟁

1판 1쇄 발행 2022년 10월 18일
1판 2쇄 발행 2022년 11월 22일

지은이 허문명
펴낸이 임채청

펴낸곳 동아일보사 | **등록** 1968.11.9(1-75) | **주소** 서울특별시 서대문구 충정로 29 (03737)
편집 02-361-0919 | **마케팅** 02-361-1069 | **팩스** 02-361-0979
인쇄 중앙문화인쇄사

ISBN 979-11-92101-15-6 03320
가격 26,000원